高等院校日语专业系列教材

总主编　修　刚　王健宜

日 汉 翻 译

刘肖云　郭金梅　编著

南开大学出版社

天　津

图书在版编目(CIP)数据

日汉翻译 / 刘肖云，郭金梅编著. —天津:南开大学出版社,2005.12(2021.10 重印)
(高等院校日语专业系列教材)
ISBN 978-7-310-02387-5

Ⅰ.日… Ⅱ.①刘…②敦… Ⅲ.日语－翻译－高等学校－教材 Ⅳ.H365.9

中国版本图书馆 CIP 数据核字(2005)第 096958 号

日汉翻译
RI-HAN FANYI

南开大学出版社出版发行
出版人:陈 敬
地址:天津市南开区卫津路 94 号 邮政编码:300071
营销部电话:(022)23508339 营销部传真:(022)23508542
https://nkup.nankai.edu.cn

天津泰宇印务有限公司印刷 全国各地新华书店经销
2005 年 12 月第 1 版 2021 年 10 月第 5 次印刷
787×1092 毫米 16 开本 15 印张 378 千字
定价:39.00 元

如遇图书印装质量问题,请与本社营销部联系调换,电话:(022)23508339

序

进入 21 世纪以来，随着高等教育的迅猛发展，高校日语专业大幅度增加。据中国日语教学研究会的统计，中国高等学校中设立日语专业的学校已经由此前统计的 110 所，上升到 210 所左右，增加了近一倍。而天津的日语教育便是其缩影：曾几何时，天津的高校只有四所大学设有日语专业，而今不含高职院校已经有八所学校有了日语专业，而且专业设置和在校生数量仍在增加之中，更何况高职院校的日语专业和学生人数的增长更不可小觑。

日语专业设置和日语学习者的增多，使高校日语教学出现了空前繁荣的局面。与之俱来的，则是日语教材以及辅助教材数量的增长，从某种意义上可以说，高校日语教材也迎来了"战国时代"。有人对此感到不安，担心穷于选择，会造成混乱。其实不然，教材数量和种类的增长是一件好事。首先它是我国日语教学新时期的产物，同时也为百花齐放、百家争鸣提供了有利条件与氛围。只有经历这样的过程，适合中国日语教学的高质量教材才会应运而生。同时，我们也看到，由于教材需求大，市场热，因而"短、平、快"的单本或单科教材较多，而成系列的教材相对较少，更有一些教材的质量尚待提高。我们认为，编写教材的目的是为了切实提高教学质量，而教材本身的质量才是市场竞争的"赛点"。有鉴于此，本系列教材力图形成以下几个特点：

一是系列性强。内容的设置全面、简明而自成系列，不但有传统的精读课教材，还有文章选读、翻译、口语、文学概论、语言概论等，相互间既有关联，又避免重复。

二是编写人员的实力强。本套教材主要由南开大学和天津外国语学院两所大学的教师合作编写，这些教师长年工作在教学第一线，具有丰富的教学经验和宽阔的视野，教材采用单本主编负责制和系列教材编委会负责制的双负责制的方式，保证了教材的质量。

三是教材的实用性强。教材的编写力在结合中国人学习日语，中国成人学习日语的特点，既吸收最近国外的最新研究成果，又结合我国的日语教学的实际。以传授知识为主的教材，用中文撰写，而不是简单编辑，适合我国高校学生或同等学力的人员学习。

四是内容新鲜活泼。力图打破以往教材的古板生硬的方式，尽量结合青少年学习的特点，在注重知识性的同时，注意增强趣味性，使学习的过程成为一种乐趣，让学习者乐而学之。

学习日语的方式因人而异，教材使用也因人而异。但是只用一种教材就能学好日语的

时代已经过时。在经济条件许可的条件下，手头多几本教材，可以在比较中学习，博采众长，有了知识的平台，多了许多新鲜感，强化了知识的系统性。

当然，在实际编写中，限于资料和人员等方面的原因，本套教材还存在有待改进的地方，我们推出它，也在于能在广泛听取意见的基础上使之进一步完善，在我国诸多日语教材中成为一套具有强大生命力的系列教材。

中国日语教学研究会 副会长　　**修　刚**

中国日语教学研究会 副会长　　**王健宜**

2004 年 8 月于天津

前　言

《日汉翻译》教材是"高等学校日语系列教材"之一，也是高等自学考试本科阶段翻译科目指定用书。本教材具备如下特点：

一、结构新颖，侧重翻译的实践性。

本教材共分两大部分，第一部分为翻译理论，第二部分为翻译实践。在理论部分，编者总结了多年来翻译课的教学经验，最大限度地浓缩了作为一个译者应该了解的理论知识；实践部分，分日译汉和汉译日两部分，每部分又各设十一课。

本教材采用了新的编写思路。即不以讲解翻译理论和各种技巧为主，重点进行各种文体篇章的翻译实践。长期从事翻译工作的译者都会有这样的体会，那就是翻译实践的积累是非常重要的。另外，我们在翻译实践中很少遇到单纯翻译词或句子的情况，更多的是篇章的翻译。可以说这样的编写思路更贴近于翻译的实际操作。

二、内容齐全，给读者以更全面的参考。

本教材囊括了各种不同文体文章的翻译实践，包括致词、科技文章、政论文、小说、说明书、商务信函、合同等多种文体。读者可以在对不同文体的翻译实践中，体会到不同文体在翻译过程中的异同点，掌握不同文体的翻译规律，从而能在今后的翻译工作中更好地把握翻译尺度。

三、经验丰富，给读者以亲临课堂的感觉。

两位编者皆从事日语教学二十多年，有着丰富的课堂教学经验。读此教材，会给你亲临课堂的感觉。编者把翻译过程娓娓道来，再现翻译的整个思路和过程。

在编写过程中，得到了南开大学日语系同仁的大力支持和协助，特别是加纳巧老师，在此一并深致谢意。本教材理论部分的"翻译者的基本要求"、"不同文体的翻译要点"及日译汉部分由天津理工大学外国语学院郭金梅副教授编写，"翻译标准"、"翻译过程"、"翻译技巧"以及汉译日部分由南开大学外国语学院刘肖云副教授编写。

由于编写时间的仓促以及编者的水平所限，本书难免有错误之处，殷切期待有关专家、学者提出宝贵意见。

编著　刘肖云　郭金梅
2005 年 5 月 6 日于南开园

目　录

翻译理论

翻译实践

日译汉部分

汉译日部分

翻译理论

第一课　翻译标准

　　翻译就是将原文中的思想概念用另一种语言重新表达出来的活动。翻译的目的是使不懂原文语言的读者确切地理解原文的意思。一篇译文的好坏是有它的标准的，这个标准也是翻译实践要遵循的准绳。

　　那么翻译的标准是怎样的呢？我们知道任何一篇文章都包含三大要素，即内容、形式和风格。内容是指作品中所叙述的事实、说明的道理、描写的景物以及作者要表达的思想、观点和立场等等；形式是指语言形式，即作者所使用的词汇、语法、修辞的总和；风格是指民族风格、时代风格、语言风格等。我们在翻译一篇作品时必须把这三大要素传达过去，缺一不可。

　　清朝末年，资产阶级启蒙思想家严复曾把翻译标准概括为"信、达、雅"三个字。在《〈天演论〉译例言》中他这样解释道："易曰：修辞立诚。子曰：词达而已。又曰：言之无文，行之不远。三者乃文章正轨，亦为译事楷模，故信达而外，求其尔雅。"解释上述观点，即"信"就是忠实于原文；"达"就是文字通顺；"雅"就是文字优美。对此观点引发出了许多对翻译标准的争论。例如，一些观点认为严氏的标准没有谈及风格问题，所说的"达"是指文字方面的，"雅"也是指文字而言。严氏所说的"雅"是片面追求译文本身的古雅，他主张用汉代以前的语法去翻译，认为那是上等的文言文，只有那样才能登大雅之堂。鲁迅也不同意"信、达、雅"的提法。他指出："凡是翻译，必须兼顾着两面，一当然力求其易解，一则保持着原作的风姿。"（《且介亭杂文集："题未定"草〈一至三〉》）鲁迅先生的观点概括起来就是忠实、通顺的意思。林语堂、朱光潜、傅雷、钱钟书等当代著名翻译家也都对翻译标准提出了自己不同的观点。各家观点虽有不同但是却达到了一个共识，那就是如何既能忠实又能通顺地把原作表达出来。

　　从文章三要素即内容、形式、风格来解释忠实和通顺的话，忠实是针对内容和风格而言，而通顺则是针对形式而言的。翻译实践证明要达到忠实和通顺是非常困难的。因为忠实和通顺的关系极为微妙，常常是一对相互制约的两个方面。往往为了忠实，我们不得不舍弃通顺（形式），因为如果不忠实于原文，再通顺的译文也将失去翻译的意义。然而，译文生硬不符合所译文字的语言习惯也是不可取的。因此达到忠实和通顺的统一，是译者努力奋斗的目标。

第二课　翻译过程

概括起来讲，翻译过程大体可分为理解、表达和校对三个阶段。

1. 理解阶段

理解是译者利用原文语言的词汇、语法、修辞等知识，理解原文的内容和风格的过程，正确地理解原文是翻译的基础和前提。拿到一篇稿子后，不要急于动手翻译，要反复阅读全文，至少要读三遍。第一遍可粗读全文，掌握大意；第二遍要深入理解，查出不懂的单词。除了查阅辞典，还可借助相关资料，加深对原文的理解；第三遍在扫除原文中的生词以及了解原文相关背景后再精读全文，这时要重点体会原文的思想、风格。这里需要提醒的是，在阅读原文时一定要认真仔细，切忌草草看一遍就动笔翻译。特别是日译汉，我们的母语不是日语，因此在理解日文原文时一定要特别小心。忽略对原文的理解过程，往往会导致下面三种情况的出现。

（1）词义的误译

前苏联翻译家索博列夫指出："离开上下文的密切联系来翻译一个词，总是不可避免地要歪曲原文的意思。"这一点不论是日译汉还是汉译日都需要注意。

例如：

● 「雪子さん、もうお炊事やお洗濯は止しにしてちょうだいね。お式の日に手が<u>汚い</u>とみっともないってよく雑誌なんかにも書いてあるから。」

误译："雪子，你不要再做饭洗衣了。杂志上都说了，在举行婚礼的大喜日子里，把手弄<u>脏了多不像样呀</u>。"

正译："雪子，你不要再做饭洗衣了。杂志上都说了，在举行婚礼的大喜日子里，把手弄<u>粗糙了多不像样子呀</u>。"

的确，「汚い」不论是课本上还是日汉词典上都解释为"脏、不干净"。但是从整个原文句子的意思看，译成"脏"似乎不太妥当。重新查看一下《新明解国语词典》对「汚い」的解释是这样的，即「触ったり、そこに身を置くことがためられる状態だ」。也就是说，日文解释没有把「汚い」这个词局限在"脏、不干净"上。很显然下面的译文是正确的，是符合原文意思的。

（2）逻辑关系的误译

阅读时除了正确分析句子结构，根据上下文正确把握词义，还要理顺原文的逻辑关系。特别是翻译逻辑性很强的论说文等文体的文章时，译者对于那些严谨的逻辑关系一定要细致地推敲，搞清楚它们的条理。若是连译者本身还稀里糊涂的，一定不要动笔。要再次深入地阅读理解原文，直至搞清楚。

例如：

● 肝臓には、オルニシンという物質が含まれている。<u>アンモニアと呼吸の結果生じた二酸化炭素とは</u>、オルニシンと結合してシトルリンを生ずる。

误译：肝脏中含有鸟胺酸。<u>呼吸时遇氨产生的二氧化碳</u>，与鸟胺酸结合生成瓜氨酸。

正译：肝脏中含有鸟胺酸。氨以及呼吸中产生的二氧化碳，与鸟胺酸结合生成瓜氨酸。

（3）原文风格的误译

在翻译的标准中我们提到过任何一篇文章都包含三大要素，即内容、形式和风格。因此，风格的准确传达也是确保译文"忠实"非常重要的一环。下面是摘自莫言的小说《铁孩》中几个小孩子与看管他们的老婆子的对话：

● 我们从中午一直哭到黄昏。老婆子们让我们去喝粥，我们还在哭。老婆子们生气地说："哭什么？再哭送你们去万人坑。"

误译：僕らは正午から夕方まで泣き続けた。おばあさんたちにお粥を飲めと言われても、僕らはまだ泣いていた。おばあさんたちは怒ってしまった。「<u>どうして泣いているんですか。泣きやまなければ万人坑にほうり込みますよ</u>」

正译：僕らは正午から夕方まで泣き続けた。おばあさんたちにお粥を飲めと言われても、僕らはまだ泣いていた。おばあさんたちは怒ってしまった。「<u>なに泣いてんの。泣きやまなきゃ万人坑にほうり込むよ。</u>」

前面的译文尽管没有把意思翻译错，但是老太婆那恶狠狠的语气没有转达过来，也是一种误译。

2．表达阶段

表达即译者将自己所理解的原文内容用译文语言再现出来。如果说前面的理解是翻译的基础和前提的话，表达则是翻译的结果。一篇译文的好坏，不仅与正确理解原文有着密不可分的关系，表达语言水平的好坏也是至关重要的。其实在理解过程中就已经有表达在译者的脑海里浮现了，在表达过程中译者不过是把理解的意思用更精确的表现表达出来。可以说，理解是表达的基础，而表达的好坏又取决于理解得是否透彻。比较而言，对于中国译者而言，汉译日与日译汉相比较，汉译日的表达更加不容易，因为毕竟我们的母语是中文而不是日文，虽然翻译需要适当的翻译技巧，但日语水平的高低会直接影响到译文的水平。因此，除了掌握一些翻译技巧外，平时一定要加强日文水平的提高。当然，对于日译汉也不能掉以轻心，一个好的译者不仅外语水平很高，其母语水平也应该相当过得硬。

3．校对阶段

校对是指对译文的修改、推敲和润色。具体步骤如下：

（1）对照原文逐字逐句地修改。主要检查是否有误译和漏译，另外，译文的语言是否通顺，在通顺的基础上是否与原文的效果一致，即是否忠实于原文。当然包括内容的忠实和风格的忠实。这遍校对非常重要，一定要耐心细致，逐字逐句。

（2）脱离原文，反复阅读和修改。主要检查是否有不符合译文语言表达习惯的地方。但是切忌离题发挥，背离忠实的原则。一个译者翻译水平的娴熟程度，往往能从这遍的校译中体现出来。

（3）条件允许的话，可把译文放置一段时间后再拿出来通读。或者请外人，最好是专业人员帮助通读一遍。这样做的目的是尽量使译者摆脱原文的影响，使译文语言表达更加符合译文语言的表达习惯、使译文更加专业化。

（4）稿面整体大检查。主要检查译文的段落划分、标点符号、人名、地名、方位、日期、数字等方面有无错漏，如果是科技类文章，还要察看一下专业术语是否前后一致，注释是否妥当等。

第三课　翻译者的基本条件

　　把一种语言翻译成另一种语言可以说是翻译工作者的基本任务。要想很好地完成这一任务，需要具备一定的条件。

一、良好的外语基础是做好翻译工作的先决条件

　　要做好翻译工作，首先就要精通原文语言。要实现上面所讲的基本任务，没有良好的外语基础是很难做到的。也许你认为翻译很简单，遇到不懂的地方，查查词典就可以解决了。然而真正从事翻译工作，你会发现并非如你想得那么简单。因为字典中的解释未必正好是我们所需要的，往往需要我们去结合原文的语境，找出适合原文的词语来。而这种语境的体会是要靠对原文的真正理解才能实现。所以说精通原文语言是透彻理解原文的前提。译者若不精通原文语言，就不可能透彻地理解原文的每个词的涵义及其修辞作用，就不可能理解原文的每种语法形式的作用，以至不能正确理解原作的思想内容和它的价值。而精通原文语言不是一朝一夕就能做到的，需要我们在不断的翻译实践中去体会、去把握。可以说从事翻译活动是提高语言理解以及表现能力的极好机会。透彻地理解原文，需要搞清楚每一个字、词的实际意义，有疑难的地方，应多查字典，多方查找资料，或者请教老师、相关专业人士等，千万不要轻率地、自以为是地进行处理。作为一个译者，养成严谨的、一丝不苟的工作作风是非常重要的。

二、较高的母语水平是做好翻译工作的根本条件

　　准确地再现原文内容，没有良好的母语表达能力也是很难实现的。精通本国语言是准确表达原文的根本条件。因为如果连本国语言的表达技巧、修辞等都知之甚少，就不可能把对原文深刻、透彻的理解准确地表达出来。可以说两者之间存在着相辅相成的关系。有较高的母语水平作保证，译者才能从本国语言中挑选出最合适的词语，经过反复推敲、斟酌后把原文准确地表现出来。这样译出的内容才能真正做到形神兼备，才能达到前面我们提到的忠实和通顺统一这个译者为之奋斗的标准。译者如果母语水平不高，在翻译中就会犯不知所云或者生搬硬套的毛病，使译文的语言枯燥无味，生涩难懂，因而达不到翻译的预期效果。而母语水平的提高，是通过平时对知识的不断积累、学习逐渐达到的。

三、广博的知识积累是做好翻译工作的重要条件

　　要想成为一名称职的翻译工作者，还必须要有广博的知识作保证。正如大家所熟知的那样，翻译工作者所起的作用实际上就是将两国语言文化进行沟通的桥梁作用。由于原文涉及的面广，内容也各种各样，因此要求翻译工作者要有广博的知识，如：国际、国内、政治、经济、文化、科技、文艺、体育等方面。因为每一门学科都有着自己的特点和规律，在用词、用句方面都各有其特点。这就要求译者无论是翻译哪个学科，都必须具备那个学科的专门知识。要做到这一点，译者一定要在平时注意积累，在选定翻译内容后，必需查阅相关的知识，或向相关专业人士请教。在掌握了相当数量的知识后，再动手翻译，译文的水平和质量定会得到相应的提高。

四、翻译理论和技巧是做好翻译工作的必要条件

翻译既是一门学问，也是一种技能。要掌握、运用好这种技能，不但需要有扎实的语言功底，还需要了解相关翻译理论知识和技巧。由于每种语言都有它本身的特点，两种不同的语言之间，既有相对应的部分，也有不完全对应的方面，如何掌握原文和译文两种不同语言的规律，使译文既能忠实于原文，又能符合所译语言的表达习惯，正是翻译理论和技巧所要解决的问题。只有掌握了相关的理论和技巧，才会少走弯路，才会得心应手，同时还可以省时，省力，加快翻译的速度。掌握技巧的最好办法就是通过实践。译者要在不断的翻译实践中，用心揣摩和体会前辈留下的宝贵经验财富，在学习和继承的过程中，进一步完善和发展这些理论技巧，为更多的人服务。我们相信只要勤于实践，就会使翻译工作再上一个新水平。

第四课　翻译技巧

　　日语受汉语两千多年的影响，和汉语有许多共同点。但是日语和汉语毕竟不是同一民族、同一语系的语言，在词汇、语法、表达特点等方面有着很大的差异。下面从词汇和句子两大方面对翻译过程中常借鉴的技巧做一简单介绍。

一、词汇的翻译

（1）一般词汇的翻译

　　不论是日语还是汉语，一词多义、一词多用、习惯用法等情况都是很普遍的。因此，在翻译时应根据上下文逻辑、所译语言词汇搭配习惯来选择词义。例如：

　　　体が弱い／体弱

　　　力が弱い／力气小

　　　気が弱い／懦弱

　　　機械に弱い／不擅长（操纵）机器

　　　英語に弱い／英语不好

　　　風が弱くなる／风小了

　　　甘いものに弱い／不能吃甜食

　　　足が弱くなる／腿脚不中用

　　　ビタミンＣは熱に弱い／维生素Ｃ怕热

　　　この地方の建物は地震に弱い／这个地区的建筑物经不起地震

虽然同是「弱い」（何かをする力や勢いが十分でない・何かに耐えたり対抗したりする力や勢いが十分でない），但是由于词语的搭配不同，翻译成汉语时就要根据汉语的表达习惯来选择相应的词语。

　　　打字／タイプを打つ

　　　打人／人をなぐる

　　　打醋／お酢を買う

　　　打伞／傘をさす

　　　打水／水をくむ

　　　打柴／柴を刈る

　　　打毛衣／セーターを編む

　　　打电话／電話をかける

虽然同是一个"打"，但是由于汉语的"打"通过和其它汉字的排列组合，又产生出新的词汇，因此在翻译时一定要根据上下文充分理解词的含义，再找出相应的日语词汇。而不是按照单个汉字生搬硬套。

（2）同形词的翻译

日语中的很多汉语词汇，与中文的词汇同形、同义，例如："文化、革命、文学"等这样的汉语词汇，这些词汇和汉语的意思完全相同，因此在翻译时可以放心地照搬照抄过来，这为我们从事日语翻译带来了很大的方便。但是，要注意的是日语中还有很多汉语词汇，虽与中文的汉语词汇同形，但却不同义。翻译过程中除了要求我们有过硬的日语水平，还要注意切忌望文生义。不是很有把握的词一定要查阅辞典，并根据语境来选择适当词义。

例：

○ 仕事がどんなに苦しくても、やっていく覚悟がありますか／你们有没有不论工作如何艰难都坚持下去的**觉悟**吗？（思想准备）

日文「覚悟」一词表示"あぶないこと、苦しいこと、よくないことが来るだろうと知って、思い切って心を決める。決心する。"他和中文的"觉悟"不同。中文的"觉悟"译成日文，应该译成「自覚」。

○ 事情があって二人は別れることになった／因为**有事情**，两人分手了。（某种原因）

日文「事情」一词表示"物事に関するようす。そうなった原因・理由などの様子"，要根据上下文翻译成"缘故、（客观原因）"或"情形、情况"。

○ 彼は一人の収入で妻子を養う／他靠一个人的收入养活**妻子**。（妻子和儿女）

日文的「妻子」一词表示"妻と子"，因此，把它翻译成中文的"妻子"显然是错误的。

○ 彼らは自分の行為に無関心です／他们对自己的行为**不感兴趣**。（丝毫不在意）

日文「無関心」一词表示"①興味がないこと・さま；②気に掛けないこと・さま"，因此根据上下文翻译成"丝毫不在意"比较自然。

中译日也是如此，例如：

○ 一定要保证质量／**質量**を確保すること（品質）

○ 我很忙，这个星期有三场演出。／とても忙しい、今週は**演出**が3回あるから。（公演）

日文中也分别有「質量」和「演出」这些词汇，不要见了原文就不假思索地把「質量」、「演出」拿过来就用。对一个词汇不是十分拿得准时，要认认真真地翻阅词典，弄清楚这个词到底表示什么意思后再用。

（3）拟声拟态词的翻译

日语中的拟声拟态词很多，而中文中的象声词也不少。但是，毕竟是两种不同的语言，在表达上存在很多差异。例如，日语的拟声拟态词比汉语的象声词丰富，而且包罗万象，因此在互译时往往找不到很恰当的词与之对应。

①尽量找相对应的拟声拟态词（象声词）

例如：

○ 空が暗くなり、雷が**ごろごろ**と遠くで鳴り始めた。／天空暗了下来，远处响起了**隆隆**的雷声。

○ 沢庵を**こりこり**噛む。／**咯吱咯吱**地嚼着淹萝卜。

○ 屋里静悄悄的，没一个人。／部屋の中は**シーン**と静まり返っていて、誰もいなかった。

○ 自来水管道的水**滴滴嗒嗒**地流了一夜。／水道の水が一晩中**ぽたぽた**出ていた。

○他美美地吧嗒吧嗒地吸着烟。／彼ははうまそうにタバコをすぱすぱ吸った。

②遇到没有对应的词汇时，可按照译文语言习惯，尽量把原文逼真、形象地表达出来。例如：

○ 電灯がぱっとつきました。／灯一下子亮了起来。

○ のろのろしていないで、早くしなさい。／别磨磨蹭蹭的，快点！

○ 一日じゅう歩いて、へとへとだ。／走了一整天，累得精疲力尽的。

○ 顔をぐしょぐしょにして、泣いている。／哭得满脸泪水。

○ 她的脸红扑扑的，真好看！／彼女の顔色は桃色で、ほんとうにきれいだ。

○ 黑黝黝的天空中，那皎洁的月亮急急忙忙地追赶着火车，久久不愿离去。／黒い夜空に浮かんだ月は急ぎ足で列車のあとを追い、いつまでも離れようとしない。

（4）成语、谚语、惯用语的翻译

关于成语、谚语、惯用语的翻译，首先要尽量寻找相对应的固定表达方式。由于成语、谚语、惯用语多出自生活体验，若是从中国传到日本的典故，对于中国译者来说比较好理解、容易掌握，这种情况几乎都有相对应的表现。但是若出自日本，由于两国文化的不同，表达差异的存在，遇到这种情况只有根据内容，直白地把原文解释过去了。例如：

○猫に小判／对牛弹琴

○二階から目薬／远水不解近渴

○鬼に金棒／如虎添翼

○愛屋及烏／屋烏の愛

○瑞雪兆丰年／大雪は豊作の兆し

○卧薪尝胆／臥薪嘗胆

○饮水思源／水を飲む時にはその水の因ってくる源に思いをいたしなさい

○酒逢知己千杯少／お酒は仲のよい友達に逢えば千杯も少ない

二、句子的翻译

（1）分译（拆译）

把很长的句子拆开翻译的方法。当翻译很长的句子时，不必拘泥于原文的结构，不一定原文的一句话还把它翻译成一句话。这时可以视情况把它译成两个或两个以上的句子。日语的长句子比较多，如果把日语较长的句子照原样还翻译成一句中文的话，往往会出现逻辑混乱的现象。这时需要把日语的长句子翻译成若干个中文短句子。当然，汉译日时为了更好地把原文的逻辑关系表达过去，也时常采用这种拆句翻译的方法。

例如：

○ 実際に目にしたわけではない井戸の姿が、僕の頭の中では分離することのできない一部として風景の中にしっかりと焼き付けられているのだ。（『ノルウェイの森』より）／虽然未曾实际目睹，但井的模样却作为无法从脑海中分离的一部分，同那风景混融一体了。

○ また、肝臓には炭水化物・脂肪・たんぱく質・核酸などの合成および分解にはたらく酵素が、他の器官にくらべて非常に豊富に含まれている。（「肝臓の働き」より）／另外，肝脏中还含有比其它器官丰富的酶。酶有利于碳水化合物・脂肪・蛋白质・核酸

等物质的合成及分解。

○ 这是民国六年的冬天，大北风刮得正猛，我因为生计关系，不得不一早在路上走。（选自《一件小事》）／それは民国六年の冬、ひどい北風が吹きまくっている日のことであった。私は暮らし向きの関係で、朝早く外出しなければならなかった。

○ 于是我自己解释说：故乡本也如此，── 虽然没有进步，也未必有如我所感的悲凉，这只是我自己心情的改变罢了，因为我这次回乡，本没有什么好心绪。（选自《故乡》）／そこでわたしは、こう自分に言い聞かせた。もともと故郷はこんなふうなのだ──進步もないかわりに、わたしが感じるような寂寥もありはしない。そう感じるのは、自分の心境が変わっただけだ。なぜなら、今度の帰郷は決して楽しいものではないのだから。

（2）合译

把几个短句子合并译成一个长句子的方法称为合译。翻译时，要根据上下句的关系来重新组合译文的句子单位，不必死板地按原文的标点划句号。

例如：

○ 二月は雪が深くなった。水仙は、雪ぶかい谷間にわけ入って岩陰の出たところを掘らねばならない。（『水仙』より）／二月里，雪下得很大，必须深入积雪很深的山谷间，寻找岩石后暴露在外的地面，挖出水仙。

○ 「他殺ですって？」桑木博士は目を丸くした。それからそばにいた若い医局員と顔を見合わせた。
「何か証拠でもあるんですか」そういったとき、桑木博士の顔には明らかに困惑の色が浮かんでいた。／"谋杀？"桑木博士瞪大眼睛，看看旁边的医疗部年轻办事员，满脸疑惑地问："有什么证据吗？"

○ 有的树干腐烂了，不抽枝条，生出一些黄色的木耳或乳白色的小蘑菇。（选自《铁孩》）／腐ってしまって芽の出ない木には、黄色いきくらげや白くて小さいきのこが生えている。

（3）加译和减译

为了使译文更加忠实于原文，更符合译文的语言习惯，在翻译时，往往在译文中加上或减去原文中没有或多余的词或句子。

例如：

○ ある醜い──と言っては失礼だが、彼はこの醜さゆえに詩人になんぞなっとのに違いない。その詩人が私に言った。／一位其貌不扬的诗人──这么说似乎有些不恭，但我想他一定是因为其貌不扬才当上诗人的，这位诗人对我说。

○ もうそんな寒さかと島村は外を眺めると、鉄道の官舎らしいバラックが山裾に寒々と散らばっているだけで、雪の色はそこまで行かぬうちに闇に呑まれていた。（『雪国』より）／岛村心想：已经这么冷了吗？他向窗外望去，只见铁路人员当作临时宿舍的木板房，星星点点地散落在山脚下，给人一种冷寂的感觉。那边的白雪，早已被黑暗吞噬了。

○ 汽車が動き出しても、彼女は窓から胸を入れなかった。そうして線路の下を歩いてい

る駅長に追い付くと、……。（『雪国』より）／火车开动了，她还没有把上身从窗口缩回来。一直等火车追上走在铁路边上的站长，……。

○我回头。我看到那个问我话的小孩。我看到他跟我一般高。我看到他没有穿衣裳。（选自《铁孩》）／僕は振り返った。僕に話しかけてきた男のこの姿が見えた。僕と同じくらいの背だ。この子は服を着ていない。

○她戴着一顶黄色、可爱的帽子，从对面走来。／彼女は黄色の可愛い帽子をかぶって、向こうから歩いてきた。

（4）倒译

两种语言，由于有各自不同的语法规则和语言表达习惯，在相互翻译时，其语序可以相互调换。

例如：

○明かりをさげてゆっくり雪を踏んできた男は、襟巻きで鼻の上まで包み、耳に帽子の毛皮を垂れていた。（『雪国』より）／一个把围巾缠到鼻子上、帽耳耷拉在耳朵边的男子，手拎提灯，踏着雪缓步走了过来。

○それでごろごろあそこにぶっ倒れてるのだ、風邪をひいてね。（『雪国』より）／现在一个个都得了感冒，东歪西倒地躺在那儿啦。

○そのような、やがて雪に埋もれる鉄道信号所に、葉子という娘の弟がこの冬から勤めているのだと分かると、島村は一層彼女に興味を強めた。（『雪国』より）／这个叶子姑娘的弟弟，从今冬起就在这个将要被大雪覆盖的铁路信号所工作。岛村知道这一情况后，对她越发感兴趣了。

（5）变译

指翻译时通过把原文的句子成分或词汇类别进行转换来达到使译文既忠实于原文，又符合译文的语言习惯的方法。

例如：

○ 病人相手ではつい男女の隔てがゆるみ、まめまめしく世話すればするほど、夫婦じみて見えるものだ。（『雪国』より）／陪伴病人，无形中就容易忽略男女间的界限，伺候得越殷勤，看起来就越像夫妻。

○ 実際また自分より年上の男をいたわる女の幼い母ぶりは、遠目に夫婦とも思われよう。（『雪国』より）／一个女人像慈母般地照拂比自己岁数大的男子，老远看去，免不了会被人看做是妻子。

○ 在典礼上，国家主席江泽民乘检阅车检阅了人民解放军部队。／式典では、江沢民国家主席がオープンカーに乗り、人民解放軍を閲兵した。

第五课　不同文体的翻译要点

　　说到文章，会遇到文体问题。翻译既要取决于上下文，还要取决于文体。不同的文体都有其各自的特点和规律，常常可以看到一种译法在某一文体中恰到好处，但在另一种文体中，却显得格格不入。因此当你拿到一篇文章后，必须搞清楚要译的文章是文学作品，还是科技、法律方面的文章，是属于政论文还是演说文。因为不同文体的文章在表达方式或遣词造句上都有很大的不同。如：法律方面的文章需要相应的法律术语；不同学科的科技文章需要各自的专业术语；商务信函有严格的格式要求；文学则在对话、心理描写、景物及人物描写方面有它的独到之处。所以，我们有必要了解不同文体的特点及翻译时应注意的事项。

一、致辞类文章的翻译

　　致辞是指在仪式、宴会等时的讲话，如：致欢迎辞、祝辞、谢辞、悼辞等。在致辞类文章中，经常会出现成语、格言、谚语等。这类文章无论汉语还是日语，在使用的语言方面都有其独特的表达方式。而且有比较固定的格式和常用的套话。因此，翻译时可根据各自不同的表现习惯灵活处理，不必逐字逐词直译，应按照各自独特的表达方式准确地表现出来。

　　此外，无论欢迎辞、祝辞、悼辞，都有自己的主题，即说话人所要表达的心情，翻译时要注意服从致辞的主题，对不利于表达主题而又非原则性语句，可做适当的变通。

二、科技文章的翻译

　　科技文是一种说明文，是说明科学道理和技术问题的。其包括的范围很广。从内容上看它包括：电工学、机械学、物理学、高分子化学、电子学、宇航学等属于自然科学的内容。其次在表达上要求条理分明，使读者一看就能明白其中的道理。再有从使用句型上看，科技文的变化较少，长句较多，专门术语较多，而且表示各种不同数量的数据也比较多。

　　因此，在翻译科技文时，不必在修辞上多下功夫，但要求将原文的逻辑、概念表达清楚、准确。在这个前提下，在词句的处理上可以不必完全对等，也不必拘泥于原文的句子形式，可以作灵活的改动。

　　科技文的翻译一般采用直译的方法，不用或很少使用引申义。对于定义、定理和结论，要译得简明扼要，合乎逻辑。翻译科技文章时，应特别注意区分词的普通意义和专业意义以及同一词语在不同专业里的不同表达方式。把握好各学科的专门术语，对于保证译文的质量至关重要。

　　一般来讲，在同一篇科技文章里，同一概念一般不用两个或两个以上的术语来表示，所以翻译时译词也应该固定，不应以两个或两个以上的译词表示原文的同一个概念，否则会引起理解上的混乱。此外，科技文章中也经常会使用一些数字、符号等，准确把握数字的表达习惯，弄清楚各种符号所代表的具体含义，也是科技文翻译中必须要重视的问题。

三、政论文的翻译

政论文主要指有关政治、外交、经济、国际关系等方面的论文。其形式有报刊上的社论、评论员的评论文章、政界人氏的演说、联合国大会的各国首脑的发言等。

政论文的特点是观点明确，论据充足，条理清楚，有说服力。政论文往往涉及到国家和个人的立场和态度问题，对翻译的准确性要求就更高了。此外，政论文都是有时间性的。一篇文章只能说明一定时间内的观点。随着时间的推移，国际形势和国际关系发生变化，观点和态度也会发生变化，译者应注意到这一点，才不会搞错。说到政论文的观点能影响一个地区，甚至影响到全世界，这里举一个实例来说明。如我国的周恩来总理 1956 年在万隆会议上提出 "和平共处五项原则"，它作为解决我国与其他国家外交关系的准则，非常深入人心，各国接连和我国建立了外交伙伴关系。可以说其影响遍及了整个第三世界。

因此对于政论文的翻译，我们首先要熟悉其背景材料，其次是要掌握一些固定的表现形式，然后再动手去翻译。翻译过程中一定要把握：观点准确、论据明了、逻辑清楚、不主观臆造、多用惯用表现，使作者的观点准确地再现出来。

四、新闻报道的翻译

新闻报道是一种特殊的文体，它的用语直截、简明、时代色彩很浓，而且具有较强的实际意义。新闻报道中多使用术语、惯用语及缩略语等。从表现形式上看，新闻报道一般分为 "电头"、"导语"、"正文" 三个部分。"电头" 指明消息来源，包括地点、日期、通讯社等。"导语" 会提示消息要素，包括何时、何地、谁、干什么、为什么、怎么样等。"正文" 则分段说明消息的具体内容，可以说它是 "导语" 的详细解释。

新闻报道的翻译是翻译工作中一个极为重要的方面。翻译时要特别注意把握新闻报道文体的特点，准确表达原文所叙述的事实，而且还要注意译好新闻报道的标题。新闻报道的标题一般比较简短、概括性强，而且大多使用省略形式，其用语多为词组、缩略语等。将新闻报道翻译成中文时，应在弄通原文意思的基础上，尽量译得明确一些，使读者一目了然。

五、文学作品的翻译

优秀的文学作品是一种形象化的教科书。要了解一个国家、一个民族、认识一个社会，人们往往可以通过文学作品获得丰富的认识材料。因此，翻译文学作品的首要任务，就是要再现原作的艺术形象，是形象的再创造。这就要求译者不仅要有较高的语言水平，而且要具有一定的文学修养。

文学作品包括的范围很广：有散文、小说、诗歌、剧本等。不同体裁的作品，具有不同的语言特色。翻译时首先应注意保持文学作品的语言特点，.还要注意保持原作的民族色彩及艺术风格，同时还要注意充分理解原作者的创作意图，忠实地再现原作的特色，使原作的艺术风格贯穿始终。

文学作品在语言使用上具有广泛采用各种修辞手段和色彩鲜明用语的特点。这些词语形象、生动、优美，具有强烈的艺术感染力。所以在翻译文学作品时，就必须要注意保持其自身的语言特点，使原作的艺术形象完美地再现到译文中。

此外，任何文学作品都是由作者写成的。因此，作品中自然会反映出作者个人的思想意识，故此形成了各种各样的文学流派。所以在动手翻译时，应在深刻领会原作的主题思想、艺术构思的基础上，进一步研究作者的艺术风格和表现方法，忠实地将原作的艺术特色表现出来。

六、广告文的翻译

广告目前已深入到我们的千家万户，在日本更是如此。广告语言不同于其它语言，它要求语言精练，听起来入耳，读起来朗朗上口，让人一看或者一听就能留下深刻印象，牢牢记住。

对于广告的翻译如果单纯采取直译的方法，往往收不到预期的效果，故此，在翻译广告类文章时，重要的是要仔细揣摩文章要表现的内涵，除采取意译的方法外，还可适当地添加词语，甚至有时还要采取一些夸张的手法，尽量使译文生动活泼，这样才能收到较好的效果。

七、说明书的翻译

所谓说明书就是就某事项进行说明的文书。它包括诸如药品说明书、电器产品说明书、新产品说明书等等。说明书一般包括三部分内容，即功能、用法和使用时的注意事项。电器产品和机器设备等的说明书大都配有各种各样的图、说明文字，而药品说明书则最多附上化学成分说明图。说明书的特点是语言短小精悍，图文并茂，易于理解。

翻译说明书类文章时，一定要弄清其基本原理，准确把握住其具体的数量，特别是药品说明书，更应如此。因为这是人命关天的事，万万不可草率从事。注意事项也很重要，不可忽视。

八、信函的翻译

信函是应用文的一种。一般来说，中、日文的信函都有各自惯用的词语和固定的格式。随着中日两国交往的不断深入，信函已成为企业或人员之间传递和获取信息、协商和解决问题、商讨和签订合作项目以及加强联系、增进往来的重要交际工具。

信函一般都由"前文、正文、结束语"三部分组成。作为商务信函，日语书信中多采用敬语表现以示客套。而汉语中这类敬语表现已不多见。但为体现其风格，我们在翻译日文书信时，也应适时地选用一些古朴典雅的书信用语，准确地把握书信的中心内容，简明、扼要地译出，不要过多地使用白话文，以免使对方欲表现的敬意走了样。

商务信函中还多使用套语和惯用语。所以将其译成中文时，应注意保持原文的风格特点，译文要简明，尽量用书面语表达。对于套语、惯用语等，要在充分考虑汉语表达习惯的基础上，采取意译的手法进行翻译，千万不要生搬硬套，否则译文将很难使人看明白。

九、合同文件的翻译

所谓合同是指当事人之间发生权利和义务关系的约定。合同的种类有很多，包括：物品的买卖合同、金钱的借贷合同、土地的买卖和租借合同、专利的转让合同、雇佣合同等等。

中日两国语言中都有合同这一文体，合同的表现形式也大体相同。随着法制化进程的推进，人们用法律来约束当事双方的责任和义务的意识逐渐加强，合同也越来越被人们所熟知、理解和接受。

翻译此类内容时，要求做到既要客观准确、又要规范通顺。因为合同是具有法律效力的文书，应在透彻理解原文的基础上，客观准确地再现原文，这样才能保证当事双方的权利。同时还要规范、通顺。因为合同文书都是有一定的格式的，而且在用词、用语上也是有一些规定的，所以，翻译时应对合同文书中常用的术语有所了解，准确把握所要表现内容的精髓，对文章中规定的双方的权利、义务有明确地认识，对履行义务的时间、赔偿责任等要分清，准确把握住内容的实质，以免给双方造成不必要的损失。

十、法规类文件的翻译

法规是法律、法令、条例、规则、章程等的总称。是具有法律效力的文书，对当事人有着约束作用。法规类文章的语言简洁、精炼，语言质朴、通俗，而且多采用书面语。

因此，在翻译此类文章时，要特别注意把握好分寸，译文应简明扼要。由于法规类文章本身具有权威性、庄重的特点，所以翻译时用语一定要周密、严谨，不允许使用模棱两可的词语，应在透彻理解原文的基础上，客观准确地再现原文中的各种概念、结论及具体内容等。

以上就各种文体在翻译实践中应注意的事项进行了说明，需要指出的是：一个译者的翻译能力，单靠课堂上的理论学习是远远不够的，它需要大量的实践、摸索和总结，需要对生活的了解，更需要驾驭语言的实力。

翻译实践

第一课　致　词

——选自1995年8月15日日本内阁总理大臣村山富士的讲话

原文：

先の大戦が終わりを告げてから、五十年の歳月が流れました。今、あらためて、あの戦争によって犠牲となられた内外の多くの人々に思いを馳せるとき、万感胸に迫るものがあります。

敗戦後、日本は、あの焼け野原から、幾多の困難を乗りこえて、今日の平和と繁栄を築いてまいりました。このことは私たちの誇りであり、そのために注がれた国民の皆様一人一人の英知とたゆみない努力に、私たちは心から敬意の念を表わすものであります。ここに至るまで、米国をはじめ、世界の国々から寄せられた支援と協力に対し、あらためて深甚な謝意を表明いたします。また、アジア太平洋近隣諸国、米国、さらには欧州諸国との間に今日のような友好関係を築き上げるに至ったことを、心から喜びたいと思います。

译文：

上次大战结束以后已经过了五十年的岁月。现在再次缅怀在那场战争中遇难的国内外许多人时，感慨万端。

战败后，日本从被战火烧光的情况开始，克服了许多困难，建立了今天的和平和繁荣。这是我们的自豪。每一个国民在这过程中倾注了才智，做出了不懈的努力。对此我谨表示由衷的敬意。对于美国以及世界各国直至今日所给与的支援和合作，再次深表谢意。另外，我国同亚太近邻各国、美国以及欧洲各国之间建立起来了像今天这样的友好关系，对此我感到由衷的高兴。

词语：

1. 先の大戦（せんのたいせん）：上次大战。这里的"先"代表"先，以前"之意。 ●先のこと／以前的事情。 ●先から聞いた／以前就听过。 ●先を取る／领先。

2. 馳せる（はせる）：跑，驰。 ●天下に名声をはせる／天下驰名。 ●馬を馳せる／策马奔驰。 ●思いを故郷に馳せる／怀念故乡。这里因是对死人的怀念，故译作"缅怀"。

3. まいる：敬语动词。它是动词"行く／去、来る／来"的自谦表现，在这里表示"来"。

4. たゆみない：不懈的。这里的"たゆみ"是"たゆむ"的名词形，常以"たゆみない努力"的词组形式，表示"不懈的努力"之意。

5. 寄せる（よせる）：寄，送。 ●原稿を寄せる／寄稿。 ●関心を寄せる／关心。 ●波が

寄せる／浪打过来。本文中的"寄せられる"为"寄せる"的被动形式，日语中的被动形式译成中文时常按照主动形式处理，故这里译作"给与"。

6. 犠牲（ぎせい）：牺牲，牺牲品。 ●自分を犠牲にして人を救う／舍己救人。由于本文对"犠牲"的特定理解，这里译作"遇难"。

句子要点：

1. "あの戦争によって犠牲となられた"：这里的"によって"为惯用表现，用于表示被动句中的动作主体。日语中的这种被动表现，译成中文时常按主动形式处理。 ●この建物は有名な建築家によって設計された／这座建筑物是由著名的建筑设计师设计的。此外，"によって"还可表示"原因、手段、依据、情况"等。 ●私の不注意な発言によって、彼を傷つけてしまった／由于我的冒昧发言，伤害了他。 ●コンピューターによって大量の文書管理が可能になった／通过计算机管理大量文件已成为可能。 ●先生のご指導によってこの作品を完成させることができました／在老师的指导下，得以完成了这个作品。 ●人によって考え方が違う／想法因人而异。

2. "ここに至るまで、米国をはじめ、世界の国々から寄せられた支援と協力に対し"：这里的"をはじめ"为惯用表现，用于先举出具有代表性的东西，然后列举相同的例子。相当于中文的"以……为首，以及"。 ●日本の伝統芸能としては、歌舞伎をはじめ、能、茶の湯、生け花などが上げられる／作为日本的传统技艺，可以列举出歌舞伎及能乐、茶道、花道等。

3. "今日のような友好関係を築き上げるに至ったことを、心から喜びたいと思います"：这里的"に至った"为惯用表现，表示"到达"的意思。它既可以表示到达空间场所，也可以表示事物或想法的变化或结果达到某个阶段或结论。 ●この川は大草原を横切って流れ、やがては海に至る／这条河横贯大草原，然后流入大海。 ●仕事を辞めて留学するに至った動機は、人生の目標というものを見つめなおしてみたいと思ったことであった／我辞掉工作去留学的动机是想重新审视自己的人生目标。

原文：

　平和で豊かな日本となった今日、私たちはややもすればこの平和の尊さ、有難さを忘れがちになります。私たちは過去のあやまちを二度と繰り返すことのないよう、戦争の悲惨さを若い世代に語り伝えていかなければなりません。特に近隣諸国の人々と手を携えて、アジア太平洋地域ひいては世界の平和を確かなものとしていくためには、なによりも、これらの諸国との間に深い理解と信頼にもとづいた関係を培っていくことが不可欠と考えます。政府は、この考えにもとづき、特に近現代における日本と近隣アジア諸国との関係にかかわる歴史研究を支援し、各国との交流の飛躍的な拡大をはかるために、この二つを柱とした平和友好交流事業を展開しております。また、現在取り組んでいる戦後処理問題についても、わが国とこれらの国々との信頼関係を一層強化するため、私は、ひき続き誠実に対応してまいります。

译文：

　　现如今日本已成为和平、富裕的国家，我们很容易会忘掉这种和平的宝贵以及来之不易。我们必须要把战争的悲惨传达给年轻一代，以避免重蹈过去的错误。特别要与相邻各国人民携

起手来，为进一步确保亚太地区乃至世界的和平，我们必须要做的最重要的事情就是要同这些国家建立起以深刻理解与信赖为基础的相互关系。（日本）政府正是基于这种考虑，特别对进行有关近现代史中日本与相邻亚洲各国关系的历史研究予以支援，并为寻求迅速扩大同各国的交流，正在开展以上述两项为主要内容的和平友好交流事业。此外，为进一步加强我国和这些国家之间的信赖关系，我还会继续诚恳地应对现在正致力解决的战后处理问题。

词语：

1. ややもすれば：（副）这是一个略带贬义的副词，表示存在着形成某种结果的可能或倾向。相当于中文的"动不动，动辄，很容易就……"。●ややもすれば混同する。/很容易混在一起。

2. 尊さ（とうとさ）："尊さ"是形容词"尊い"的名词化形式。此后的"有難さ"也属于此类用法。●高さ/高度 ●うれしさ/高兴劲儿。●若さを取りもどす/恢复了青春。

3. 飛躍（ひやく）：飞跃，跳跃，活跃。●飛躍的に発展する/飞跃发展。●スキーの飛躍競技/滑雪跳跃竞赛。●政界に飛躍する/活跃于政界。本文中的"飛躍"所修饰的内容是"拡大"，如译作"飞跃扩大"，则不太符合中文的表现习惯，故这里变译为"迅速"。

4. 柱（はしら）：柱，支柱，顶梁柱。●テントの柱/帐篷的支柱。●一家の柱/全家的顶梁柱。原文中是以"この二つを柱とした"的形式出现的，如采用直译的方法，则使人无法理解，故这里译作"以上述两项为主要内容"。

句子要点：

1. "平和で豊かな日本となった今日"：这句话直译应为"已成为和平、富裕的日本的今天"，但这样不太符合中文的表达习惯，故将语序作了调整，译作"现如今日本已成为和平、富裕的国家"。文中的"となった"为惯用表现，表示变化的结果之意。相当于中文的"成为，变为"。●結局は両国の話し合いは物別れとなった/最终两国的谈判破裂了。

2. "過去のあやまちを二度と繰り返すことのないよう"：这里的"繰り返す"表示"反复，重复"之意。●繰り返して読む/反复读。●注意を繰り返す/再三叮嘱。而"二度と繰り返す"直译为"两次重复"，根据中文的表述习惯，这里译作"重蹈"。此外，句尾的"よう"常用于号召人们采取（不采取）某种行动。●動物にいたずらしないようにしましょう/不要戏弄动物。

3. "～ためには、なによりも、これらの諸国との間に深い理解と信頼にもとづいた関係を培っていくことが不可欠と考えます"：这句话"ためには"之前的内容为表示目的的句子，顺译下来即可。后半句中的"なによりも"一词，多数情况下要和"いい"或"重要だ"等相呼应使用，强调其程度最高。而原文中使用的是"不可欠"，意为"不可缺少，正需要"，两者结合在一起，直译为"比什么都正需要"。但这样不太符合中文的表达习惯，故这里译作"必须要做的最重要的事情"。

原文：

いま、戦後五十周年の節目に当たり、われわれが銘記すべきことは、来し方を訪ねて歴史の教訓に学び、未来を望んで、人類社会の平和と繁栄への道を誤らないことであります。

わが国は、遠くない過去の一時期、国策を誤り、戦争への道を歩んで国民を存亡の危機に陥れ、植民地支配と侵略によって、多くの国々、とりわけアジア諸国の人々に対して多大の損害と苦痛を与えました。私は、未来に過ち無からしめんとするが故に、疑うべくもないこの歴史の事実を謙虚に受け止め、ここにあらためて痛切な反省の意を表し、心からのお詫びの気持ちを表明いたします。また、この歴史がもたらした内外すべての犠牲者に深い哀悼の念を捧げます。

译文:

正值战后五十周年之际，我们应该铭记在心的是：回顾过去，从中汲取历史教训，展望未来，不要再走错人类社会迈向和平、繁荣的道路。

我国在并不遥远的过去一段时期，采取错误国策，走上了战争的道路，使国民陷入了生死存亡的危险境地。并且由于殖民统治和侵略给许多国家、特别是亚洲各国人民带来了巨大的损害和苦痛。为避免今后再犯错误，我会虚心地接受这一勿庸置疑的历史事实，在此郑重表示深刻的反省和由衷的歉意。同时谨向在这段历史中导致的国内外所有遇难的人士表示沉痛的哀悼。

词语:

1. 節目 (ふしめ)：原意为 "（木材等的）节眼"，●節目の多い板／节眼多的板子。原文为 "五十周年の節目"，根据中文的表述习惯，这里译作 "五十周年之际"。

2. 来し方 (きしかた)：过去，以往。●来し方を顧みれば～／回顾过去……。原文为 "来し方を訪ねて" 如译作 "访问过去"，则不太符合中文的表达习惯，故这里译作 "回顾过去"。

3. 無からしめん (なからしめん)：属日语中的文语表现。相当于现代日语的 "ないようにしよう"。

4. べく：文语助动词 "べし" 的连用形，也用于现代语中。"～べくもない" 表示 "做不到，不可能" 之意。●優勝は望むべくもない／夺冠已没有希望。此外，"べく" 还可以表示 "为了做……，为了能够做……" 之意。●速やかに解決すべく努力いたします／为迅速解决问题而努力。它还能够以 "～べくして" 的形式，表示所预料的事实际发生了的含义。●練習につぐ練習を重ねて、彼は勝つべくして勝ったのだ／通过不断地练习，他才取得了应有的胜利。

句子要点:

1. "戦後五十周年の節目に当たり"：这句话中的 "に当たり" 属惯用表现。表示 "在……之时" 之意。●代表団の選出に当たり、被選挙人名簿を作成した／在选举代表团的时候，制定了候选人的名单。类似的表现方法还有 "に当たって"。●開会に当たって、ひとことご挨拶を申し上げます／值此会议召开之际，请允许我讲几句话。

2. "われわれが銘記すべきことは、～ことであります"：这句话应注意 "べき" 的使用。它是文语助动词 "べし" 的活用形。在现代日语中也经常使用。一般接在动词的终止形后，但接 "する" 时，有 "するべき" 和 "すべき" 两种形式。●学生は勉強す（る）べきだ／学生应该用功学习。下接名词时，表示 "必须要做的事，必然会发生的事" 之意。●外交政策について、議論すべきことは多い／关于外交政策还有许多应该讨论的事。此外，

还应注意句子的呼应关系，即"～ことは～ことであります"。这种表现在日语中也经常出现。　●より大切なことは、現実に起こっている汚染や自然破壊に立ち向かうことである／更重要的是要正面对待已经发生的污染和对自然的破坏。

3. "未来に過ち無からしめんとするが故に"：这句话中的"～が故に"表示原因，"～ようとする"表示为实现该动作行为而进行努力或尝试，均为日语中的惯用表现。　●女性であるがゆえに差別されることがある／有时因为是女性而受到歧视。　●本人にやろうとする意欲がなければ、いくら言っても無駄です／如果本人不想干的话，怎么说都没用。

原文：

　敗戦の日から五十年を迎えた今日、わが国は、深い反省に立ち、独善的なナショナリズムを排し、責任ある国際社会の一員として国際協調を促進し、それを通じて、平和の理念と民主主義とを押し広めていかなければなりません。同時に、わが国は、唯一の被爆国としての体験を踏まえて、核兵器の究極の廃絶を目指し、核不拡散体制の強化など、国際的な軍縮を積極的に推進していくことが肝要であります。これこそ、過去に対するつぐないとなり、犠牲となられた方々の御霊を鎮めるゆえんとなると、私は信じております。

　「杖るは信に如くは莫し」と申します。この記念すべき時に当たり、信義を施政の根幹とすることを内外に表明し、私の誓いの言葉といたします。

译文：

　　今天，我们迎来了战败后 50 周年的纪念日，我国必须立足于对过去进行深刻的反省，去除自以为是的国家主义理念，作为对国际社会负责的成员促进国际协调，以此推动和平理念和民主主义的普及。同时，我国作为唯一经历过原子弹轰炸的国家，应从切身的体验出发，以最终彻底销毁核武器为目标，强化核不扩散体制，积极推进国际裁军，这是至关重要的。我相信只有这样才能抵偿过去的错误，才能真正告慰遇难者的灵魂。

　　古语说："杖莫如信"。在这值得纪念的时刻，我谨向国内外表明我的誓言："信义"是我的施政根本。

词语：

1. ナショナリズム（*nationalism*）：原意为"国家主义，民族主义"。结合上下文，这里译作"国家主义理念"。

2. 被爆国（ひばくくに）：原意为"被原子弹、氢弹等轰炸过的国家"，这里译作"经历过原子弹轰炸的国家"。

3. 鎮める（しずめる）：使安静，使镇静，平定。　●子供の騒ぎを鎮める／制止孩子们的吵闹。　●騒乱を鎮める／平息骚乱。而此处的"御霊を鎮める"如果直译作"使灵魂安静"，则不符合中文的表现习惯，故结合上下文，这里译作"告慰灵魂"。

句子要点：

1. "唯一の被爆国としての体験を踏まえて"：这句话中的"～を踏まえて"为惯用表现。表

示在将某事作为前提或判断的根据考虑进去的基础上之意。 ●前回の議論を踏まえて議事を進めます／在上次会议讨论的基础上，展开讨论。而此处若直译为“在作为唯一的原子弹被炸国家体验的基础上”，则不符合中文的表现习惯，故这里译作“作为唯一经历过原子弹轰炸的国家。”

2. “これこそ、過去に対するつぐないとなり、犠牲となられた方々の御霊を鎮めるゆえんとなると、私は信じております”：这句话中“～と、私は信じております”的“と”是格助词，用来表示称谓或思考的内容，这里表示“我相信”的具体内容。由于日语中常将谓语中心词放在句子末尾表现，故在译成中文时，应按照中文习惯，将“我相信”提至句子的前面表示。此外，“過去に対するつぐない”一句，直译为“对过去的赔偿”，意思不明，故这里译作“抵偿过去的错误”。此外，“ゆえん”一词，除可表示“原因、理由”之意外，还可表示“方法，道”之意。 ●これがともに尽くすゆえんである／这是对朋友尽友谊之道。本文即采用了后一种解释义。但在译成中文时，若译作“这才成为告慰遇难者灵魂之道”，不太符合中文表现习惯，故这里将“道”字省去不译。译作“才能真正告慰遇难者的灵魂”。

練習問題：

次の短文を中国語に訳しなさい。中にはどんな翻訳のテクニックが使ったかを考えなさい。

1. 民主主義の砦であり、法の象徴であり、日本人にとって最も重要な任務を果たしている、この国会にお招き頂いたことを本当に光栄に思います。今日の相互依存の時代に、国会はこれまで以上に中心的な役割を果たすようになっています。私は、このような時に国会にご招待頂いたことに感謝を申し上げ、貴国のこと、国連のこと、そして私たちが共に立ち向かわなければならない重大な挑戦についてお話したいと思います。

2. あらゆる国連加盟国には、感銘を与える物語、憧憬と闘争の歴史があります。日本の物語は、特に心に訴えるものです。貴国は、戦争の灰燼の中から活気ある繁栄した民主主義国家を作り上げました。それは世界中の人々に希望を与えています。日本はまた、国際社会への参画についても模範を示しています。過去十年間を通じて、日本はそのほとんどの期間、アフリカ及びアジアに対する支援を中心として、世界最大の経済援助供与国であり続けました。平和維持活動についても日本は、信頼できる支援国です。核兵器による破壊の恐ろしさを知っている唯一の国として、日本は平和と核軍縮の最もたゆまざる支持者の一員です。私のみならず国連のすべての加盟国が、国際社会における日本の現在の地位を明確にしている日本の強力な世界的な市民としての活動を賞賛しております。

3. 多数国間主義を確固として信じておられる、皆様が御承知のとおり、私の今回の日本訪問は、決定的な時期に行われています。昨年は、国連の歴史の中で最も困難な年のひとつでした。日本と同じように、国連はイラクでの暴力により貴重な同僚と友人を失いました。皆様を始めとする多くの人々と同様に、私は、イラクの継続的な不安定、及びそれが地域全体に与えうる影響について悩まされています。そしてまた、皆様と同様に、国連が国際の平和と安全を維持することをより広範に追求することに対してイラク戦争が持ちうる意味合いについて懸念しています。

4. 戦争前にどんな意見を有していようと、今日私たちのだれもが、平和なイラクが地域及び国際社会において適切な地位を再び占めることに共通の利益を見出しています。主権の回復は安定にとって不可欠です。国連は、イラク国民が自らの運命を再び自分達の手に握り、自らの一体性と領土保全を維持し、法の支配に基づいた、すべてのイラク人に対して自由と平等な権利と正義を与える正統性のある民主的な政府を樹立するために、すべての可能な支援を行うことを約束しております。　　　　　　　　（节选自联合国秘书长安南在日本国会的讲话）

5. 本日、日中双方の各分野の民間友好団体の代表の方々が一堂に会し、過去３０年間に皆様が先人と共に築いてこられた友好の成果を振り返ると共に、日中関係の更なる発展を目指すための交流を行われることは、極めて時宜を得たものであり、かつ極めて大きな意義を有するものであると考えます。

6. 両国の関係が深さと広がりを増していく中で、他方では様々な分野で摩擦が生じることも、また、避けられないところであります。我々は共に努力し、国民レベルの信頼関係をよりしっかりしたものとして、この貴重な日中友好の大局を堅持していくことが重要であります。この意味からも本日の両国友好団体の集いは、将来に向けて非常に重要な機会となるものと信じます。

7. 日中関係は、最近、一時期、低迷の状態にありましたが、昨年１０月の小泉総理の二回の訪中を契機として、急速に改善をみ、今や本年の日中国交正常化３０周年を迎えるに相応しい気運が盛り上がりつつあります。多くの記念事業を行う為に、双方に実行委員会が組織されたことも皆様ご承知の通りであります。我々は、これら実行委員会を中心に、多様な人的交流、特に次世代を担う青年達が主人公となるような活動及び日中両国の多くの人々が参加する「共同創造作業」に力点を置いた様々な事業が実施され、日中間の相互交流・相互理解がより一層深化していくことを心から期待しております。

8. 申すまでもなく、それら事業の推進に当たっては、本日御在席の日中双方の民間団体の皆様の御尽力と御協力が不可欠であります。本日のこの「集い」は、本年の「日本年」「中国年」の一連の活動に一層の活力を与える重要な契機となる実り多い成果を収めるものと信じております。

　　　最後に御在席の皆様のご健勝と一層のご活躍をお祈りすると共に、日中友好の益々の発展を心より祈念して、私のご挨拶とさせていただきます。

（节选自日本驻华大使馆阿南大使在"日中民间友好团体聚会"上的演讲）

第二课　科技文章

——光纤通信

原文：

　　光ファイバ通信は、光ファイバという細いガラス繊維（ファイバ）の束（ケーブル）に光の信号を流して情報を送受信する方法です。この方法は 1960 年代にはすでに考えられていましたが、それを実用化するための技術は 1970 年代に入ってから開発されました。21 世紀になって、私たちの身近な通信に利用できるようになっています。

　　光ファイバケーブルは、現在、電話やファクス、インターネットなどのいろいろな通信に使われている銅線に比べると、数千倍も速く情報を伝えることができます。そのおかげで、光通信を使ったインターネットは、映画やコンサート、スポーツの動画中継など、今までに経験したことがないような通信の世界を実現してくれるのです。

译文：

　　光纤通信就是使光信号通过光纤维这种细细的玻璃纤维束（电缆）来收发信息的通信方式。这种方式早在 1960 年代就已经有人想到了，但其实用化的技术是在 1970 年代以后才被开发出来。到了 21 世纪，它已成为我们身边可以利用的通信技术了。

　　和目前用于电话及传真、因特网等各种通信中的铜线相比，光纤电缆能够以比它们快几千倍的速度传递信息情报。正因为有了它，使用光纤通信的因特网才将我们带入了至今从未体验过的通信世界，诸如看电影、听演唱会、看体育运动的动态画面转播等。

词语：

1. ファイバ（*fibre*）：纤维，纤维制品。
2. ケーブル（*cable*）：缆，电缆。
3. ファクス（*fax*）：传真(通讯)。
4. インターネット（*internet*）：因特网。
5. おかげで：多亏，幸亏。托您的福。这个词常用于表示因某种原因、理由导致好的结果的情况下。如：　●あなたのおかげで助かりました／多亏了你帮忙啊。作为客套表现，还经常以“おかげさまで”的形式出现，表示“托您的福”之意。本文是以“そのおかげで”的形式，表示“多亏了它”之意。这里的“它”是指“光纤电缆”。故此处译作“正因为有了它”。
6. コンサート（*concert*）：音乐会，演奏会。

句子要点：

1. "光ファイバ通信は、光ファイバという細いガラス繊維（ファイバ）の束（ケーブル）に光の信号を流して情報を送受信する方法です"：这是一个断定句，整个句子结构为"光ファイバ通信は～方法です"。这里的"という"用于修饰此后的"ガラス繊維"，其含义为"叫做……的"。但译成中文时不一定要将"叫做"一词译出，可灵活掌握。这种用法在日语中比较常见。如：　●弟が大学に合格したという知らせを受け取った／弟弟收到了考上大学的通知。除此之外，"という"还有如下几种用法：①可接在固有名词后，表示人或事物的名称。如：　●中野という人から電話があった／一个叫中野的人打来了电话。　②接在数量词后，表示强调之意。如：　●一日に 300 円という金でとても生活できない／一天 300 日元，根本没法生活。③可用于连接相同的名词，表示"所有的、全部的该事物"。如：　●店という店は閉まっていた／所有的店都关了门。

2. "21 世紀になって、私たちの身近な通信に利用できるようになっています"：这句话中的"になる"，表示事物的自然变化，一般可译为"变成，变为"，不过可结合上下文，作适当的变译。如本文中的此种表现则采用了两种不同的译法。第一句的"21 世紀になって"，译为"到了 21 世纪"，此后的"利用できるようになっている"则译为"成为可以利用的技术了"。此外，"なる"还可以接在形容词、形容动词后使用。如：　●酒を飲んで顔が赤くなりました／喝了酒，脸发红了。　●部屋はきれいになりました／屋子干净了。

3. "今までに経験したことがないような通信の世界"：这个句子中的"～たことがない"是"～たことがある"的否定形，用于表示曾经经历或未经历过某事。如：　●その本は子供のころ読んだことがあります／那本书我小的时候读过。本文中的"～たことがない"表示未曾经历过之意。因此，这里译作"从未体验过"。类似的还有：　●そんな話は聞いたこともないよ／这种事我连听都没听说过。此外，还有"～なかったことがある"的表现形式存在，表示"有过没……"之意。如：　●財布を拾ったのに警察に届けなかったことがある／有一回我捡了一个钱包，但是没有交给警察。

原文：

　ブロードバントとは、「広域帯ネットワーク」、つまり一度に送ることができる情報の量がとても多い（大容量）通信回線のことです。今までのアナログ回線やデジタル信号を使った ISDN（アイ・エス・ディー・エヌ）などのネットワークが、バイクで少しずつ荷物（情報量）を運ぶものだとすると、ブローバンドは大型トラックで一度に大きな荷物を運ぶようなものなのです。

　ブロードバンドでは
●コンサートやスポーツのインターネット中継
●学校以外の場所でのインターネット授業
●病院のない地域でもインターネットを通して医師の診察を受ける
●テレビ番組や映画を好きな時に見られるようなサービス「ビデオ・オン・デマンド」
●テレビ電話やテレビ会議
　など、いろいろな情報通信がより効果的にできます。

译文：

　　所谓宽带是指"宽频率范围的网络"，也就是一次性能够发送大量信息的（大容量）通信线路。如果我们将至今为止所使用的模拟线路及数字信号的 ISDN 等网络比作是在用摩托车一点一点地搬运货物（信息量）的话，那么宽带就好比是在用大卡车一次性地搬运大件行李一样。

　　宽带能够更有效地传递如下各种信息情报：

・利用因特网转播演唱会及体育比赛。

・远程网络教学：利用因特网对学校以外地区实行授课。

・远程医疗：通过因特网使没有医院地区的人们也可以接受名医的诊治。

・能够在自己喜欢的时候看到电视节目及电影的服务——"视频点播"。

・可视电话及电视会议。

词语：

1.　ブロードバント（*broad band*）：宽带。

2.　ネットワーク（*network*）：网络，电路；广播网，电视网。

3.　アナログ（*analogue*）：模拟线路。

4.　デジタル（*digital*）：数字信号

5.　ビデオ・オン・デマンド（*video on demand*）：字面意为"根据需要打开录像"，这里译作"视频点播"。

6.　より（副）：更，更加，进一步。　●より速くより高くより強く／更快、更高、更强。

句子要点：

1.　"ブロードバントとは、「広域帯ネットワーク」、つまり一度に送ることができる情報の量がとても多い（大容量）通信回線のことです"：这个句子的基本结构为"〜とは〜ことです"。这里的"とは"接名词，多用于就语句的意思和内容下定义时。即"所谓……是指……"。如：　●パソコンとは、個人で使える小型のコンピューターのことだ／微机就是个人能使用的小型计算机。此外，"とは"还可表示"引用"或"吃惊"的语义。　●「このお話、なかったことにしてください」「なかったことにする」とは、どういうことですか／"这件事就当没有吧。""'就当没有'是什么意思啊？"　●タクシーの中に忘れた現金がもどってくるとは思いもよらないことでした／忘在出租车上的现金又找到了是我没有想到的。前者表示"引用"，后者则为"吃惊"。在表示吃惊的语气时还经常会出现省略谓语的情况。　●あの人がこんなうそをつくとは／真没想到那个人撒了这么大个谎。

2.　"今までのアナログ回線やデジタル信号を使った ISDN（アイ・エス・ディー・エヌ）などのネットワークが、バイクで少しずつ荷物（情報量）を運ぶものだとすると、ブローバンドは大型トラックで一度に大きな荷物を運ぶようなものなのです"：这里的"とすると"属惯用表现。表示说话人以假定、想象的事情来设定条件，而不过多考虑现实情况如何之意。如：　●医学部に入るとすると、いったいどのぐらいお金が必要なのだろうか／如果要报考医学系，到底需要多少费用啊？此外，"とすると"还可表示既定条件。　●2週間休館だとすると、今日のうちに必要な本を借りておかなければならないかな／如果闭馆两个星期的话，今天必须要把所需要的书借出来啊。由此可以看出，无论是假定条件还是既定条件，根据中文的表述习惯，一般均需要将"假设"之意提到假设的内容前面进行表现。

3. "ブロードバンドでは〜など、いろいろな情報通信がより効果的にできます"：中间的 "…
…" 代表可传递的信息内容。它们与上述内容构成一个完整的句子。所以在翻译时采取分译
的方法，将中间的 "……" 部分放在了整个句子的最后，而将 "いろいろな情報通信がより
効果的にできます" 提到了前面进行表示。

4. "学校以外の場所でのインターネット授業"：宽带能够传递的信息内容之一。字面意为 "在
学校以外地区的因特网授课"。目前宽带已深入到了我们的日常生活中，对于这种情况我们
一般常使用 "远程网络教学" 一词。所以在解释这句话时，加上了这个内容，并在其后利用
原文内容对其进行了解释。下一句的 "病院のない地域でもインターネットを通して医師の
診察を受ける" 也采用了同样的处理方法。

原文：

光ファイバは、光を遠くまでよく通す「石英」という物質から作られた、透明度の高いガラスでできています。その直径は125μm（マイクロメートル）（1μmは1mmの1000分の1）で、髪の毛と同じくらいの太さです。そんなに細いのに、1本で送れるデータ量はとても多く、電話の声なら一度に銅線の数千倍の人数のデータを送ることができます。銅線より細く、しかも軽い光ファイバを使えば、架設工事も容易で、スペースの節約にもなります。また石英は電気を通さないので、テレビやラジオなどの電波の影響を受けません。

译文：

光纤是由透明度很高的玻璃制成的。这种玻璃由具有良好导光性的 "石英" 这种物质做成。它的直径为 125μm（1μm 是 1mm 的 1000 分之一），和头发丝差不多粗细。虽如此纤细，但 1 根能够传输的数据量却非常大。假设是电话声音的话，它能够一次传输相当于铜线数千倍人数的数据量。使用比铜线细且轻的光纤，不仅架线工程简单，还能节约空间。此外，由于石英不导电，所以它不会受到电视及收音机等电波的干扰。

词语：

1. スペース（space）：场所，空间，余地。 ●スペースがない／没有地方。这里 "スペースの節約" 可译为 "节约空间"。

2. 通す（とおす）：通，通达，通过。 ●電気を通す/导电。 ●光を通す／透光。

句子要点：

1. "光ファイバは、光を遠くまでよく通す「石英」という物質から作られた、透明度の高いガラスでできています"：这是一个包孕句，整个句子结构为 "光ファイバは、〜透明度の高いガラスでできています"。而中间的 "光を遠くまでよく通す「石英」という物質から作られた" 一句又对 "透明度の高いガラス" 起到了定语修饰的作用，所以在翻译处理上，采用先将基本结构部分译出，再将中间部分对 "玻璃" 的解释内容作为补充说明单独表现了出来。句末的 "〜でできています" 为惯用表现，表示 "由……制成" 之意。如： ●「それは何でできていますか」「これは土でできています」／ "那是用什么做成的？" "这是用土做成的"。

2. "電話の声なら一度に銅線の数千倍の人数のデータを送ることができます"：这句话中"電話の声なら"是用于表示假定条件的用法。它主要由"なら"来体现，表示"如果是……的话""假如是……的情况"等。如：●東京ならこんなに安い家賃で家が借りられません／如果是在东京，用这么便宜的租金是租不到房子的。原文如果直译的话，应为"如果是电话声音的话，可一次传输铜线数千倍人数的数据"。但"铜线数千倍人数"一词，不太符合中文的表现习惯，故这里加上了"相当于"几个字，使要表现的内容明确化。

原文：

　　光は電磁波というエネルギーの一種で、波のように振動して進み、空気や水、ガラスの中、空気のないところ（真空）でも進みます。障害物の少ない真空中でもっとも速く進み、その距離は1秒間に30万kmで、地球を7周半できる距離です。月まではだいたい1秒、太陽までは8分20秒かかる計算になります。水などを通る時はそれよりも30％遅くなり、ガラスの中を通る時は50％以上遅くなります。

　　ところで、光ファイバ通信に使われるのは「レーザー光」という特殊な光で、太陽や懐中電灯などのふつうの光とは少し違う性質があります。一般に光は遠くにいくほど、広がり暗くなってしまいます。それに対してレーザー光は、明るく、広がらず、まっすぐ進んでいく性質があります。これを利用して、光ファイバ通信では遠くまでたくさんの情報を送ることができるのです。

译文：

　　光属于电磁波能源的一种，它像波一样振动前行，还能在空气及水、玻璃中，甚至在没有空气的地方（真空）行进。在障碍物很少的真空中，其行进速度最快，为每秒30万km，相当于能够绕地球7圈半的距离。据计算光到月球大约需要1秒，到太阳则需要花费8分20秒的时间。而从水中等处通过时，则要慢30％，从玻璃中通过时则会慢50％以上。

　　不过，光纤通信中使用的是"激光"这种特殊光，具有与太阳及手电筒等普通光不同的性质。一般来讲，普通光越到远处就会越发散，而且会变得暗下来。与此相反，激光则具有明亮、不发散、可以直行等特性。光纤通信就是利用了这一特性，将大量的信息情报传输到远方。

词语：

1. 進む（すすむ）：前进，进行，进度。●行列が進む／队伍前进。●工事が進む／工程有进展。此外，它还可以表示"（钟）快"之意。●時計が進む／钟快。

2. 懐中電灯（かいちゅうでんとう）：手电筒。此外，"懐中"也常和其它名词组成惯用词组。如：●懐中時計／怀表。●懐中もの／钱包，钱袋。

3. 広がる（ひろがる）：扩展，扩大。●うわさが広がる／风声传开。●火事が広がる／火灾蔓延。原文是指光线的"広がる"，故译作"发散"。

句子要点：

1. "波のように振動して進み"：这句话中的"ように"是比况助动词"ようだ"的连用形，在这里主要表示"举例"之意。译作"像波一样振动前行"。类似的还有：●あの人のよ

うに英語がペラペラ話せたらいいのに／要能像他那样能说一口流利的英语就好了。此外，"ように"还可有如下几种用法，① 表示"引言"之意。●ご存知のように、日本は人口密度の高い国です／众所周知，日本是一个人口密度很高的国家。② 用于事先预告，之后表示具体内容，相当于中文的"如下"之意。●結果は次のようにまとめることができる／结果可以归纳如下。●以下で示すように、わが国の出生率は下がる一方である／如下所示，我国的出生率呈下降趋势。

2. "月まではだいたい1秒、太陽までは8分20秒かかる計算になります"：这是一个定语句。"計算になります"前面为定语部分。按照原文直译应为"成为到月球需要1秒，到太阳需要8分20秒的计算"，这样显然不符合中文的表现习惯，故这里译作"据计算光到月球大约需要1秒，到太阳则需要花费8分20秒的时间"。

3. "これを利用して、光ファイバ通信では遠くまでたくさんの情報を送ることができるのです"：这个句子中出现了指示代词"これ"，译成中文时需将具体指代的内容加上去，即"这一特性"。同时，"光ファイバ通信では"表示其适用范围，故将其提到"これを利用して"一词的前面译出，这样使整个句子的表现内容明确化。所以这里译作"光纤通信就是利用了这一特性，将大量的信息情报传输到远方"

練習問題：
次の短文を中国語に訳しなさい。中にはどんな翻訳のテクニックを使ったかを考えなさい。

1. 1854年、イギリスの物理学者チンダルは、樽（たる）の中から流れる水を見て、光ファイバの原理を発見しました。これはどういうことでしょう。

　お風呂の上から下に沈んだ物を取ろうとすると、実際には見えたところと違うところに沈んでいたという経験はありませんか？これは、光が水にぶつかって方向が変わるからです。これを光の屈折といいます。

　光が水にあたると一部が水の表面で反射して、残りの光が水の中に入っていきます。同じように、水の中の光が空気中に出て行こうとすると、一部が水の表面で反射して水中に戻ってしまいます。そして、ある角度になると、光は水面からまったく出ることがなくて空気中に抜けられなくなります。これを全反射（ぜんはんしゃ）といいます。

　チンダルは、樽から流れる水の中を光が全反射しながら進んでいく様子を見て、透明な物体であれば、たとえそれが曲がっていても光が伝わることを発見したのです。これが光ファイバの原理です。しかし、原理がみつかっても実際に光が伝わるものを作るのは難しく、20世紀になるまで実用化はできませんでした。

2. 電子ペーパーなどのハード面に先がけて、ソフト面でも電子機器が紙の印刷物に取って代わる動きが起きています。その代表が、本の内容をデジタルデータ化し、パソコン、PDA（携帯情報端末）などにダウンロードして読める「電子書籍」です。

　電子書籍は、1995年にパソコン通信からスタートし、1996年にインターネットで配信されるようになると、文学作品から写真集、コミックまで幅広いジャンルの作品を扱うサイト、著作権の切れた文芸作品などを無料で提供するサイト、大手出版社12社が参加するオンライン書店などが次々に登場しました。ここ数年で作品のジャンルや発刊点数が飛躍的に増え、電子書籍を読むための専用閲覧ソフトもいろいろなものが登場してい

ます。

　電子書籍のメリットは、近所の本屋さんにはない本や品切れになっている本も、いつでもすぐに探して購入できること、また自分が読みやすい文字の大きさやコントラスト（明暗）、書体などに調整できるため、お年寄りなど小さな文字が読みづらくなった人も快適に読めること、そして、大量の本もかんたんに持ち運べる便利さにあります。

　電子ペーパーが登場すれば、さらに電子書籍を利用する人が増えることは間違いないでしょう。

3.　1987 年に初めて携帯電話が登場してから、わずか 15 年。第 1 世代と呼ばれるアナログ方式から第 2 世代のデジタル方式、そして第 3 世代の「FOMA」へと、携帯電話は驚異的なスピードで進化し続けてきました。そして、2010 年のサービス開始を目指し、NTT ドコモが開発を進めているのが「第 4 世代」と呼ばれる新しい携帯電話の方式です。

　使用する周波数帯やシステムを組み立てるための技術など、詳しい内容については、まだいろいろと検討されている段階ですが、総務省の計画によれば、その通信速度は毎秒 50～100Mbps 程度になる予定です。映画やテレビ番組といった大容量の動画も、ハイビジョン並みの高画質で受信できるのはもちろん、2010 年までに登場すると予測される駅の構内などの高速無線 LAN や、デジタル地上波放送など、そのほかのメディアとも自由に相互通信できるモバイルマルチメディアとして期待されています。また、携帯電話の形そのものも、腕時計型、ヘッドマウントディスプレイ（頭に固定して片目で画面をのぞくように使う）、カード型など、使用する目的に応じて変わる可能性があります。

　インターネットと放送をつなぐモバイル、第 4 世代携帯電話。その登場で、だれでもいつでもどこからでもアクセスし、ネットワーク端末を意識せずに活用できる環境、つまり「ユビキタスネットワーク」が実現するのではないでしょうか。

※ユビキタス：Ubiquitous　語源は『いつでもどこでもだれでも』という意味のラテン語

第三课　政论文

——日本川口大臣在中国企业高峰会上的演讲

原文：

　　本日、私たちは北東アジアを焦点に議題いたします。そこで、私は、ビジネス界の関心を益々高めてきているテーマとして、特に、近年その活発化が著しい日中韓の経済的な連携についてお話ししたいと思います。この連携への最近の動きをお聞きになって、皆様は、私たちがまさに新しい時代を議論する場にいることを確信されるでしょう。

——————————————————————————————————

译文：

　　今天我们的中心议题是东北亚。因此今天我想就商界日益关注的主题、尤其近年来明显趋于活跃的日中韩经济合作谈谈我的看法。了解了这一合作最近的动向，大家一定会相信，我们正在这里指点一个新时代。

——————————————————————————————————

词语：

1. サミット（summit）：首脑会议，最高级会议，最高级会谈。这里译作"高峰会"。

2. 連携（れんけい）：合作，联合。　●連携を保つ／保持合作关系。　●連携して行動する／联合行动。

3. 動き（うごき）：动向，倾向。　●世界の動き／世界的动态。国际动态。"動き"这个词的基本含义为"动，活动，移动"。　●体の動きが鈍い／动作迟缓。此外，它还可以表示"动摇"之意。　●動きのない強い意志／不可动摇的坚强意志。所以在翻译时应根据上下文，进行灵活处理。

句子要点：

1. "本日、私たちは北東アジアを焦点に議題いたします"：这个句子中的"北東アジア"一词，因汉语和日语在方位表达上的不同，译成中文后应作适当调整，译作"东北亚"。整个句子结构为"～を～にする"，译成中文也就是"把……当作……"。这种表现在日语中比较常见。　●客間を子供の勉強部屋にした／把客厅当作了孩子的学习房间。本文如果直译的话应为"今天我们把东北亚当作焦点来进行讨论。"这样不太符合中文的表述习惯，故这里译作"今天我们的中心议题是东北亚。"此外，"にする"还可表示"决定"及人为地使作用的对象发生变化之意。　●「何になさいますか」「コーヒーにします」／"您来点什么？""来一杯咖啡"。　●子供を医者にしたがる親が多い／有许多家长都想把自己的孩子培养成医生。翻译时应结合上下文仔细判断。

2. "私は、ビジネス界の関心を益々高めてきているテーマとして、特に、近年その活発化が著しい日中韓の経済的な連携についてお話ししたいと思います"：这个句子的整体结构为"私は~を~テーマとして、~連携についてお話ししたいと思います"。其中"として"与"について"均为惯用表现。"として"表示资格、立场、种类、明目等。相当于中文的"作为，当作"。 ●趣味として書道の勉強をしている／作为兴趣爱好，我正在学习着书法。"について"表示"关于，就"的意思。 ●その点については全面的に賛成できない／关于这一点不能完全赞成。本文中的"テーマとして"表示的就是"作为主题"，" 連携について"则表示"关于合作"之意。但这两部分均有定语修饰部分。翻译好定语修饰部分是关键。这里所说的"使商界日益关注的主题"也就是"日中韩经济合作"，如果直译为"作为使商界日益关注的主题的特别是近几年日趋活跃的日中韩经济合作"，则显得过于繁琐，使人无法理解。所以，在翻译时并没有将"として"一词译出，而是采取省略不译的方法进行处理，以使其更符合中文表现习惯。

原文：

　　日本、中国、韓国の経済連携が相当大きな市場を構成するであろうことは、一般に意識されています。しかし、この三国が、人口の合計でＥＵとＮＡＦＴＡとを合わせた規模に迫ることをご存じだったでしょうか。また、この三国は、世界全体のＧＤＰの約１７％、貿易量では約１３％を占めているのです。

译文：

　　一般大家都已意识到日本、中国、韩国的经济合作将形成一个相当大的市场。但是，大家是否了解这三个国家的人口总和已接近 EU 和 NAFTA 加在一起的规模这一事实呢？而且这三个国家的 GDP 约占全世界的 17%，贸易量约占 13% 。

词语：

1. 構成（こうせい）：构成，构造，结构。 ●文章の構成／文章的结构。 ●慰問団を構成する／组成慰问团。 ●構成国／成员国。
2. 意識（いしき）：意识，知觉。 ●意識を取りもどす／恢复知觉。此外，"意識"还有"觉悟"之意。 ●階級意識／阶级觉悟。
3. 迫る（せまる）：逼近，迫近。 ●夕暮れが迫る／天要黑了。作为自动词，它还有"紧迫，窘困"以及"缩短，缩小"之意。 ●息が迫る／呼吸紧迫。 ●距離が迫る／距离缩小。此外，它还可用作他动词，此时表示"强迫、强制"的含义。 ●返答を迫る／强迫回答。本文属自动词用法。这里译作"接近"。
4. GDP："Gross Domestic Product"的缩略语。通常译为"国民生产总值"。类似这样的英文缩略语，无需翻译成中文，只需原封不动的将英文照写下来即可。

句子要点：

1. "日本、中国、韓国の経済連携が相当大きな市場を構成するであろう"：这个句子中的"であろう"是推量表现。当说话人叙述通过自己间接的体验或想象所认识的动作及无法确认

的动作时，多采用这种推测表现。　●冬の富士山はさぞ美しいだろう／冬天的富士山一定很美吧。　●明日もきっといい天気でしょう／明天也肯定是个好天吧。　●この程度の作文なら、だれにでも書けるだろう／这种程度的作文谁都会写吧。本文中的这个句子虽也含有推量的语气，但在翻译时没有译出，只是将其作为意识到的内容表现了出来。译作"一般大家都已意识到日本、中国、韩国的经济合作将形成一个相当大的市场"。

2. "この三国が、人口の合計でＥＵとＮＡＦＴＡとを合わせた規模に迫ることをご存じだったでしょうか"：这个句子的基本结构为"〜ことをご存じだったでしょうか"。其中"ご存じ"为敬语表现。它经常会出现在演说、会话及书信文中，以表示对对方的尊敬。　●ご存じのことと思いますが／我想您是知道的。　●ご存知ですか／您知道吗？

3. "この三国は、世界全体のＧＤＰの約１７％、貿易量では約１３％を占めているのです"：这个句子采用了成分转换的处理方法。也就是将"GDP"用作了句中的主语，而将"この三国"作为了它的定语使用。译作"这三个国家的 GDP 约占全世界的 17% ，贸易量约占 13%"。

原文：

　　これに加え、また、それ以上に注目すべきは、近年の三国間の関係の急速な発展です。例えば、この５年間に、日中間では、貿易総額は２倍以上、投資額は約３倍に増加しました。日韓間でも、貿易総額は殆ど倍増しました。中韓間でも、貿易総額は約３倍、投資額は約６倍と飛躍的に増加したと承知しています。近年の日中韓の関係を特徴づけるものは、単に市場の規模ではなく、その活力にあるのです。

　　ビジネスの現場における統合も目を見張るものがあります。ほんの一例ですが、日本で販売されている液晶テレビが、韓国企業が製造した液晶パネルを使って中国で組み立てられた製品であるといったことは、珍しいことではなくなりました。

译文：

　　不仅如此，我们更应关注的是近年来三国关系的快速发展。例如，过去 5 年间，日中两国之间的贸易总额增加到 2 倍以上，投资额增加到约 3 倍。日韩之间的贸易总额也基本实现了倍增。众所周知，中韩之间的贸易总额也增加了约 3 倍，投资额增加了约 6 倍，实现了飞跃性的增长。代表近年来日中韩关系特征的不单是市场规模，更在于其活力。

　　实际商业活动中的合作也令人震惊。仅举一例，目前在日本销售的液晶电视，就是使用韩国企业生产的液晶板，在中国组装的产品。像这样的情况已不稀奇。

词语：

1. 加える（くわえる）：加，添加。施加。　●もう少し水を加える／再添点水。　●敵に手痛い打撃を加える／狠狠打击敌人。此处的"これに加え"直译为"在这上面加上"，这样不符合中文的表现习惯，故这里改译作"不仅如此"。

2. 特徴づける（とくちょうづける）：这里的"づける"作接尾词使用，表示"给与，与"之意。　●位置づける／固定位置。　●意義づける／赋予一定意义。　●秩序づける／规定次序。结合上下文，这里译作了"代表……特征"。

3. 現場（げんば）：现场，工地，作业场地。 ●事故現場／事故现场。 ●現場撮影／现场拍摄。 ●工事現場／工地。 ●現場監督／工地指挥。

4. 統合（とうごう）：统一，合并，集中。 ●三軍統合／统辖三军。 ●統合幕僚会議／参谋长联席会议。 ●二つの学校を統合して綜合大学を作る／把两个学校合并起来建立综合大学。

5. 見張る（みはる）：睁目，睁大眼睛看。 ●目を見張る／睁目而视。 此外，它还有"警戒，看守"之意。 ●泥棒を見張る／警戒小偷。本文使用的是第一种含义。结合上下文，这里译作"震惊"。

句子要点：

1. "日中間では、貿易総額は２倍以上、投資額は約３倍に増加しました"：这句话需特别注意数量词的表达方法。日语在表示倍数关系时，有两种表现形式。一种就是如文中所示，还有一种就是不加"に"，直接以"～倍増える（或增加する）"的形式出现。前者一般译作"增加到～倍"，后者则译为"增加了～倍"。 ●学生の人数が５倍に増えた／学生人数增加到５倍。 ●学生の人数が５倍増えた／学生人数增加了５倍。所以本文应按照第一种表现形式，译作"日中两国之间的贸易总额增加到 2 倍以上，投资额增加到约 3 倍"。而此后的"日韓間でも、貿易総額は殆ど倍増しました"一句则应按照第二种方式，译作"日韩之间的贸易总额也基本实现了倍增"。

2. "日本で販売されている液晶テレビが、韓国企業が製造した液晶パネルを使って中国で組み立てられた製品であるといったことは、珍しいことではなくなりました"：这是一个较长的句子，整个句子的结构为"～といったことは、珍しいことではなくなりました"。也就是"所说的……已不稀奇"。"といった"前面即为其所说的内容。所以在翻译的处理上，采用将其前后断开来的方法，译作"目前在日本销售的液晶电视，就是使用在韩国企业生产的液晶板，在中国组装的产品。像这样的情况已不稀奇"。此外，"といった"还可表示列举，表示这不是全部还有其它的含义。相当于中文的"……等的……"。 ●この学校にはタイ、インドネシア、マレーシアといった東南アジアの国々からの留学生が多い／这所学校有许多来自泰国、印度尼西亚、马来西亚等东南亚国家的留学生。作为句末表现它还有"といったところだ"的表现形式。主要用于说明处在那种阶段的状况，相当于中文的"也就是……那个程度"之意。 ●「体の調子はどうですか」「回復まであと一歩といったところです」／"身体状况怎么样？""到完全恢复只差一步了"。

原文：

　ご承知の通り、日中韓三国のそれぞれの経済も好調です。中国の経済は年率９％以上の成長を続けています。韓国経済もアジア金融危機を乗り切った後は再び順調に発展を実現しています。日本について言えば、政府が構造改革に取り組んだ結果、例えば、不良債権処理においては、2002 年当初の不良債権比率 8.4％が、現在、5.2％まで減少するなど、着実な進展が多数見られます。このほか、ＤＶＤや薄型テレビなどの高付加価値商品のが好調で、企業の景況感はバブル後最高水準に達しています。こうした中、我が国の 2004 年度の実質成長率は 3.5％と、２年連続で３％台の水準になると見込まれております。バブル崩壊後の 90 年代を経

て、日本経済を過小評価する意見もありましたが、日本経済の活力と潜在力を強調したいと思います。

译文:

正如各位所知，日中韩三国的经济状况均良好。中国经济保持着 9% 以上的年增长率，韩国经济也在渡过亚洲金融危机之后重新实现顺利发展。就日本而言，政府致力于机构改革的结果，实现了稳步发展。比如：在不良债权的处理方面，不良债权比率从最初 2002 年的 8.4% 降低到了现在的 5.2%。此外，DVD 和超薄电视机等高附加值商品的发展势头也很好，企业景气状况达到了泡沫经济之后的最高水平。其中，我国 2004 年度的实际增长率有望达到 3.5%，连续两年达到 3% 的水平。在经历了泡沫经济崩溃后的 90 年代以后，也有人把日本经济估计的过低了，但我在这里更想强调说一下日本经济的活力和潜力。

词语:

1. 好調（こうちょう）：顺利，情况很好。 ●万事好調だ／一切都很顺利。 ●健康状態が好調だ／健康状况良好。

2. 乗り切る（のりきる）：（困难，危险等）越过，渡过，突破。 ●難局を乗り切る／渡过难关。 ●暴風雨を乗り切る／战胜了暴风雨。 ●波を乗り切って進む／破浪前进。此外，它还可以表示"乘着车、船越过去，坐到头"之意。 ●舟で川を乗り切る／坐船过河。

3. 取り組む（とりくむ）：搞，抓，致力。 ●難しい問題に取り組む／致力于解决难题。 ●研究に取り組む／搞研究。此外，它还可以表示"同……比赛，跟……为对手"之意。 ●強い相手と取り組むと、負けるかもしれない／同强大的对手比赛，也许会输。

4. バブル（bubble）：泡，泡沫。 ●バブル景気／泡沫经济繁荣（指日本 1986 年之后连续 5 年的经济持续增长景象）。 ●バブルの崩壊／泡沫经济崩溃。

5. ～台（だい）：接在数量词后，表示大致的数量范围。 ●50 元台の品／五十多元的物品。 ●20 歳台／20 多岁。此外，它还可以作为计算车辆、机器等的单位使用。相当于中文的"辆，台"之意。 ●１０台の自動車／十辆汽车。 ●コンピューター３台／3 台计算机。

句子要点:

1. "ご承知の通り、日中韓三国のそれぞれの経済も好調です"：这句话中的"通り"接在"名词+の"后，表示"照……样，按……样"之意。 ●計画の通りに行う／按计划进行。 ●下記の通りに紹介した／做了如下的介绍。 ●その通り！／是那样。此外，"通り"作为惯用表现，还有如下几种用法：①接在"言う""思う"等词后面，表示"正如，按照"之意。 ●おっしゃるとおりです／正如你所说的。②接在数量词和"なん""いく"等疑问词后，表示方法和种类的数量。 ●この漢字はいくとおりの読み方があるか知っていますか／你知道这个汉字有几种读法吗？③常以"どおり"的形式，表示"与之相同，按那种样子，照原状一样"等意义。 ●予定通り／按照预定计划。 ●文字通り／正如文字所示。 ●考えどおり／按照所想。

2. "不良債権処理においては、2002 年当初の不良債権比率 8.4%が、現在、5.2%まで減少するなど、着実な進展が多数見られます"：这句话中的"において"属惯用表现。它可以接在表示场所、时代或状况的名词后，表示某件事发生或某种状态存在的背景。一般可译为

"在……地点，在……时候，在……方面"等。 ●その時代において、女性が学問を志す
のは珍しいことであった／在那个时代，女人立志钻研学问的是很少见的。 ●卒業式は大
講堂において行われた／毕业典礼在大礼堂举行了。根据上下文，本文可译作"在不良债权
的处理方面"。

3. "企業の景況感はバブル後最高水準に達しています"：这句话中的"に達する"较常用。
   一般有两种译法：①到达，达到。 ●目的地に達する／到达目的地。 ●世界水準に達す
   る／达到世界水平。②精通，通达。 ●一芸に達した人／有一技之长的人。 ●書道に達
   する／精通书法。此外，作为他动词使用时，它还有"完成，达到"以及"下达通知、指
   示"之意。 ●望みを達する／实现愿望。 ●おふれを達する／出布告。本文中的"達す
   る"属自动词的用法，表示"达到"之意。

練習問題：
次の短文を中国語に訳しなさい。中にはどんな翻訳のテクニックを使ったかを考えなさい。

1. さて、こうした背景の下、日中韓三国の経済的な連携を更に進める上で、今具体的に何
   が起きているのでしょうか。まず第一として、日中韓三国が協力の強化に向けて力強い
   歩みを進めていることが挙げられるでしょう。昨年、日中韓首脳はバリ島において発出
   した「日中韓首脳共同宣言」において、「日中韓投資取決めのあり得べき形態に関する
   非公式共同研究」を立ち上げることに合意しました。これを受け、現在、三国の投資協
   定締結の可能性や投資環境の更なる整備のための方策について研究が進められています。
   また、三国の研究機関により、日中韓国自由貿易協定に関する共同研究も行われてい
   ます。

2. 我が国は、既にシンガポールと経済連携協定（EPA）を締結した他、韓国、フィリピン、
   マレーシア、タイともEPA交渉を行っています。更に、先般の日ASEAN経済大臣会合に
   おいては、ASEAN全体とのEPAにつき明年4月から交渉を開始することを首脳レベルに提
   言することが合意されました。更に目を広げれば、中国、韓国、ASEAN、豪州、ニュージ
   ーランド、インドも相互の間のEPA締結に向けて活発に動いており、多数のこうした動
   きが同時並行で進んでいます。経済統合に歴史的な動きが起きていると言えましょう。
   バイとマルチの両方で各国の努力が網の目のように重なって、アジアの経済的な統合は
   大きくその姿を変えようとしています。
   　こうした努力は、相互の競争を通じて各国の構造調整を更に促し、それぞれの経済に
   も良い影響を与えるものと信じております。

3. 第二に、こうした連携を進める政治的な枠組み作りです。今年6月、青島において、私
   が議長となって、日中韓首脳共同宣言のフォロー等を主な任務とする日中韓外相三者委員
   会を開催いたしました。これまで日中韓三国の対話は、ASEAN関連会議の際にASEAN内で
   行われてきましたが、外相三者委員会は日中韓三国のいずれかで開催される独立したプロ
   セスとして、三国間の対話を進めていくことになります。これ以外にも、日中韓では、経
   済貿易、環境、情報通信、財務、エネルギーの5つの大臣会合が存在し、来年には科学技
   術大臣会合も立ち上がる予定です。これらを通じて、私たちは日中韓協力を積極的に拡
   大・深化していこうとしています。今後とも、三国は、環境、エネルギーをはじめとする

国境を越える問題への取り組みにおいて、周囲と調和ある経済成長を目指す責任を負っていることを十分認識し、取り組んでいくことが重要です。

4. ここで若干余談にはなりますが、北東アジアの不安定要因の一つである北朝鮮問題については、六者会合のプロセスを通じて北朝鮮の核廃絶を実現すべく努力が傾けられているのはご承知のとおりです。現在、第4回目の会合の開催に向け、日中韓も含めた関係国間で調整中です。そもそも日、中、韓、米、露、北朝鮮という6カ国が、北東アジアの安全保障について話し合う場を設定するというアイデア自体は、1998年、当時の小渕総理が既に提案していたものです。現在、六者会合自体は北朝鮮の核問題等の平和的解決を目指す枠組です。しかし、今後、この六カ国がより広範な安全保障の議論を深めていくことができれば、アジア地域の平和と安定にも有益となると考えます。

5. 三国間の連携を強化している第三の要素として、実際の民間ビジネスの現場における進展があげられます。冒頭申し上げたとおり既に多くの進展が見られております、今後、ビジネスの現場において実質的な協力関係が一層拡大することを確信しています。

　第四として、そして何よりも重要なのは、地域的な連携強化についての政治的意思であると思います。2002年、小泉総理は、東アジアに「共に歩み共に進む」コミュニティを構築することを提唱しました。即ち、東アジア地域諸国が歴史、文化、民族、伝統などの多様性を踏まえつつ、調和して共に働く集まりとなり、開かれたコミュニティ作りを目指すべきであるとの提言です。このような東アジア・コミュニティづくりに向けた政治的意思は、昨年12月の日 ASEAN 特別首脳会議においても各国の首脳により確認されました。更に、地域全体の将来に重要な役割を担う日中韓の三国首脳も、昨年の共同宣言の中で、三国間協力を透明で対外的に開かれ、排他的、差別的でない形で積極的に進めていくとの強い意志を明確に示しました。私は、このような政治的意思は極めて重要なものであり、その下で EPA を始めとする各種の機能的な協力を進めていくことが、東アジア・コミュニティ作りを促進し、日中韓三カ国がそれをリードしていくために不可欠であると確信しています。

第四课　新闻报道

原文：

ストレス解消、運動も大切

がん予防に食生活は大切だが、適度な運動やストレスの上手な解消、前向きの生き方もがん予防にかかわる。

がん細胞は体内で常に発生しているが、人にはそれを打ち消す働きがある。免疫力だ。免疫力が高いかどうかの指標のひとつになるのが、がん細胞を攻撃するナチュラルキラー細胞（NK 細胞）。白血球の一種だ。

译文：

排解精神压力，运动也重要

饮食生活对于癌症的预防很重要，但适度的运动及巧妙的排解精神压力、积极向上的生活方式也关系到癌症的预防。

癌细胞时常会在体内产生，但人体却有能力将其清除掉，那就是靠免疫力。检验免疫力高低的标志之一就是要看 NK 细胞——它是白血球的一种，是杀死癌细胞的天然杀伤细胞。

词语：

1. ストレス(*stress*)：原意为"应力，压迫，紧张状态"，此处译作"精神压力"。
2. 前向き（まえむき）：积极，进步。 ●前向きの人生観／进步的人生观。 ●前向きになって努力する／积极努力工作。此外，它还可译作"朝前，面向正面，对着正面"之意。 ●前向きに坐りなさい／请面向正面坐。
3. ナチュラル(*natural*)：自然的，天然的。
4. キラー（*killer*）：杀人者，迷人者。
5. NK 細胞（NK さいぼう）："NK"为"*Natural　Killer*"的字头，"NK 細胞"是"ナチュラルキラー細胞"的略称。即"天然杀伤细胞"。

句子要点：

1. "前向きの生き方もがん予防にかかわる"：这句话中的"にかかわる"是惯用表现。它表示"影响到……"或"关系到……"的意思。 ●こんなひどい商品を売ったら店の評判にかかわる／要是卖这么劣质的商品的话，会影响到商店的声誉。 ●人の命にかかわる仕事をするにはそれなりの覚悟がいる／从事性命攸关的工作就要有相应的思想准备。
2. "がん細胞は体内で常に発生しているが、人にはそれを打ち消す働きがある。免疫力だ"：原文为两句话，因后一句是对前句内容的进一步说明，故将其合在了一起。此外，"人にはそれを打ち消す働きがある"是一个存在句，直译为"人体有将其去除的功能"，这样

不太符合中文的表述习惯，故将它改译为"人体有能力将其清除掉"。对后一句的"免疫力だ"则采用增加一个"靠"字的方法，使其内容明确化。

3. "免疫力が高いかどうかの指標のひとつになるのが、がん細胞を攻撃するナチュラルキラー細胞（NK 細胞）。白血球の一種だ"：这句话原文也是两句话，出于和上句同样的原因，也将其合译成了一句。此外，这句话中的"かどうか"为较常用的表现。表示"是否，是……还是不……"之意。 ●彼はくるかどうかわかりません／不知他是否会来。与此相类似的还有"かいなか"以及"〜か〜ないか"等。 ●賛成かいなかはっきり言って下さい／请明确说明是否同意。 ●行くか行かないか決めてください／去与不去，请决定。

原文：

◆自信で NK 細胞活発に

　日常の生活で NK 細胞の働きを活発にしておく方法はあるのだろうか。がん患者の免疫向上カウンセリングなどを行っている筑波大学教授の宗像恒次さん（保健科学）は「自分に価値を感じている人、家族や職場との関係がうまくいっている人ほど NK 細胞の活性は高い」という。

　これは実際に人にストレスを与えた実験で分かった。家族環境を良好だと思い、自分の生き方に自信のある人ほど、NK 細胞ががん細胞を殺す率が高かったのだ。

译文：

◆自信能使 NK 细胞更活跃

　　日常生活中是否存在使 NK 细胞功能保持活跃状态的方法呢？日本筑波大学教授宗像恒次先生（保健科学），一直从事提高癌症患者免疫力的指导工作，他说："越是感到自己有价值、能够很好地处理家庭及工作单位关系的人，其 NK 细胞的活力就越高。"

　　这是通过给人施加精神压力的实际测试中得出的结论。越是自认为家庭环境好、对自己的生活方式充满自信的人，其 NK 细胞杀死癌细胞的几率就越高。

词语：

1. 働き（はたらき）：作用，功效，效力。 ●引力の働き／引力作用。 ●目の働き／眼睛的功能。此外，它还可以表示"工作，劳动"以及"机能，工作能力"等含义。 ●働きに出る／出去工作。 ●共働き／双职工。 ●胃腸の働きが悪い／胃肠功能不好。
2. 向上（こうじょう）：提高，进步，改善。 ●質の向上に努める／努力提高质量。
3. カウンセリング(counselling)：商议，商量，生活指导。

句子要点：

1. "がん患者の免疫向上カウンセリングなどを行っている筑波大学教授の宗像恒次さん（保健科学）"：这个句子采用了较长的定语对日本筑波大学教授宗像恒次先生进行了修饰。如果直译的话，会使人感到不知所云，故按照中文习惯，将人名放在最前面，将定语修饰部分放在人名之后，作为对所述对象的解释。译作"日本筑波大学教授宗像恒次先生（保健科学），一直从事提高癌症患者免疫力的指导工作"。

2. "自分に価値を感じている人、家族や職場との関係がうまくいっている人ほど NK 細胞 の活性は高い"：这个句子需注意副助词"ほど"的使用。它表示按比例变化。也就是：随 一方程度的提高，另一方程度也提高。相当于中文的"越……越……"之意。 ●まじめな 人ほどストレスがたまる／越是认真的人越容易精神疲劳。作为副助词它还可以表示"概数， 比较，程度"等含义。 ●風邪をひいて 3 日ほど学校を休んだ／因为感冒 3 天没上学了。 ●今年の夏は去年ほど暑くない／今年夏天没有去年那么热。 ●涙が出るほど感動した／ 感动得流出眼泪。

3. "NK 細胞ががん細胞を殺す率が高かったのだ"：这个句子中的句末表现"のだ"是日语中 的惯用表现。其敬体形式为"のです"。它多用于解释、说明事实、理由、根据或强调必然 结果等。 ●その日は雨が降っていたのだ／那天下雨来着。 ●「今日は会社に行きませ んか」「ええ、休みなのです」／"今天不去上班吗？""是的，今天休息"。 ●「何がほ しいのですか」「辞書がほしいのです」／"你想要什么？""我想要字典"。 ●だれが反 対しても僕はやるのだ／不管谁反对，我都是要干的。

原文：

◆タイプ C は要注意

ストレスと行動の特徴をいくつかのタイプに分けて人の性格を分類する考え方がある。そ の中に自分の感情を抑え、ストレスを発散させるのが苦手な「タイプ C」がある。出世欲が強 く、ひたすら仕事に打ち込む「タイプ A」が心臓疾患にかかりやすいのに対し、タイプ C は がんになりやすいという。心のわだかまりをうまく発散できないため、強いストレスで副腎 からコルチゾールというホルモンが出て、免疫力が低下しやすいからだ。最愛の妻を失った 夫が、白血球の減少などを通して免疫力が落ちるのも、その表れのひとつだ。

译文：

◆C 类型的人需要注意

有一种将精神压力与行为的关系特征划分为几种类型，对人的性格进行分类的思考方法。 其中有一种"C 类型"的人，往往压制自己的感情，不善于释放精神压力。据说"A 类型"的人 具有强烈的出人头地的愿望，一味地埋头工作，这样的人容易导致心脏病；而与此相反，C 类型 的人则容易得癌症。这是由于心中的不快不能很好地得到释放，强烈的精神压力就会导致肾上 腺产生叫做皮质激素的荷尔蒙，容易造成免疫力低下的缘故。痛失爱妻的丈夫，由于白血球的 减少等导致免疫力下降，也是其表现之一。

词语：

1. ひたすら：一味，一心一意，一个劲儿。 ●ひたすらあやまるのみ／只是一个劲儿地道歉。 ●ひたすら人に尽くす／专门利人。

2. 打ち込む（うちこむ）：热中，专心致志。 ●地道に仕事に打ち込む／埋头苦干。此外， 它还可作为他动词使用。表示"打进，扔进"等含义。 ●釘を打ち込む／钉钉子。 ● 海に打ち込む／扔进海里。

3. わだかまり：障碍，隔阂，思想上的疙瘩。 ●気持ちにわだかまりがある／心里有疙瘩。

此外，它还有"延误，拖延"之意。　●何のわだかまりもなくことが運ぶ／事情进展顺利。

4. ルチゾール：皮质激素。

5. ～やすい（接尾）：接动词连用形后，表示该动作很容易做，该事情很容易发生。　●書きやすい／好写。　●住みやすい／容易居住。　●太りやすい／容易发胖。

句子要点：

1. "ストレスと行動の特徴をいくつかのタイプに分けて"：这个句子中的"いくつか"表示"几个"之意。这是一种惯用表现。也就是"疑问词+か"表示不确定的用法。类似的还有"どこか、だれか、いつか"等等。　●いつか北京へ行きましょう／什么时候去趟北京吧。　●どこかへ行きたいですね／真想去什么地方玩呀。　●誰か教室にいますか／有谁在教室里吗？

2. "「タイプ A」が心臓疾患にかかりやすいのに対し、タイプ C はがんになりやすいという"：这句话中的"に対し（て）"与"という"均为惯用表现。"に対して"表示"与……相对"之意。　●兄が背が高いのに対して、弟のほうはクラスで一番低い／哥哥的个子很高，而弟弟却是班里最矮的。此外，"に対して"还可以表示"对……"以及"比例"等含义。　●私の質問に対して何も答えてくれなかった／对我的提问没有给予任何回答。　●学生20人に対して教員一人が配置されている／每20名学生配备一名教员。"という"一词用在句末时，可表示"据说，传说"等传闻或传说之意。　●この島の人々は黒潮に乗って南方から渡ってきたのだという／传说这个岛上的人是顺着黑潮从南方漂流过来的。此外，"という"还可以表示"名称"、"直接或间接引用他人的话"等含义。　●お名前は何といいますか／你叫什么名字？　●中国語では「さようなら」を「再见」と言います／"さようなら"用中文说是"再见"。　●先生は私の意見を面白いといってくれた／老师说我的意见很有趣。

3. "心のわだかまりをうまく発散できないため"：这里的"ため"是形式体言，表示原因之意。　●過労のため3日間の休養が必要だ／由于过度劳累，需要休息3天。　●彼の性格が暗いのは、ひとつにはさびしい少年時代を送ったためである／他性格孤僻的原因之一是因为他的少年时代过于寂寞造成的。

4. "強いストレスで副腎からコルチゾールというホルモンが出て、免疫力が低下しやすいからだ"：这里的"からだ"表示原因，常以"～のは～からだ"的形式出现。　●試験に落ちたのは勉強しなかったからだ／考试不及格是因为没好好学习。根据前后语境，"～のは"部分可以被省略。　●試験に落ちたんだってね。勉強しなかったからだよ／听说你考试没及格，那还不是因为你没好好学习嘛。

原文：

　　がん予防の中に「生きがい療法」や「お笑い療法」がある。山登りに挑戦するなど生きることに前向きになること、笑うことが NK 細胞の働きを活発にするというのがその根拠だ。
　　日本のサラリーマンには自分の感情を抑えがちなタイプが多い。宗像さんは「いい人ぶっ

ていないで、いやなことがあったら、家族や同僚にきれいさっぱりと話すだけでもストレス解消される。自分の気持ちをちゃんと聴いてくれる友達や家族をもつことがとても大切だ」と心の面のがん予防策をアドバイスする。

译文：

　　在癌症预防中有"生存意义疗法"和"大笑疗法"两种方法。其根据就在于通过登山等活动可使人的生活态度变得积极向上，而通过大笑则可使 NK 细胞的功能得以激活。

　　日本的工薪阶层人员中有许多是属于易压制自己感情类型的人。宗像先生从心里对策方面对此提出了预防癌症的建议。他说："不要老是装好人，有了不痛快的事情，哪怕只是跟家人或同事一股脑地说出来，也足以消除精神压力。拥有能够很好地倾听自己感受的朋友或家人，非常重要。"

词语：

1. ～がち（接尾）：接在动词连用形后，表示即使是无意的也容易这样做的意思。用于表示负面评价的动作。如：●忘れがち／健忘。●寒い季節は家の中にこもりがちだが、たまには外に出て体を動かしたほうがいい／寒冷季节的时候，容易总待在家里，其实最好还是偶尔到外面活动活动为好。此外，"～がち"还可以表示"经常，总是，带有～倾向的"之意。●このところ、はっきりしない曇りがちの天気が続いているので、洗濯物が干せなくて困ります／最近天气总是那么阴沉沉的，洗了的衣服也晾不干，真烦人。

2. ～ぶる（接尾）：接在名词后面，表示"用好像……的态度"或"摆出好像很了不起的样子"之意。相当于中文的"冒充，假装，摆样子"。如：●学者ぶる／以学者自居。●もったいぶる／装模作样，摆架子。●三年生になった長女は、先輩ぶって一年生の妹にいろいろ教えたりしている／上三年级的大女儿摆出前辈的架式，给上一年级的妹妹讲这讲那。

3. きれいさっぱり：（副）原意为"一干二净，干净利索"。这里译作"一股脑地"。

4. ちゃんと：（副）好好地，充分地。●戸をちゃんと閉めなさい／把窗户关好。●話があったらちゃんといいなさい／有话就痛痛快快地说。

5. アドバイス（advice）：忠告，劝告，建议。

句子要点：

1. "山登りに挑戦するなど生きることに前向きになる"：这句话需注意 "など"所表示的含义。它表示从各种各样的事情中举出主要的为例，包含还有其它类似事情的含义。●時には呼びつけて注意するなどしたのですが、あまり効き目はなかったようです／有时也叫来提醒提醒，可是没有什么效果。●デパートやスーパーなどの大きな店ができたために、小さな店は経営が苦しくなった／因为开了大的商店和超市，小店经营困苦。此外，"など"还有一些其它用法。①接在"言う"等表示发话的动词后，表示说话的大体内容。此时作为引用的含义使用。●学校をやめるなどと言って、みんなを困らせる／说什么不上学了，使大家为难。②以"～など～ない"等表示否定的同时，通过"など"对提示的东西表示轻蔑的、谦逊的或者是意外的心情。●わたしは嘘などつきませんよ／我可绝不说谎啊。③以"～など～ものか"的形式，在加强否定的同时，通过"など"对提示的东西，表示不值一提，无聊等轻视的心情。●そんなばかげた話など、だれが信じるものか

／那种傻话，谁信哪？

2. "家族や同僚にきれいさっぱりと話すだけでもストレス解消される"：这句话中的"でも"用于举出极端的例子，暗示其他不在话下。 ●この森は夏でも涼しい／在这片森林里，夏天也感到很凉快。还可用于单纯举例，表示虽含有其他选择仍举出一例的场合。 ●コーヒーでも飲みませんか／你不喝点咖啡什么的吗？此外，还可用"疑问词＋でも"的形式，表示"不论……"之意，即表示全面肯定的意思。 ●この会はだれでも自由に参加できます／这个会谁都可以参加。再有就是以"动词的连体形＋でもしたら"的形式，表示万一如此之意。相当于中文的"如果……就"之意。 ●子どものころ、妹を泣かしでもしたら、いつも一番上の兄に怒られた／小时侯，我要是弄哭了妹妹的话，总是挨大哥骂。

3. "自分の気持ちをちゃんと聴いてくれる友達や家族をもつことがとても大切だ"：这句话中的"てくれる"属惯用表现。它多用于表示"给我做……，替我做……"，即"使说话人受益"之意。 ●母がこれを買ってくれた／这是妈妈给我买的。 ●自転車がパンクして困っていたら、知らない人が手伝ってくれた／自行车爆了胎，正当我为难的时候，一个陌生人来帮了我，真是太万幸了。此外，它还可以表示为说话人一方做某事的含义。 ●母がイタリア旅行したとき案内してくれたガイドさんは、日本語がとても上手だったらしい／母亲在意大利旅游时，据说给她做导游的那个人日语特别好。本文中的"てくれる"就不是单纯指说话人自己，也包括听话人。故这里译作"拥有能够很好地倾听自己感受的朋友或家人，非常重要"。

練習問題：
次の短文を中国語に訳しなさい。中にはどんな翻訳のテクニックが使ったかを考えなさい。

1. ◆活性酸素の抑制
　富山医科薬科大学和漢薬研究所元研究員で薬学博士の松繁克道さん（天然物薬理学）は「がん予防の基本は活性酸素の発生を抑えることだ」と説く。
　活性酸素は酸化力の強い悪玉の酸素で、体内に取り込んだ酸素のうち１、２％が活性酸素になるといわれる。有害な化学物質を摂取したり、紫外線に当たったりすると活性酸素が生じて細胞の遺伝子が傷つく。そこへ発ガン性物質などが来ると突然変異を起こし、がんが発生する。
　実はストレスも活性酸素を作り出す。休養や気分転換などは活性酸素を抑えてくれる妙薬だ。
　こうしたことから、松繁さんは「余分な活性酸素をつくらないためには、抗酸化作用のある緑黄色野菜を多く食べ、発がん性物質などを排出する食物繊維を多く含む食品を積極的に取ることが大事だ」と話す。

2. ◆過激な運動は逆効果
　活性酸素を発生させる電磁波をできるだけ体にあてないことも必要だ。電磁波を出す電子レンジなどの家電製品は距離を置いて（１メートル以上）使用することを勧める。
　運動はどうか。松繁さんは「適度に体を動かすことはいいが、過激な運動はしないほうがよい」と話す。過激な運動は、必要以上に酸素を体内に取り入れ、活性酸素を過剰

につくるからだ。「ジョギングよりはウオーキングを」と提案する。

3. 幼いころの縄跳びを思い出す。回転する縄を目がけて飛び出す間合いが難しい。最近ふえている大型の自動回転ドアにも、似たような難しさを感じるときがある。縄跳びのようでもあるし、船に飛び乗るときの感じにも似ている。

「乗る」のに失敗したらどうなるか。まさか、東京・六本木ヒルズでの児童の事故のように死につながるとは思わなかった。大型だけに挟まれたときの圧力は想像以上に大きいのだろう。つくった人や管理する人たちにはわかっていたはずだ。しかも小さな事故が頻発していたらしい。なぜ早くちゃんとした対策を講じることができなかったのか。

エントランス・テクノロジーという言葉がある。入り口工学とでもいおうか。建物にふさわしい入り口をいかにつくるかを考える。多数の人が出入りする建物では、とりわけ重要なことだろう。

「開いて閉じている」自動回転ドアは、確かに便利かもしれない。回転しながらいつも人を出入りさせることができる。しかも建物の気密性は保って、外気の影響を少なくできる。が、開閉の交代のすきまに死角があった。

砂浜にドアがぽつんと立っている。建物は見あたらずドアだけである。米国の作家S・キングの小説に、そんな奇妙な光景が出てきたのを思い出す。別世界に通じるドアだった。内と外とをつなぐと同時に隔てるドアの存在が生々しかった。

亡くなった児童は、楽しい別世界につながる回転ドアだと思って走り寄ったのかもしれない。生と死とを分けるドアであったとは、夢にも思わなかったろう。

4. 自転車に乗ってスーパーへ買い物に行くような気さくな人だったそうだ。先週亡くなったオランダのユリアナ前女王である。ほぼ1世紀を生きた彼女の死は、変転を重ねたあの国の歴史へと思いを誘う。

母のウィルヘルミナ女王は、ナチス・ドイツの侵攻で英国に亡命した。アムステルダムの隠れ家で日記を書き続けたユダヤ人少女アンネ・フランクも、英国からのオランダ女王のラジオ演説に耳を傾けた。44年5月11日には「敬愛する女王様」がラジオで「帰国したあかつきには」「急速な解放」という言葉をつかったと期待を込めて書きとめている（『アンネの日記』文芸春秋）。

オランダは様々な顔を持つ国だ。風車、チューリップ、運河といった風物、世界の海に雄飛する中での日本との長い交流の歴史もあれば、レンブラントからゴッホに至る美術の伝統もある。哲学者のスピノザもいた。

暗い運命を暗示するのが、ワーグナーのオペラで知られる「さまよえるオランダ人」だろう。神を呪ったため、永遠の航海を科せられた幽霊船伝説である。強国に囲まれ、覇権の波にもまれてさまよってきた地でもあった。

迫害の中にありながらアンネは「わたしはオランダ人を愛します。この国を愛します」とたびたび書き記した。ナチス時代は別にして、古くから亡命者や難民を受け入れてきた開かれた国だとの思いが強い。

イラクへ軍隊を派遣したいまの政府は、難民規制への動きなども見せているようだ。「開放的で寛容」という良き伝統を大事にしてほしい、と遠くから思う。

第五课　小　说

——《桃》（节选）

原文：

　　私はいま、車椅子の夫と、九十四歳の老母の面倒を見て苦労していることになっている。

　　なっているというのは、私には家政婦さんたちやアシスタント嬢がついていてくれ、人手を確保しているので、自分の体力の限界という極限状況には至らないのだ。（私には弟・妹がいるが遠方にいたり、家庭の事情から戦力にはならない。しかしべつに喧嘩をしているわけではないので、老母の実況中継などを電話でして、互いにおかしがっている。これもまあ、精神的支えであろう）

译文：

　　我现在照看着坐轮椅的丈夫和九十四岁的老母，很是辛苦。

　　之所以由我来照看，是因为家里有家政服务员，我身边又有女助手，有她们帮忙我还没到体力不支的地步。（我虽有弟妹，可他们都住得很远，而且家里也离不开，都帮不上忙。兄弟姐妹之间并没有因此而不和，我时常打电话向他们汇报母亲的情况，这大概也是精神依托吧。）

词语：

1. 車椅子の夫："車椅子"原意为"轮椅"，因修饰的对象是"夫"，所以增加一个"坐"字，译作"坐轮椅的丈夫"。

2. 面倒（めんどう）：照顾，照看。　●面倒を見る／照料，照顾。此外，它还可以表示"麻烦，繁琐"之意。　●面倒な問題／麻烦的问题。　●面倒くさい／太麻烦。麻烦极了。

3. 苦労（くろう）：辛苦，苦劳。　●彼はずいぶん苦労をしたんだ／他吃了不少的苦。此外，它还可以表示"操心，担心"之意。　●家族に少なからず苦労をかけた／没少让家里人操心。

4. アシスタント（assistant）：助手，助理，助教。

5. 実況中継（じっきょうちゅうけい）：原意为"电视等的实况转播"，结合上下文，这里译作"如实汇报情况"。

句子要点：

1. "私はいま、車椅子の夫と、九十四歳の老母の面倒を見て苦労していることになっている"：这句中的"ことになっている"是惯用表现。表示就将来的某种行为做出某种决定、达成某种共识、得出某种结论。它带有该结果、决定是自然而然、不知不觉中自发形成的

含义。　●よく話し合った結果、やはり離婚ということになりました/反复商量的结果，还是决定离婚了。此外，它还可以表示换一种说法或换一个角度来指出事情的本质之意。　●４年も留学するの？じゃあ、あの会社には就職しないことになるの？/你要留学４年？那就是说你不去那家公司工作了？

2. "べつに喧嘩をしているわけではない"：这句话中的 "べつに～ない" 为惯用句型。表示"没有特别的……，没有值得提的……"之意。　●別に変わったことは何もない/没有什么特殊的事。　●「どうかしたの？」「いや別に」/"怎么了？""没什么。"　此外，"べつに"还可以表示"另外"，"分开"以及"按照"之意。　●サービス料は別にいただきます/服务费另收。　●クラス別に写真を撮りました/按班照了像。而原文中的这句话如果直译为"并没有争吵"，其发生争吵的主体则不很明确。所以这里加上了"兄弟姐妹之间"一词，使其含义明确化。译作"兄弟姐妹之间并没有因此而不和"。

原文：

　そんなこんなで、内実は極限状況ではないにせよ、よそ様からご覧になれば絵に描いたような老老介護だ。私は七十一歳で、夫は七十五歳である。さぞや大変だろうと人々は想像して下さるのか、近頃は介護に関する取材が多くなった。これは私を混乱させる。

译文：

　尽管我还应付得了，可在外人看来我们是地地道道的老的照顾老的。我七十一岁了，丈夫七十五岁。想必外人觉得我们很不容易。因为，最近关于看护问题来采访的人多了起来。这使我很茫然。

词语：

1. そんなこんな：这是由 "そんな" 和 "こんな" 组成的复合词，表示"这个那个，种种"。如：　●そんなこんなで取り込んでいて、遅くなりました/由于忙这忙那，来晚了。

2. 内実（ないじつ）：内情，实情。　●内実を告げる/诉说内情。此外，它还有副词的用法，表示"其实，实际"之意。　●わたしも内実弱っている/我其实也很为难。

3. よそ様（よそさま）：这是由 "よそ" 和 "様" 组成的词。这里的 "よそ" 表示"别处""与己无关"之意。　●よそへ行く/到别处去。　●わたしは昨日よそのおじいさんに道を聞かれた/昨天有一个素不相识的老大爷向我问了路。"様"作为接尾词，常接在人名、称呼下表示敬意。　●お客様/客人。还可用于对事物表示敬意及客气。　●ご馳走様/承您款待了，我吃得很好。　"よそ"和"様"结合在一起，表示对"外人，别人"的尊敬之意。　●よそ様の迷惑になるようなことはよしなさい/别干给旁人添麻烦的事啦。

句子要点：

1. "そんなこんなで、内実は極限状況ではないにせよ"：这里的 "にせよ" 属惯用表现，表示"即使……，……也好……也好，"之意。　●来るにせよ来ないにせよ連絡ぐらいはしてほしい/无论来还是不来，希望和我联系一下。　●いずれにせよもう一度検査をしなければならない/不管怎么样，一定要再检查一遍。

2. "さぞや大変だろうと人々は想像して下さる"：这个句子应特别注意副词的呼应问题。这里的"さぞや"为"さぞかし"的古老的说法，是"さぞ"的强调表现形式。它们多和"だろう"相呼应使用，用于推测事物可能达到的程度非同一般。相当于中文的"想必，一定"。●さぞやご心配のことと存じます／我想你一定很担心。●さぞや広州は暑かろう／广州一定很热吧。●彼女はたった一人で外国で病気になってさぞ心細かったことだろう／她孤身一人病倒在国外，真让人担心。

原文：

ただすべて現実的対応に鈍い私にも一つ、よくわきまえていることがある。介護の対象である夫と母が、まだいまの時点ではボケていず、老耄ともいいがたいのである。従って私は老醜を彼や彼女に感ずることはない。だからもっとひどい程度の人を介護する苦労に比べれば、大きい顔はできない。

译文：

不过对现实反应迟钝的我，有一点很清楚。那就是看护的对象——丈夫和母亲他们现在甚至都还很清醒，不能说是到了老朽的状态。因此，我也从来没有感觉到他们老态龙钟。和那些看护更加严重的人的辛苦相比，我这点算不了什么。

词语：

1. 鈍い（にぶい）：（动作、思想）迟钝，迟缓。●頭が鈍い／脑筋迟顿。●動作が鈍い／动作迟缓。此外，它还可以表示"钝的"以及"（光、音）弱"等含义。●刀が鈍い／刀不快。●光線が鈍い／光线弱。

2. わきまえる：这个词有两个含义。①辨别，识别。●いい悪いをわきまえる／分辨好坏。②懂得，通达事理。●よく道理をわきまえる／很懂道理。这里采用第二种含义。结合上下文，这里译作"清楚"。

3. ぼける：（上了年纪等，记忆力、辨别力、集中力）减退，变弱，昏庸。●この二、三日忙しくて頭がぼけた／这两三天忙得晕头转向。●年を取って記憶力がぼける／上了年纪，记忆力减退了。本文中的"ボケていず"直译为"没有糊涂"，也就是"还很清醒"之意，故这里采用肯定的形式将其表现了出来。此外，"ぼける"还可以表示"（像片、颜色等）退色，失色，模糊"等含义。●色がぼける／退色。

4. 老耄（ろうもう）：也说"もうろく"表示"老耄，年老无用"之意。●老耄したせいか、記憶力がひどく悪くなった／也许是由于年老了，记忆力大为减退。这里结合上下文，译作"老朽"。

5. 老醜（ろうしゅう）：老丑，老而无耻。●老醜をさらす／丢了老脸皮。但本文是在说自己的家人，若使用"老丑"等则不太适合，故这里译作"老态龙钟"。

6. 大きい顔（おおきいかお）：大模大样，高傲。原文是以"大きい顔はできない"的形式出现的，如果直译的话，应为"不能大模大样"，这样显然不通，故这里采用意译的方法，译作"算不了什么"。

49

句子要点：

1. "ただすべて現実的対応に鈍い私にも一つ"：这个句子中的 "一つ" 一词，有多种表现形式，翻译时应根据具体情况灵活处理。●ひとつよろしくお願いします／请多关照。●ひとつやってみようか／试一试吧。●ひとついかがですか／您来一点怎么样？与 "まちがえば" 结合，表示 "差一点，弄不好就会" 之意。●ひとつ間違えば、大惨事になるところだった／差一点就酿成重大事故。此外，它还经常和 "ない" 相呼应，表现不同的含义。●昨日から何一つ食べていない／从昨天起就什么东西都没吃。●知った顔はひとつもない／没有一个认识的人。●風邪がもうひとつよくならない／感冒还没有完全好。●このごろの若いやつは、挨拶ひとつ満足にできない／现在的年轻人连个招呼都打不好。本文中的 "一つ" 表示 "一点" 之意。

2. "老耄ともいいがたいのである"：这句话中的 "がたい" 为接尾词，常接在动词的连用形后，表示做该动作很难或不可能的含义。如：●言いがたい／难以启齿。●信じがたいことだが、本当なのだ／虽难以置信，但却是真的。本文中的 "いいがたい" 也就是 "很难说" 之意。这里译作 "不能说"。

3. "従って私は老醜を彼や彼女に感ずることはない"：这句中的 "彼や彼女" 原意为 "他和她"，根据中文习惯，将两者结合在一起，译作 "他们"。

原文：

　　たとえば夫は排便の大小を問わず、ウェスタンスタイルの便器で用を足す。足が弱っているので、男性用の朝顔に向かって姿勢を保ち続けられないのだ。それで男性用はご法度なのだが、つい朝顔に向かって用を足してしまい、その辺を洪水にする。しかしそれも尤も。——人間、何十年の習性、というものはたいへんなものなのだ。私はあとの始末をしながら、妙なところで感心してしまった。習性というものの力を、怒るわけにいかない。（尤も朝顔便器には以来黒いビニール布で掩って "使用禁止" としておいたけど）

　　人生には長く生きてると、いろんな発見があるものである。人の粗相を怒れない。

译文：

　　丈夫无论大小便总习惯用西式便器。但是由于腿脚无力，不能长时间以同一个姿势面对男用便器。按说就不能使用男用便器了。可他总是往男用便器里小便。每每这时尿都会弄到外面，像发了洪水似的。然而，这也是很自然的事。——几十年的习惯不是那么容易改变的嘛。不知怎的，擦拭着洒在外面的尿，我反而变得很能谅解了。可不能对习惯这东西生气。（不过，从那以后我还是用黑塑料布把男用便器包了起来，以示 "禁止使用"）

　　人活得时间长了会发现很多事情。比方说：不能为大小便失禁而发火。

词语：

1. 朝顔（あさがお）：这个词有两个含义①牵牛花。②（漏斗形陶瓷）小便池。结合上下文，这里使用第二种含义，译作 "男用便器"。

2. 法度（はっと）：这个词有两个含义。①（封建时代的）法度，法令，禁令。●法度や戒律を打破する／打破清规戒律。②禁止，禁例。●博打はご法度だ／禁止赌博。本文采用

第二种含义。如果直译的话，应为“禁止使用”，但这样翻译不太符合作为个人使用的特点，故这里译作“不能使用”。

3. 尤も（もっとも）：理所当然，合乎道理。●こんなに寒いんだから、大雪が降るのももっともだ／天气这么冷，下大雪也不为奇。●もっともらしい／似乎正确（合乎道理）。此外，它还可以作为接续词使用，表示“不过，可是”之意。●明日帰らなければなりません。もっともあなたは別だ／明天必须回去，不过你除外。本文采用“理所当然，合乎道理”之意。译作“（这也是）很自然的事”。

4. 粗相（そそう）：这个词有两个含义。①疏忽，差错，错误。●粗相から火が出した／不小心着了火。●粗相がないように注意しなさい／留神别出错。②遗便。本文采用第二中含义，译作“大小便失禁”。

句子要点：

1. “夫は排便の大小を問わず、ウェスタンスタイルの便器で用を足す”：这里的“～を問わず”是惯用表现，表示“无论，不管”之意。“を”前面多使用“大小、多少、昼夜”等表示正反意的名词。●彼らは昼夜を問わず作業を続けた／他们不分昼夜连续作业。●意欲のある人なら、年齢や学歴を問わず採用する／不限年龄学历，只要有热情都录用。此外，“用を足す”一词，属惯用词组，表示①办完事，处理完事。②大小便，便溺。本文采用第二种含义。

2. “私はあとの始末をしながら、妙なところで感心してしまった”：这句话中的“ながら”是惯用句型，表示两个动作同时进行。●その辺でお茶でも飲みながら話しましょう／咱们在那里边喝茶边聊天吧。作为文学作品，如果将“边……边……”一词译出的话，则显得过于累赘，故这里将原文的内容作了适当的调整，译作“不知怎的，擦拭着洒在外面的尿，我反而变得很能谅解了”。此外，“ながら”还可以表示原样不变的持续状态以及逆态接续之意。●生まれながらの優れた才能に恵まれている／天生就有卓越的才能。●子供ながらになかなかしっかりとした挨拶であった／虽然是个孩子，但是讲话很得体。

3. “習性というものの力を、怒るわけにいかない”：这里的“わけにいかない”是惯用表现。表示那样做是不可能的。故这里译作“可不能对习惯这东西生气”。此外，这种惯用表现的否定形式“ないわけにいかない”，也经常作为惯用表现使用。●今日は車で来ているので、アルコールを飲むわけにはいかないが、もし先輩に飲めと言われたら飲まないわけにもいかないし、どうしたらいいのだろう／今天我是开车来的，不能喝酒。可是如果前辈一定要让喝的话，不喝又不行，那该怎么办呢？

原文：

夫の趣味はテレビでは相撲であるが、「どっち勝ちました？」などと夫の椅子の横を通る人たちが聞く。夫の椅子はリビングの通りみちにあり、誰でも横を通るときは何か夫に声をかけてやるという申し合わせに、わが家ではなっている。夫は相撲の画面を見たまま、「わからん」

「だっていま、どっという声が～」

見る間に土俵に座布団が乱れ飛ぶ。大相撲九州場所九日目、寺尾が寄り切りで武蔵丸を

破って、鉄傘もゆるがす大歓呼があがっている。

「寺尾が勝ったかありませんかっ」

と皆にいわれ、夫は、「そうかい」とにこにこするのみ。

「見てらしたんでしょっ」とまたもや叱られている。——ボケてるのか、明晰なのか、はたまた韜晦しているのかよくわからないが、要するに夫はもう、すべてのものが、

「どうでもよくなった」

のではあるまいか、と思われる。

译文：

丈夫的兴趣是守着电视机看相扑比赛。

"谁赢了？"当从丈夫的轮椅边儿经过时，我们都要问问。丈夫的轮椅在起居室的过道上。在我家有一个不成文的约定，那就是谁经过时，都要和丈夫大声招呼。听到问话，丈夫的眼睛仍然盯着电视

"不知道。"

"可，刚才的欢呼声……"

这时只见摔跤场上座垫四处飞起。大相扑九州赛场第九天，寺尾抓住武藏丸的腰带，将其推挤出了界外。只见相扑场里欢声雷动。

"寺尾赢了!"

听大家这么一说，丈夫才眯起眼睛笑笑说"是吗？"

"你不是看着呢吗？"于是又被别人数落了一句。---真不知他是痴呆呢，还是头脑清楚在装傻。总之丈夫似乎对任何事情都抱着"无所谓"的态度。

词语：

1. リビング（living）：生活，生计。 ●リビングルーム／起居室，生活间。 ●モダンリビング／现代生活。 ●リビングキチン／厨房兼起居室。

2. どっ：拟声词。日语中的拟声词有些不能和中文完全对应，根据情况有时可加入数量词或将其含义译出。此处即采取意译的方法，译作"欢呼声"。

3. 土俵（どひょう）：（相扑）摔跤场。 ●土俵入り／力士进入摔跤场的仪式。 ●土俵ぎわ／①摔跤场界限。②千钧一发，最后关头。 ●ついに土俵を割る／终于摔出（摔跤场）圈外。终于失败。此外，它还可以表示"土袋子"之意。 ●土俵をつんで洪水を防ぐ／垒起土袋子防洪。

4. 寄り（より）：这个词有两个含义。①集会，聚会。 ●今日の集まりはよりがよかった／今天来的人多。②（相扑）抓住对方腰带迫使其后退。 ●よりを見せる／抓住对方腰带推出界外。这里所说的正是相扑场中的场景，故采用第二种含义，译作"推挤出"。

5. 鉄傘（てっさん）：（室内体育场的）铁制大圆屋顶"。 ●体育館の大てっさん／体育馆的大铁圆屋顶。这里特指"相扑场地上方的圆顶棚"，如果照此全部写出，则有些过于繁琐，故这里译作"相扑场里"。

句子要点：

1. "夫は相撲の画面を見たまま、～"：这句话中的"～たまま"是惯用表现。表示"在没有

52

変化的同様状態下"之意。　●靴を履いたまま部屋に入らないでください／请不要穿着鞋进屋。　●三日前に家を出たまま行方がわからない／三天前离开家至今不知去向。　●思ったままに言ってください／不要客气，怎么想就怎么说。所以原文中的这句话译作"丈夫眼睛仍然盯着电视画面……"。

2. "「見てらしたんでしょっ」とまたもや叱られている"：这句话需注意"またもや"一词的使用。它表示同一事情接连发生，相当于中文的"又，再次"之意。也可以说"またも"。　●またもや彼が登場した／他又上台了。　●またもや失敗した／又失败了。

原文：

夫は昔のゆかりにも興を失った如くである。夫の旧友で自分史をワープロで綴って送ってきたひとがあり、私のほうが面白がってめくったりしているのに、夫は手も触れない。

「自分で書くのは勝手やが、ホカの人間も読まんならん、ということはない」

私は時にふざけて、夫の昔の失敗や、そのとき腹を立てたことを言う。夫は泰然として、「昔のことをいうてもエエが、昔のことで責めてはいかん。」

译文：

丈夫对过去的老朋友好像也失去了兴趣。曾经有朋友送给丈夫一本用文字处理机打印好的自传小说。我倒是很感兴趣地翻了翻，可丈夫却连碰也没碰。

"自己想写什么就可以写什么，但并非要求别人也一定看。"

我有时故意逗丈夫，把他过去的失败以及当时的气愤说给他听。丈夫听了只是泰然自若地说"过去的事情可以说，但不能为过去的事情责备我。"

词语：

1. ゆかり：因缘，关系。　●縁もゆかりもない／没有任何关系。　●彼とはちょっとゆかりがある／和他有一面之缘。这里结合上下文，译作"老朋友"。

2. や（助动）：（方言）表示断定。相当于口语里的"じゃ"。　●ほんまに、そうや／真是那样。　そうやおまへんか／不是那样吗？

3. 読まんならん：此为文语表现，相当于口语的"読まなければならない"。

4. いうて：此为动词活用变化中被称之为"ウ音便"的特殊变化形式。它仅限于词尾是"う"的场合。口语中一般只有关西人才使用这种表现。不过也见于书面语中。　●「お母あ、独楽の緒を買うて」藤二は母にせびった／"妈，给我买根陀螺绳吧"藤二缠着妈妈说。这里的"買うて"即属于动词"ウ音便"的用法。它的读音为"こうて"。动词发生"ウ音便"时，其词干的最后一个假名若为"ア"段假名时，则需要把"ア"段假名变为"オ"段假名。此外，动词"問う""乞う"两个动词，只有"ウ音便"，而没有促音变。

5. いかん："いけない"的粗俗说法。不行，不许，不准。　●うそを言ってはいかん／不许撒谎。　●そうはいかんよ／那可不行。

句子要点：

1. "夫は昔のゆかりにも興を失った如くである"：这句话中的"如く"是文语助动词"如し"

53

的连用形，常用于表示比喻。相当于中文的"像……似的，就好像"。　●光陰は矢の如し／光阴似箭。　●十年一日のごとくこつこつと働く／十年如一日辛勤劳动。

2. "私のほうが面白がってめくったりしているのに、夫は手も触れない"：这句话中的"のに"作为接续助词主要表示逆态接续关系，相当于中文的"却，倒"。　●昨日はいい天気だったのに、今日は雨だ／昨天是个好天，而今天却下起了雨。　●5月なのに真夏のように暑い／才到5月份却像盛夏一样炎热。　●合格すると思っていたのに、不合格だった／原以为能及格，可是却没有及格。本文中的"のに"含有对比我和丈夫的行为感到"奇怪、反常"之意。故译作"我倒是很感兴趣地翻了翻，可丈夫却连碰也没碰"。此外，"のに"还可作为终助词使用。表示因结果与预想的不同而感到遗憾的心情。　●絶対に来るとあんなに固く約束したのに／说好了一定来的，却没有来。　●あなたも来ればいいのに／要是你也来就好了，可是……。再有，"のに"还可以表示目的，但这时它不再是接续助词的用法，而是形式体言"の"与格助词"に"结合的结果。　●この道具はパイプを切るのに使います／这个工具是用来切管子的。

練習問題：

次の短文を中国語に訳しなさい。中にはどんな翻訳のテクニックが使ったかを考えなさい。

1. 夫に比べると老母はずっと旗幟が鮮明だ。

　　そして食事もしっかり、楽しんで食べる。洋食であれ和食であれ、好き嫌いしない。メンバーは私と夫、老母とアシスタント嬢。ときに友人や、出張で帰阪して泊まらせてくれという娘婿や、仕事できた編集者らも食卓につくことがある。

　　老母は体が小さくなり、軽いが、おしゃれで、季節の衣服をきちんと身にまとう。白髪がたっぷりあり、美容院で月に一回カットし、一部、紫に染めたりするのも好きである。

　　皺が顔にたたまれているが、それは隅っこの耳の前や額や顎、口もとに押しやられ、頬から頬骨は皮が張って、うす桃色の肌をみせている。

　　わが親ながら、中年の頃よりずっと、みばよくなった。向いに坐った夫が手酌で銚子を傾けているのを見て、必ず口を切る。

　　「何本、飲みはりますか」

　　「これ一本」夫は誰に対しても無口だが、にこにこしていう。

　　「ええお酒ですなあ」ここで母のいつものセリフが入る。

　　「私や酒飲みのうちに生まれ、大阪へ嫁に来たら、またそこが酒飲みやった、もうもう酒飲みには懲りましたわいな。そやけどそれ一本とは、ほどほどのええ按配やこと」

　　——毎晩、同じことをいって夫をほめている。夫の昔の酒量を母が知ったら、たまげるだろう。

2. 母の楽しみは新聞を読むことだが（眼鏡をかけて更に天眼鏡を用いる）たまに本も読む。いまは、昔の大阪のことが出ているというので、私が書いた川柳の本も読んでいる。それと同時にもう一つの楽しみは食べ物であろう。

　　料理の素材を聞き、欣然と箸をのばす。

また、新顔が食卓にいれば、興味はたちまちそこへ集中する。私との続き柄、年齢、親御さんは健在かどうか、独身か否か。母は男女を問わず、若者に興味があり、それは孫とくらべるからであろう。

　レギュラーメンバーの時でも母のおしゃべりは続く。たいていいつも同じ昔話であるが、時に、新しい話が入ることもある。箸を止め、

　「あけがた、夢をみてなあ〜」と母はいつになく、愁わしげな面もち。「後ろから来た人が、"肩、寒うないか"いうて、肩、叩いてくれはった。あら、お父ちゃんが、〜と思うてまわり見回したけど、どこにも、誰も、おらへん。——けど、あれは、ほんま、お父ちゃんやった」

　私の父のことである。老母は目をつむり、

　「"肩、寒うないか"いうて、やさしい調子でなあ。酒飲みは酒飲みやったけど、お父ちゃんはやさしい人やったから。」

　老母はちょっと間をおき、「やっぱりなあ、子供や同胞や、いうても所詮はあかん。付く者がついたら。そこへくると頼りになるのはやっぱり夫婦やわ。夫婦やな、最後はなあ〜」と涙声。

　若死にした父が逝って五十年なんだ。

3.　私たちはいそぎ料理の皿をすすめ、誰がということなく、「木曾節」やら「東京音頭」を手拍子打って歌う。これは、「さっ、ご陽気にまいりましょっ」という合図で、また老母はこれが大好きである。ついには自分でも歌い出し、やがて、みなみな大拍子のうちにお開きとなる。これがほぼ、毎晩のようなコースである。

　だからといって、これで万事うまくいくと甘くみてはいけない。私が寝ようとして洗面所で髪を梳かしていると、突き当たりの離れが母の部屋なのだが、今夜も晴れやかな声で、母はお気に入りの弟に電話をしている。

　携帯電話を与えたので、毎晩、弟に電話をかけ、弟は、かなわん、といっているが、「あ。わたし。どうしてるの。〜はい、ご飯は頂きましたよ。わたし一人でさびしく〜。え?セイコらはね、外へ食べにいったの。はい、誰もいません。私一人、さびしく〜」——私は妹に電話して報告する。妹は電話口で笑い転げていた。

　「やっぱり、小説家の親やないの」

　というのが妹の感想であった。

　「オハナシつくるの、うまいわねえ〜」

　ゆうべは、珍しく、新しい話を母はまた披露した。はじめてのお産（——じゃ、私のときか）で悪阻がひどく、何も食べられない。欲しいものがあれば買ってあげると姑にいわれ、やっと「桃を」といった。母は岡山生まれで、桃に思い入れがあったから——姑が買ってくれたのは（大阪では貴重品なのだが）小さい桃がぽつんと一個。——季節には美味な大桃を大籠のどっさり、家中で飽食した母には、何とも情けなく、涙が出て、ああ、こんな所へ嫁入りするんじゃなかったと思った。〜この話にはリアリティがあり、「小説家の親」のせいではなさそうであった。〜何しろ、毎晩、これおいしいねえ、といって楽しみ、弟の同情と関心を惹こうとささやかな嘘をつき〜というのも老老介護の「家庭」のたたずまいの一つ、なのである。

第六课 广 告 文

原文:

レストラン

名古屋城が目の前という素晴らしい眺望を楽しんでいただける３つの食空間が誕生します。装飾ガラスや暖色木材、半透明カーテンを使用し、美しくデザインされた、心安らぐスペースです。中でもメインとなるのがフレンチをベースに世界各国の味をフュージョンした"カラダにやさしい"創作料理を味わっていただくことができるレストランです。フレンチを得意とする料理長○○○○が腕によりをかけた料理を心ゆくまでご堪能いただけます。

お料理を引き立てるワインも豊富に取り揃えております。フランス産だけでなく、近年話題となっている、オーソトラリア、ニュージーランドなどの"新世界ワイン"もお試し下さい。

メニューはランチが 3300 円と 3800 円の２コースで、ディナーは 4500 円、6000 円、8000 円、１万円の４種類ご用意しています。

周囲を気にせずゆったりとくつろげる個室（定員 14 名、22 名の２室）や、カーテンで仕切られる準個室（定員 8 名、14 名の２室）もご用意いたしました。レストランウェディングのご予約も承っております（20〜70 名様、お一人様 1 万 8000 円〜）。

译文:

餐 厅

名古屋城就在眼前，能够欣赏到如此美景的 3 个餐饮大厅就要开业了。这里采用的是装饰玻璃及暖色调板材、半透明窗帘，绝对是一个经过精心包装、令人心旷神怡的地方。其中的主餐厅是可品尝到以法国风味为主，配以世界各国口味的"有益身体健康"的创新菜餐厅。这里保您能够满意地吃到厨师长○○○○精心制作的拿手的法国饭菜。

用作饭前开胃酒的葡萄酒的种类十分丰富、齐全。不仅有法国产的，还有近年来风靡世界的澳大利亚、新西兰等产地的"新品葡萄酒"等，敬请赏光品尝。

菜单中午餐我们为您准备了 3300 日元和 3800 日元 2 套菜品，晚餐则准备了 4500 日元、6000 日元、8000 日元、1 万日元 4 个品种。
我们还为您准备了宽敞舒适的单间（有定员为 14 人、22 人的 2 种房间）以及用窗帘隔开的准单间（有定员为 8 人、14 人的 2 种房间）。餐厅还承揽婚礼等预约服务（可容纳 20~70 人，每人起价 1 万 8000 日元）。

词语:

1. 眺望（ちょうぼう）: 眺望，瞭望。●眺望台／瞭望台。●山の頂からの眺望はすばらしい／从山顶上眺望，（景致）极美。

2. 誕生（たんじょう）：诞生。　●誕生日／生日。此处因是饮食大厅诞生了，故改译为"开业"。

3. カーテン（*curtain*）：窗帘，幔，幕；遮蔽物。

4. デザイン（*design*）：设计，图样，图案。

5. 安らぐ（やすらぐ）：无忧无虑，舒畅。　●気分が安らぐ／心情舒畅。

6. フュージョン（*fusion*）：联合企业，托拉斯。

7. より：捻、搓的东西。　●よりをよくかかった糸／捻得很结实的线。　●よりをもどす／恢复关系。破镜重圆。　原文中的"よりをかけた"为习惯用语，表示"加劲，加油"之意。故这里译作"精心制作"。

8. 堪能（たんのう）：十分满足，足够。　●堪能するほど食った／吃得十分饱了。此外，它还可以表示"长于，擅长"之意。　●音楽に堪能な人／擅长音乐的人。本文采用"十分满足"之意。

句子要点：

1. "中でもメインとなるのが"：这个句子中的"となる"表示变化的结果，相当于中文的"成为……，变为……"之意。　●この戦争は最終的には悲劇的な結末となった／这场战争最终的结局是悲剧性的。

2. "フレンチを得意とする"：这句话中的"～を～とする"是惯用表现。表示"把……看成（考虑为、假定为）……"之意。　●この試験では 60 点以上を合格とする／这次考试 60 分以上为及格。　●芭蕉は人生を旅として生きた／松尾芭蕉把人生视为旅途。

3. "フランス産だけでなく～"新世界ワイン"もお試し下さい"：这个句子中使用了惯用句型"～だけでなく～も"。它表示"两者都……"的意思。相当于中文的"不光……还……，不仅……也……"。　●肉だけでなく、野菜も食べなければならない／不光要吃肉，还要记得吃蔬菜。　●英語だけでなく、アラビア語もうまい／不仅英语，阿拉伯语也很棒。

原文：

鉄板焼きコーナー

　鉄板焼きと言えば、素材そのものが持つおいしさ。鉄板焼きコーナーでは何よりも食材への"こだわり"を大切にしています。松阪牛、飛騨牛、三河湾や尾鷲で水揚げされた新鮮な魚介類、地元の無農薬野菜など、目利きの料理人たちが厳選した確かな品質のものだけを使用しています。

　メニューは、ランチが 3500 円と 5000 円の 2 コース。ディナーは 7000 円、9000 円、1 万 2000 円、1 万 5000 円の 4 コースです。調理のプロセスを間近に見ながら、シェフとのコミュニケーションもお楽しみ下さい。

译文：

铁板烧柜台

　说到铁板烧，最吸引人的应该说是材料本身特有的美味。铁板烧柜台最看重的就是对食用材料的"精挑细选"。这里使用的是松阪牛肉、飞弹牛肉、三河湾及尾鹫等地购进的新鲜的鱼类

和贝类，以及当地的无公害蔬菜等，它们都是经有敏锐眼光的厨师们严格挑选、可确保质量的材料。

　　菜单中午餐有 3500 日元和 5000 日元两套菜品。晚餐有 7000 日元、9000 日元、1 万 2000 日元、1 万 5000 日元 4 套。你还可以近在咫尺地观看整个烹调过程，体验与厨师长交谈的快乐。

词语：

1. そのもの：（接尾）接在体言、形容动词词干后，表示"所指的事物本身"之意。　●この服そのものはよい品だが、彼の体には合わない／这件衣服倒很好，可是他穿着不合身。　●彼は誠実そのものだ／他非常诚实。

2. こだわる：拘泥。　●因習にこだわる／因循守旧。　●小事にこだわらない／不拘泥于小事。这里结合上下文，译作"精挑细选"。

3. 地元（じもと）：当地，本地。　●地元新聞／地方报纸。　●地元の資材を使う／就地取材。

4. 目利き（めきき）：鉴别力，有眼力（的人）。　●目利きがなかなかうまい／鉴别能力很高。　●目利きをしてもらう／请人鉴定好坏。

5. プロセス（process）：经过，过程，程序。　●作業のプロセス／操作程序。

6. シェフ（法 chef）：炊事班长。这里译作"厨师长"。

句子要点：

1. "鉄板焼きと言えば、素材そのものが持つおいしさ"：这个句子中的"と言えば"用于承接某个话题，从此叙述有关联想，或者对其加以说明的场合。　●川口さんといえば、どこへ行ったのか、姿が見えませんね／说到山口，他到哪儿去了，看不见影儿啊。　●森町といえば、昔から木材の産地だが、最近は温泉が噴出して話題になっている／说到森镇以前是木材产地，而最近又发现了温泉，成为人们的热门话题。具体到此句，可译作"说到铁板烧"。其后的"素材そのものが持つおいしさ"为名词结句的形式，译成中文时需加上适当的修饰成分，才能使其含义充分表达出来，故这里译作"说到铁板烧，最吸引人的应该说是材料本身特有的美味"。

2. "松阪牛、飛騨牛、三河湾や尾鷲で水揚げされた新鮮な魚介類、地元の無農薬野菜など、目利きの料理人たちが厳選した確かな品質のものだけを使用しています"：这是一个较长的句子，需分清整个句子的结构。句中的谓语"使用しています"所指称的宾语部分包括"など"前面所指称的具体材料以及其后的"目利きの料理人たちが厳選した確かな品質のもの"两部分内容。所以在这个句子的翻译处理上采用将句末的"使用しています"提到整个句子的前面，使其涵盖上述两方面内容的处理方法。

原文：

ラウンジ＆バー

　　ラウンジ＆バーは、エレガントな雰囲気を大切にデザインいたしました。船の舳先をイメージしたバーカウンター。自然光が差し込むラウンジ。デイタイムから深夜まで、各種お飲物とともに、くつろぎの時間をお過ごしいただけます。

　　ニューヨークサイズのカクテルグラスで、お気に入りのカクテルを心ゆくまでお楽しみく

ださい。

译文：

休息室和酒吧间

休息室和酒吧间的设计非常注重创造优雅的气氛。有船头造型的吧台；有可采集自然光的休息室。从早到晚您随时都可以在这里品尝各种饮料的同时，度过休闲的时光。

你还可用美式鸡尾酒杯，尽情地品尝您所喜欢的鸡尾酒。

词语：

1. ラウンジ（*lounge*）：（旅馆、俱乐部等的）休息室。
2. エレガント（*elegant*）：优美的，雅致的。这里译作"优雅的"。
3. 差し込む：（光线）射入。 ●日が差し込む／日光射进来。此外，它还可以表示"插入，扎进"以及"（胃部）剧痛""涨潮"等含义。 ●プラグを電源に差し込む／把插销插到电源上。 ●胃が差し込む／胃部觉得扎着疼。 ●潮が差し込んだ／涨潮了。
4. デイタイム（*day time*）：白天时间。
5. ニューヨークサイズ：直译为"纽约尺寸"，因为纽约是美国重要的城市，故这里译作"美式"。
6. カクテル（*cocktail*）：鸡尾酒，开胃品，混合物。 ●カクテルグラス／鸡尾酒杯。

句子要点：

1. "ラウンジ＆バーは、エレガントな雰囲気を大切にデザインいたしました"：这句话中的"デザインいたしました"原文中作为谓语动词使用，译成中文时作了名词处理，译作"休息室和酒吧间的设计……"。
2. "デイタイムから深夜まで、各種お飲物とともに、くつろぎの時間をお過ごしいただけます"：这句话中的"とともに"是惯用表现。它接在表示动作、变化的名词或动词后，表示"与……同时"之意。 ●テレビの普及とともに映画が衰退した／与电视普及的同时电影衰退了。 ●年を取るとともに記憶力が衰えてきた／随着年老记忆力衰退了。此外，它还可以接在表示人或者机关的名词后，表示与"和……一起"之意。 ●夫とともに幸せな人生を歩んできた／和丈夫一起共同走过了幸福的人生之路。

原文：

めざせ、家屋工事（補修・リフォーム）の達人！
大工、左官、屋根、表具、水道～家屋工事の総合技能を短期修得！
▼プロの実力が身に付く！
　当講座で、大工、左官、屋根、表具、塗装、水道、電気など、家屋工事の総合技能が身につきます。本職の技を伝授する「実技ビデオ」中心ですので、どなたでも驚くほど短期間に修得でき、プロとして活躍できる実力が身につきます。
▼「家屋工事技師」の資格は、就職や転職に威力を発揮！
　リフォームばやりの昨今、家屋工事の総合技能を有したプロが求められています。講座修

了時に授与される「家屋工事技師」の資格は、建築、リフォーム業界などへの就職・転職に大きな威力を発揮します。

▼自宅のリフォームもラクラク!

　もちろん、ご自宅の補修やリフォームもご自分の手ですべて OK!経費も材料費だけで格安ですみ、趣味と実益の一石二鳥です。

▼腕一本で独立の夢も実現!

　講座修了者には当学院認定「家屋工事技師」の資格を授与。独立自営の道も開けます。定年後の経済安定にも有望。まさに頼りになる技能、頼りになる資格です。

★詳しい講座案内書を無料送呈中!

　ハガキか電話、FAX(「家屋工事」と明記)でいますぐ下記へ!

译文:

目标——房屋工程(修补、翻新)的专家!

短时间内学会木匠、泥瓦匠、屋顶、裱糊、自来水……房屋工程的综合技能!

▼具备专业的实力!

　通过本讲座可以使你掌握木匠、泥瓦匠、屋顶、裱糊、涂饰、自来水、电气等房屋工程的综合技能。这里是传授专业技能的《实用技术视频》中心,任何人都能以惊人的速度在短期内掌握,具备专业人士的工作实力。

▼《房屋工程技师》资格会在你就业和改行时发挥作用

　当今社会流行翻修,急需拥有房屋工程综合技能的专业人士。本讲座结束时授予您的《房屋工程技师》资格,会在您就职或改行到建筑业、翻修业等时发挥极大的作用。

▼自家的房屋翻修也容易

　当然您自家的房屋修补和翻修也完全可由您自己全部完成。这样在费用方面仅材料费就可以大大节省,而且还可兼顾兴趣和实际利益,真可谓一举两得。

▼通过自食其力实现自立的梦想

　对于学完本讲座的人员本学院会授予您《房屋工程技师》资格,这样便可打开独立经营之门,保障您退休以后有稳定的经济收入。真正是值得信赖的技能及可依赖的资格。

★本讲座的详细资料,正在免费发放中!

　您可用明信片或电话、FAX(注明《房屋工程》)等方式,立即与下述地址联系。

词语:

1.　リフォーム(*reform*):改革,改良,改造,翻新。这里因要对房屋进行改造,故译作"翻修"。

2.　達人(たつじん):(学问、技艺等方面)精通的人。　●剣術の達人/精通剑法的人。

3.　左官(さかん):泥瓦匠。　●左官屋/泥瓦匠。

4.　プロ(*professional*):"プロフェッショナル"的略语。职业的,专业的。其反义词是"アマチュア/业余的"　●プロとアマ/专业和业余。　●プロ作家/职业作家。

5.　ラクラク:(副)很容易,毫不费力。　●らくらく解ける問題/很容易解决的问题。此外,

それ还可以表示"很舒服，很快乐"之意。 ●子供たちが公園でらくらくと木馬に乗って遊んでいる／孩子们在公园里快乐地骑着木马玩。

6. 格安（かくやす）：价格非常便宜。 ●格安に売る／廉价出售。 ●格安な品／特价商品。廉价品。

7. 腕（うで）：这个词有多种含义。①胳膊。 ●腕を組む／抱着胳膊。挽着胳膊。 ●腕をまくる／捋胳膊。挽袖子。②小胳膊，腕。③臂力，力气，劲儿。 ●人と腕を比べる／与别人较量力气。④本领，技能，本事。 ●腕がある人／有本领的人。 ●腕がだんだんあがる／技术逐渐提高。 ●腕に覚えがある／有自信心。 ●腕が鳴る／跃跃欲试，技痒。⑤（建）横梁，横臂。本文中的"腕一本"实际上来自于惯用表现"腕一本脛一本／自食其力"，故这里采用了"自食其力"之意。

8. 有望（ゆうぼう）：有希望。 ●有望な青年／有前途的青年。 ●前途有望／前途有希望。

9. 頼り（たより）：依靠，仗恃。 ●頼りになる／可靠，靠得住。 ●人を頼りにしないで、自分でやる／不要依靠别人，自己做。 此外，它还可以表示"门路，线索，关系"之意。●頼りを求めて就職する／找门路就业。

句子要点：

1. "どなたでも驚くほど短期間に修得でき、プロとして活躍できる実力が身につきます"：这句话中使用的"ほど"表示程度之意。类似的还有： ●涙が出るほど感動した／感动得流出了眼泪。 ●風邪を引いて 3 日ほど学校を休んだ／因为感冒三天没上学。 ●軽い病気ですから、入院するほどのことではない／轻病，不用住院。 ●ピンポンほど面白いスポーツはありません／再没有比乒乓球更有意思的体育活动了。 ●山が高ければ高いほど空気が稀薄になる／山越高空气越稀薄。

2. "経費も材料費だけで格安ですみ、趣味と実益の一石二鳥です"：这句话中的"〜ですみ"是惯用表现。表示"这样就够了，不用再采取更麻烦的形式"的意思。 ●用事は電話ですんだ／打了个电话就把事办好了。 ●あやまってすむこととすまないことがある／有的事道个歉就能解决，有的事光道歉是解决不了的。 ●バスがすぐ来たので待たないですんだ／汽车马上就来了，没用等。

3. まさに頼りになる技能、頼りになる資格です：这句话中的"まさに"表示"真的，正好，恰恰"之意。 ●まさにその通りです／正是那样。 ●李君まさに三十歳です／小李正好三十岁。 ●まさに攻撃の好機だ／现在正是开始进攻的好机会。 此外，它还有"即将，马上"以及"理所当然"之意。 ●まさに発車しようとしていた／马上就要开车了。 ●われわれはまさに自分のすべての力を祖国にささげるべきである／我们当然应当把自己的全部力量奉献给祖国。

4. "ハガキか電話、FAX（「家屋工事」と明記）でいますぐ下記へ"：这句话中的"か"表示选择。 ●電車かバスで行くつもりです／我打算做电车或者是坐公共汽车去。 ●体が健康か不健康かは顔色で判断できることもある／身体健康不健康，有时从脸色上也能看出来。●プレゼントはコーヒーカップかなにかにしよう／礼物准备送咖啡杯或别的什么东西。

練習問題：

次の短文を中国語に訳しなさい。中にはどんな翻訳のテクニックが使ったかを考えなさい。

1

冬は急速暖房

急速暖房＋強力消臭で一年中トイレが快適。

全自動センサータイプがさらに値下げ！8,800 円

2 台ならさらにお買い得！16,800 円

1 台 2 役　暖房・消臭

　人が入ると紫外線センサーが即暖房＆消臭が自動的にスタート。消臭された心地よい温風が足下から暖めます。退室後、温風、消臭は 8 分で自動停止するから電気の無駄もありません。（連続運転も可能）消臭のみ運転もできるので、一年中大活躍します。転倒時に安心の自動オフスイッチ付き。

こんな方にも

●寒いトイレがつらいお年寄りの方に

●トイレに長居が多いお父さんに

●来客が多いご家庭に

●小さいお子様いるご家庭に

■場所をとらない薄型設計。

■消臭運転のみも可能。

■転倒時自動停止で安心。

■洗えるプレフィルターでお手入れ簡単。

2

ポリポリ食べてニオイすっきり！
手軽さ＆おいしさが人気。

　満員電車の汗のニオイ、靴を脱いだ時の足のニオイ、食後や飲酒後のニオイ、加齢に伴うニオイなど〜。周囲を不快にしてしまうイヤなニオイは早めの消臭がおすすめです。マッシュルームから抽出したシャンピニオンエキスを１０粒あたり 320mg 配合し、ニオイのもととなる腸内の悪臭有害成分をしっかり消臭します。また、目にやさしいブルーベリーエキスや整腸作用のオリゴ糖、美肌に欠かせないビタミン C もたっぷり配合で、健康面＆美容面もしっかりバックアップ。一日１０粒を目安にそのままポリポリとお召し上がり下さい。お子様からお年寄りまで、ご家族みなさまでどうぞ。

3

コーヒー党におススメ！
ニオイ＆ダイエットにどうぞ。

コーヒー党の方におすすめの消臭＆ダイエット用コーヒーの登場です。その主成分は世界で認められている消臭成分シャンピニオン。コーヒー一杯分には 320mg のシャンピニオンエキスの他、低インシュリンダイエットに有効な 3 つの成分、水溶性植物繊維・ギムネマ・ガルシニアが含まれており、これらの相乗効果によりニオイだけではなく、ダイエットにも一役買っているのが特徴。カロリーはわずか 7 キロカロリー。インスタントコーヒーと同じ要領で、スプーン山盛り一杯（約 2g）をお湯か水で溶かしてお召し上がり下さい。冬はホット、夏はアイスでお好みに合わせてどうぞ。

第七课　说明书

——含漱药水说明书

原文：

イソジンガーグル

＊＊

> **禁忌**（次の患者には投与しないこと）
> 本剤またはヨウ素に対し過敏症の既往歴のある患者

「組成・性状」

（1）組成

イソジンガーグルは、1ml 中に下記の成分を含有する。

有効成分	ポビドンヨード	70mg（有効ヨウ素として 7mg）
添加物	エタノール チモール *l*ーメントール 濃グリセリン サッカリンナトリウム サリチル酸メチル ユーカリ油	

译文：

聚烯吡咯酮碘含漱剂

＊＊

> 禁忌　（对下列患者要禁止给药）
> 　对本品或对碘有过敏史者

[组成・特性]

（1）组成

每 1mL 聚烯吡酮碘含漱剂中含有下列成分。

有效成分	聚乙烯吡咯酮碘	70mg(有效碘元素为 7mg)
添加成分	乙醇 百里酚 *L*－薄荷脑 浓甘油	

	糖精钠
	水杨酸甲基
	桉树油

词语：

1. イソジンガーグル：聚烯吡酮碘含漱剂
2. ポビドンヨード：聚乙烯吡咯酮碘
3. エタノール：乙醇
4. チモール：百里酚
5. *l*ーメントール：*l*-薄荷脑
6. 濃グリセリン：浓甘油
7. サッカリンナトリウム：糖精钠
8. サリチル酸メチル：水杨酸甲基
9. ユーカリ油：桉树油

句子要点：

1. "次の患者には投与しないこと"：这句话需注意句末的"こと"的使用方法。"こと"接在动词的连体形后或接否定形时，表示规定、须知、要求、命令等。如： ●早く行くこと／要快去。 ●ここで遊ばないこと／不要在这里玩。故这里译作"对下列患者要禁止给药"。

2. "本剤またはヨウ素に対し過敏症の既往歴のある患者"：这句话中有两个"の"，前者用于连接两个名词，可理解为连体修饰；而后面的"の"作为定语句中的主语使用。两者有较大的不同。类似的定语句中主语的用法还有： ●桜の咲くころ／樱花开放的时候。 ●表紙の赤いのがほしいです／想要那个红皮的。

3. "イソジンガーグルは、1ml 中に下記の成分を含有する"：这句话直译为"聚烯吡酮碘含漱剂，每 1ml 中含有下列成分"。根据中文的表述习惯，将"每 1ml"提到"聚烯吡酮碘含漱剂"前面表现，这样就更清晰了。

==

原文：

（2）製薬の性状

イソジンガーグルは、黒褐色・澄明の液で、特異な芳香がある。

「効能・効果」

咽頭炎、扁桃炎、口内炎、抜歯創を含む口腔創傷の感染予防、口腔内の消毒。

「用法・用量」

用時 15～30 倍（本剤 2～4ml を約 60ml の水）に希釈し、一日数回含嗽する。

译文：

（2）药品的特性

聚烯吡酮碘含漱剂为黑褐色、透明液体，有特殊的芳香气味。

［药效・效果］

本品对咽喉炎、扁桃体炎、口腔炎，包括拔牙后预防口腔创面感染、口腔内消毒等有效。

［用法・用量］

　使用时（将本品 2～4ml 用约 60ml 的水）稀释 15～30 倍，一天可多次含漱。

词语：

1. 性状（せいじょう）：（物的）性状。　●特異な性状を示す薬品／具有特殊性状的药品。此外，它还可以表示"（人的）性情和品行"。本文为体现药品的性质特点，译作"特性"。
2. 抜歯（ばっし）：拔牙。　●抜歯して入れ歯にする／拔牙后镶上假牙。
3. 効能（こうのう）：效能，功能。　●この薬は熱病に効能がある／这种药对热性病有特效。●効能書き／药品说明书。　●あの薬は効能書きほどでもない／那种药并不像说明书上说得那么好。　这里译作"药效"。

句子要点：

1. "咽頭炎、扁桃炎、口内炎、抜歯創を含む口腔創傷の感染予防、口腔内の消毒"：这句话为名词结句的表现形式，译成中文时，需加上适当的修饰成分。由于它是对"药效"的说明，故此处译作"本品对……有效"。
2. "用時 15～30 倍（本剤 2～4ml を約 60ml の水）に希釈し、一日数回含嗽する"：这句话需注意对括号中操作方法的解释。日语习惯将其放在稀释倍数的后面表示，而中文则习惯把它放在前面，所以在译成中文时对其位置进行了调整。

======

原文：

「使用上の注意」

　（1）**慎重投与**（次の患者には慎重に投与すること）

　　　甲状腺機能に異常のある患者「血中ヨウ素の調節ができず、甲状腺ホルモン関連物質に影響を与える恐れがある。」

　（2）**副作用**

　　　総症例 1,166 例中副作用発現は 11 例 0.94％であり、その内容は嘔気 4 例、口内刺激 3 例、その他不快感、口内のあれ、口腔粘膜びらん、口腔内灼熱感各一例であった。（再評価結果）

译文：

［使用方面的注意事项］

　（1）慎重给药（对下列患者要慎重给药）

　　　甲状腺机能异常的患者（因其不能对血液中的碘进行调节，故有可能对甲状腺激素等相关物质产生影响。）

　（2）副作用

　　　在总共 1,166 个病例中发现有副作用的为 11 例，占 0.94%。其表现为呕吐 4 例；口腔内刺激 3 例；此外，不舒服感、口腔内皲裂、口腔粘膜糜烂、口腔内有灼热感的各一例。

（重新评估结果）

词语:

1. ヨウ素：（化学元素）碘。

2. ホルモン（*hormone*）：荷尔蒙。激素。

3. あれ（荒れ）：（皮肤、手足）皲裂。 ●手のあれにきく薬／治手皲裂有效的药。 ●はだの荒れ／皮肤皲裂。 "あれ" 的基本意为 "（风，雨）狂暴，风暴，暴风雨"。 ●海はひどいあれだ／海上风浪大。 ●大あれの天候／暴风雨的天气。 此外，它还可以表示 "变化大" 等含义。 ●試合は大荒れだ／①比赛的输赢变化大。②比赛双方打架，中止比赛。

4. 評価（ひょうか）：评价，定价，估计，估量。 ●高い評価を与える／给予很高评价。 ●仕事を正しく評価する／正确地估计工作。 ●評価額／定价。此外，它还可表示 "（学业情况和教育效果的）考查" 之意。

句子要点:

1. "血中ヨウ素の調節ができず、甲状腺ホルモン関連物質に影響を与える恐れがある"：这句话中的 "恐れがある" 是惯用表现，它表示有发生某种事情的可能性。 ●今夜から明日にかけて津波の恐れがある／从今晚到明天有发生海啸的危险。类似的表达方式还有："危険がある。不安がある" 等。此外，"影響を与える" 是惯用词组，表示 "给予影响" 之意。影响的对象用 "に" 表示。具体到这句话，也就是指 "对甲状腺激素等相关物质产生影响"。

2. "総症例 1,166 例中副作用発現は 11 例 0.94%であり、その内容は嘔気 4 例、口内刺激 3 例、その他不快感、口内のあれ、口腔粘膜びらん、口腔内灼熱感各一例であった"：对于含义相同汉字词语，翻译时一般采用直接照搬的方法进行翻译，但有时也会采用倒置的方法进行处理。这里的 "副作用発現" 即采用了倒置的方法，并添加上了谓语动词 "有" 字，使原文要表现的含义更明确。此外，原文中的 "11 例 0.94%であり"，直译为 "为 11 例，0.94%"，含义不很明确，故在 "0.94%" 前加上了 "占" 字。译作 "占 0.94%"。

==

原文:

1）重大な副作用

　　ショック、アナフィラキシー様症状（呼吸困難、不快感、浮腫、潮紅、蕁麻疹等）（0.1%未満）があらわれることがあるので、観察を十分に行い、異常が認められた場合には、直ちに投与を中止し、適切な処置を行うこと。

2）その他の副作用

種類	0.1～5%未満	0.1%未満
過敏症	———	発疹等
口腔	口腔、咽頭の刺激感など	口腔粘膜びらん、口中のあれ等
消化器	悪心等	———
その他	———	不快感

注）症状があらわれた場合には、投与を中止すること。

译文：

1）严重的副作用

　　有时会出现休克、过敏性症状（呼吸困难、不适感、水肿、红晕、荨麻疹等）（0.1%以下），所以需进行密切观察，一旦发现异常，要立即停止给药，进行适当的处置。

2）其它副作用

种类	0.1～5%以下	0.1%以下
过敏症状	———	出疹子等
口腔	口腔、咽喉部分的刺激感等	口腔粘膜糜烂、口腔皲裂等
消化器官	恶心等	———
其它	———	不适感

注）出现症状时，要停止给药。

词语：

1. ショック（德 *schock*）：（医学名词）休克。

2. アナフィラキシー（德 *Anaphylaxie*）：（医学名词）过敏性（反应）。

3. 未満（みまん）：未满，不足。●18 歳未満／未满 18 岁。●10 元未満／不足 10 元。这里结合上下文，译作"以下"。

4. 処置（しょち）：处置，处理。●うまく処置する／妥善处理。●断乎たる処置を取る／采取果断的措施。此外，它还可以表示"治疗"之意。●怪我を処置する／治疗外伤。

句子要点：

1. "ショック、アナフィラキシー様症状（呼吸困難、不快感、浮腫、潮紅、蕁麻疹等）（0.1%未満）があらわれることがある"：这个句子中的"ことがある"接在动词的连体形后，表示有时、偶尔发生某事之意。●たまに朝ごはんを食べないことがある／偶尔有时不吃早饭。●天気のいい日には子供をつれて公園へ行くことがある／天气好的时候有时带孩子去公园。

2. "異常が認められた場合には、直ちに投与を中止し、適切な処置を行うこと"：这句话中的"場合"表示"场合，情况，时候"等含义。●雨が降った場合には中止すること／下雨时停止。●場合によってはそうしてもいい／根据情况那么做也行。●どんな場合でもあわててはいけない／任何情况下都不能慌张。原文中"～場合には～処置を行うこと"一句，如果译作"发现异常时，应……"则语气显得较弱，没有体现出医学上"人命关天"的特点，故这里译作"一旦发现异常，要立即停止给药，进行适当的处置"。

練習問題：

次の短文を中国語に訳しなさい。中にはどんな翻訳のテクニックが使ったかを考えなさい。

1　適用上の注意

1）使用部位

　　含嗽用だけに使用させること。

2）使用時
　　①　用時希釈して使用させること。
　　②　抜歯後等の口腔創傷の場合、血餅の形成が阻害されると考えられる時期には、激しい洗口を避けさせること。
　　③　眼に入らないように注意すること。入った場合には、水でよく洗い流すこと。
　　④　銀を含有する補綴物等が変色することがある。

2 「臨床成績」

医療機関から寄せられた症例報告で消毒効果は 389 例中 342 例 87.9％を示した。（再評価結果）

「薬効薬理」

（1）　細菌に対する効果（in vitro）

　　1)　イソジンガーグルの 30 倍希釈液の殺菌力は次のとおりであった。

被験菌	作用時間					
	30 秒	1 分	5 分	10 分	15 分	30 分
Staphylococcus aurers 209P	＋	－	－	－	－	－
Streptococcus viridans	＋	＋	＋	＋	－	－
Streptococcus pnermoniae	＋	－	－	－	－	－
Streptococcus hemolyticus	＋	－	－	－	－	－
Corynebacterium diphtyeriae	＋	＋	＋	＋	－	－

（＋は菌の生存を、－は菌の死滅を示す）

　2)　本剤のうがい効果を判定する目的で口腔内疾患のないもの 10 例、口腔内に疾患のあるもの 10 例にブイヨンを用いた試験を行った。チオグリコレートブイヨンに被試験者のうがい液を注入 37℃24 時間培養したところ菌の発育阻止効果が認められた。

3 ウイルスに対する効果（in vitro）

イソジンガーグルには殺ウイルス効果があり、次のとおりであった。

ウイルス	イソジンガーグルの希釈倍数	殺ウイルス時間
コクサッキーウイルス	原液	30 秒
	10 倍	5 分
	100 倍	5 分
エコーウイルス	原液	30 秒
	10 倍	1 分
	100 倍	5 分
エンテロウイルス（AHC）	原液	30 秒
	10 倍	30 秒
	100 倍	30 秒

またヒト免疫不全ウイルス(HIV)に対しては、イソジンガーグルの 30 倍希釈液で 30 秒以内に不活化した。その他ポリオウイルスに対しても効果が認められた。

4 「有効成分に関する理化学的知見」

性状：ポビドンヨードは暗赤褐色の粉末で、わずかに特異なにおいがある。本品は水又はエタノール(95)に溶けやすく、ジエチルエーテルにほとんど溶けない。本品 1.0 g を水 100ml に溶かした液の pH は 1.5〜3.5 である。

一般名：ポビドンヨード　Povidone-Iodine

化学名：Poly[(2-oxoopyrrolidin-1-yl)ethylene]iodine

分子式：$(C_6H_9NO)_n \cdot xI$

「取り扱い上の注意」

(1) 用時希釈し、希釈後は早めに使用。

衣類についた場合は水で容易に洗い落とせる。また、チオ硫酸ナトリウム溶液で脱色できる。

第八课　指　南

——东京游览

原文：

　　ＴＯＫＹＯの魅力はとてもひとことでいえはしない。町も人も思いっきりファッショナブルで、意外に緑が多くて暖かみを添え、深夜１時ごろが一番賑やかになるおしゃれな通りもあり、たとえばアイスクリームの店など、長い行列ができる話題の店が毎月新しくできる底の知れないパワーも秘めている。かと思えば、フッと心なごむ老舗の味の店や伝統の小物の店、それに明治、大正時代の意匠を凝らしたレトロ感覚の建物などもけっこう点在している。そして、日本中・世界中の味を楽しむことができて、町全体が少しせっかちで～。

　　東京にはそれぞれに洗練されたいろいろな顔や香りがある。だから女の子でも男の子でも東京に来ると、今度はその人なりの東京の香りを身につけて放ちだす。その香りは、旅から帰っても消えはしない。

译文：

　　东京的魅力很难用一句话说清楚。街道和行人都尽情地装扮自己，这里浓郁的绿色为它增添了几分暖意，有些经过装扮的街道到了深夜 1 点钟左右才变得最热闹。像冰激凌店等会排起长龙。这些成为热门话题的店铺都藏有自己的秘密武器，它们每月都会推出一些新的、高深莫测的东西。原以为只是这些，没想到这里同时还拥有一些使人顿觉舒心的老字号店铺和传统的小工艺品店，以及凝聚了明治、大正时期工匠心血并给人以怀旧感的建筑物。而且这里还能使你体会到犹如置身整个日本、乃至全世界的感觉，整座城市多少给人一些紧迫感……。

　　东京有许多经过精心设计的各式各样的景色和气息，所以无论是男孩子还是女孩子，一来到东京，都会切身体会到东京的气息，并将其传播开来。那种气息即使是旅行归来也不会消失。

词语：

1. ひとこと：一言，一句话，只言片语。　●一言で言うと／简而言之，一言以蔽之。　●一言では言い尽くせない／一言难尽。　●ひとことも触れない／避而不谈。　●ひとこと言いたいことがある／我有几句话想讲讲。　●ひとことで分かる／一说就明白。

2. ～きり："きり"为接尾词，表示程度。　●丸っきり分からない／一点儿不懂。　●あれっきりか／就那些吗？此外，"きり"还可以表示"做完某一动作后再没有相应的动作"以及"只限于此"之意。　●朝出かけたっきりまだ帰らない／早晨出去就再没回来。　●机がひとつあるきりの部屋／只有一张桌子的房间。本文中的"思いっきり"为"表示程度"之意。也就是"尽可能地去想"，故这里译作"尽情地"。

3. ファッショナブル（*fashionable*）：流行的，时髦的。

70

4. 話題（わだい）：话题，谈话材料。　●話題になる／成为话题。　●彼は話題が豊富だ／他的谈话材料很多。原文中的"話題の店"如译作"话题店铺"，则使人不知所云，故这里译作"成为热门话题的店铺"。

5. レトロ（*retro-*）：此词来自英语的前缀"*retro-*"，表示"后，向后，回复，归还"等含义。这里译作"怀旧"。

6. 楽しむ：欣赏，玩赏。　●映画を楽しむ／欣赏电影。此外，它还可译作"享乐，快乐"以及"期待，盼望"之意。　●人助けを楽しむ／助人为乐。　●人に先立って苦しみ、人におくれて楽しむ／吃苦在前，享乐在后。　●子供たちの成長を楽しむ／期盼着孩子们的成长。这里采用"欣赏，玩赏"之意，译作"体会到"。

7. せっかち：急躁，性急，急性子。　●彼はせっかちな人だ／他是个急性子的人。　●なんてせっかちなんだ／瞧你这个急劲儿。　●せっかちの人はよくことを仕損じる／性急的人容易把事情办坏。这里因为是对"町全体"的修饰，故译作"紧迫感"。

8. 洗練（せんれん）：洗炼，精炼。高尚，优雅。　●洗練された詩文／文字精炼的诗文。　●洗練された趣味／高尚的趣味。　●美しく洗練されたデザイン／美观精湛的设计。此处译作"精心设计"。

句子要点：

1. "ＴＯＫＹＯの魅力はとてもひとことでいえはしない"：这句话中的"とても～ない"是一个惯用表现。表示"不论使用什么方法都不行、不能"的主观判断。　●こんな難しい問題はとてもわたしには解けません／这么难的问题，我根本解不开。　●一度にこんなにたくさんの単語はとても覚えられません／一次根本记不住这么多单词。　●あの美しさはとても言葉で表現できない／那种美根本没法用语言表达。此外，"とても"经常用在肯定句中，表示"程度上很深"之意。　●あの映画はとても面白かったです／那部电影很有趣。

2. "～深夜１時ごろが一番賑やかになるおしゃれな通りもあり、たとえばアイスクリームの店など、長い行列ができる話題の店が毎月新しくできる底の知れないパワーも秘めている"：这是一个较长的句子，句中有多处定语修饰关系。其中"賑やかになる"与"おしゃれな"是"通り"的定语，这里采用了定语后置的方法。其后所举的例子中"アイスクリームの店"与"話題の店"是同位语关系，而"長い行列ができる"是"話題の店"的定语，故翻译时将"アイスクリームの店"与"長い行列ができる"结合，将"話題の店"单独提出来作为了后面内容的主语使用。接下来的"毎月新しくできる"与"底の知れない"又同为"パワー"的定语，翻译时又一次采取了定语后置的方法，使整个句子明朗化。

3. "かと思えば、フッと心なごむ老舗の味の店や伝統の小物の店、それに明治、大正時代の意匠を凝らしたレトロ感覚の建物などもけっこう点在している"：这是一个并列句。整个句子结构为"～老舗の味の店や～小物の店、～建物なども～点在している"。而并列的内容前面又都有一些修饰成分，所以需在搞清相互之间关系的基础上，再进行翻译。此外，句首的"かと思えば"是惯用表现，它可以表示对立、对比的事态共存或并列。　●熱心に授業に出る学生がいるかと思えば、ぜんぜん出席せずに試験だけ受けるような学生もいる／既有热心来上课的学生，也有一次课也没有出席只来参加考试的学生。还可以表示与说话人预想相反的事。相当于中文的"原以为……"　●勉強しているかと思えば、漫画を読んでいる／以为他在学习，其实在看连环画。类似的还有"かと思うと"的表现形式。　●

校庭のあちらではけんかをしている子供たちがいるかと思うと、こちらではじっと池の魚を観察している子もいる／校园那边有的孩子在打架，而这边又有的孩子在静静地观察池中的游鱼。　●来るかと思うと欠席だし、休むかと思うと出席している／以为他来时他却缺席了，以为他休息时他又来了。本文中的"かと思えば"即为"原以为……"之意。

4. "旅から帰っても消えはしない"：这个句子需注意提示助词"ても"及"は"的使用。"ても"表示"尽管……也，即使……也"之意。　●どちらから見てもよくできている／不论从哪方面看，他都做得很好。　●話しても無駄だ／即使说也没用。　"は"接在动词"ます"形后下接"する"或接动词"て"形后再下接"いる"或"ある"，用于加强语气。　●行きはするが～／去是去但……。　●来てはいる／来是来了。　●知ってはいるが、今はいえない／知道是知道，但现在不能说。

原文：

　ティーンの子なら原宿の竹下通り、渋谷の公園通りや青山通り、もう少しアダルトなレディーなら原宿の表参道とその近くの路地裏の店、夜の六本木や銀座、それに代官山を加えたあたりが最もあなたらしい東京の香りを浴びる第一歩の地だろう。

　いつも雑誌やテレビで見る素敵なファッションやグルメのお店が目の前にある。表参道にあるＶＩＶＲＥ２１入り口のカフェテラス・ビーベンには、晴れた日は必ずといっていいほど、雑誌のグラビアそのままに外国人がコーヒー・ブレイクでくつろいでいる。館内をめぐった後、地下のジェラッテリアで好みのアイスクリームをテイクアウトして日曜日など歩行者天国の表参道を青山通り方面や、ストリートパフォーマンスが盛んな代々木公園方面へブラブラと歩き出す、そんなカジュアルなスタイルが、あなたらしい東京での過ごし方かもしれない。夜はファッション業界などのお客が多い西麻布あたりのバーに足を向けば、そうしたカジュアルでスノビッシュな雰囲気の一夜を過ごすことができる。

译文：

　如果你是十几岁的孩子，原宿的竹下街、涩谷的公园大道及青山大道；如果你是再大一点的成年妇女，原宿的表参道及其附近小巷里的店铺、夜晚的六本木及银座、再加上代官山附近，都可以说是体验东京最新气息的首选之地吧。

　经常在杂志及电视上看到的漂亮的时装店及风味小吃店就在你的面前。在位于表参道的ＶＩＶＲＥ２１入口处的露天咖啡馆，如果是晴天，你肯定能看到就像在杂志封面照上看到的外国人一样在悠闲地喝着黑咖啡。当你在商店内溜达一圈之后，拿着在地下冷饮店购买的你所喜欢的冰激凌，沿着星期天等才有的表参道步行街去往青山大道方向或盛行街道表演的代代木公园方向漫步，那种悠闲的方式也许正是你在新东京的度过方式吧。晚上如果你信步来到时装街客人云集的西麻布附近酒吧的话，你还可以以那种悠闲的方式度过一个纵情豪放的夜晚。

词语：

1. ティーン（*teen*）：指"英美国家十三岁至十九岁的少年"，这里译作"十几岁"。
2. アダルト（*adult*）：成人，成人的。
3. グルメ（*gourmet*）：饮食通，美食家。　●グルメショップ／（老牌及有名饭馆均设有分店，

在这里可以品尝各种风味的）饭馆街，食品街"。

4. カフェテラス（*café terrasse*）：露天咖啡馆。（咖啡馆等设在人行道上的）露天座。

5. グラビア（*photo gravure*）：原意为"（印）照相凹版"，这里译作"杂志封面照"。

6. テイクアウト（*takeout*）：供顾客带出外吃的饭菜。这里译作"拿着……食品"。

7. パフォーマンス（*performance*）：演技，表演。●パフォーマンス　ストリート／街道表演。

8. カジュアル（*casual*）：偶然的，随便的，临时的。这里译作"悠闲的"。

9. スノビッシュ（*snobbish*）：势利的，谄上欺下的。这里译作"纵情豪放的"。

句子要点：

1. "ティーンの子なら～通り、もう少しアダルトなレディーなら～あたりが最もあなたらしい東京の香りを浴びる第一歩の地だろう"：这个句子中的"なら"是断定助动词"だ"的假定形，它接在名词后，表示主题或用于限定话题的范围。●例のことなら、もう社長に伝えてあります／要是那件事的话，我已经报告给社长了。●山ならやっぱり富士山だ／说到山还得说富士山。●酒なら何といってもここの地酒が一番だ／提到酒，还是这里当地产的酒最好。●カキ料理なら広島が本場だ／提到牡蛎菜肴，广岛是正宗的。此外，"なら"还可接在动词连体形或形容动词词干等后，表示假定条件等。●靴を買うならイタリア製がいい／如果买鞋的话，意大利的产品好。●好きなら好きとはっきり言っておけばよかった／如果喜欢的话，就明确地说喜欢好了。本文中的"なら"属于限定话题范围的用法。

2. "晴れた日は必ずといっていいほど"：这个句子中的"ほど"表示用比喻或具体事例表示动作或状态处于某种程度。●この商品は面白いほどよく売れる／这种商品很走俏，简直让人感到奇怪。●今日は死ぬほど疲れた／今天累得要死。●彼は犬がたいへん嫌いだ。道に犬がいれば、わざわざ遠回りするほどだ／他非常讨厌狗，甚至到了在路上遇见狗就特意绕道走的地步。●医者に行くほどの怪我ではない／这伤还没到要看医生的程度。●英語は少し勉強しましたが、通訳ができると言うほどではありません／英语学了一点，但还没到能当翻译的水平。此外，它还可以接在"これ、それ、あれ、どれ"等词后，强调其程度之高。●それほど言うなら、好きなようにすればいい／如果那样说的话，那就随你便吧。●何の連絡もしてこないから、どれほど心配したか分からない／什么联系也没有来，真不知有多担心。

3. "そんなカジュアルなスタイルが、あなたらしい東京での過ごし方かもしれない"：这句话中的"かもしれない"是惯用表现。它表示说话人当时的一种推测。即"有这种可能性"的意思。●あの偉そうにしている人、ひょっとしてここの社長かもしれないね／那个很傲气的人说不准是这的总经理吧。●ここよりもあっちのほうが静かかもしれない。行ってみようか。／那边也许比这边安静一些，咱们到那边去吧。●雨が降るかもしれないから、傘を持っていったほうがいいよ／可能要下雨，最好还是带伞去吧。

原文：

　　ＴＯＫＹＯは今やパリ、ニューヨーク、ミラノ、ロンドンと並ぶ世界の５大ファッション

震源地。そしてＤＣブランドの大中心地だ。うまく時期があえば雑誌の特集やテレビのニュースでおなじみのＤＣブランドショップのバーゲンの列にお祭り雰囲気で友だちと並ぶこともできる。すでにお好みのＤＣブランドショップを決めている人も、青山のキラー通りや青山通り、ラフォーレ原宿や渋谷の各ショップをまわってみれば、きっともうひとつのお店との付きあいが東京みやげになるだろう。ヨーロッパやアメリカの一流店が並ぶ銀座にも足を向ければ、日本のＤＣのよさと外国の一流ブランドのよさを肌で比較して感じとることになる。

東京は断トツに日本一のグルメ都市。フランス料理やイタリア料理から中国料理、そして今話題のエスニック料理までこれだけたくさんの種類のレストランがあるのは世界中の都市を探しても珍しい。

江戸前寿司など東京のいわゆる郷土料理も忘れずに。昔から寿司なら場所がらから築地、それにとんかつなら上野、てんぷらとすき焼きなら浅草といったところに名店が集まる。

译文:

　　　　东京现已是与巴黎、纽约、米兰、伦敦齐名的世界 5 大时装发源地之一。而且是ＤＣ品牌的最大中心地。如果赶巧的话，你还可以和朋友一起加入在杂志特集及电视新闻中知名的ＤＣ品牌店那热闹的促销队列。即使是已经选好了自己中意的ＤＣ品牌店的人，在转过青山的迷人街及青山大道、拉弗雷原宿及涩谷的各家店铺之后，定会和另外一家店铺接触，它会成为你东京游的礼物吧。如果你前往遍布欧洲及美国一流商店的银座的话，你就会亲身感受到对比日本ＤＣ与外国一流品牌优劣的乐趣了。

　　　　东京绝对是日本第一大风味小吃城。从法国菜及意大利菜到中国菜，以及如今广为关注的少数民族风味菜等，应有尽有。拥有如此众多种类餐厅的城市恐怕全世界也难找。

　　　　不要忘了还有江户前寿司等所谓的东京家常菜品呦。自古以来就有 "要吃寿司去筑地，要吃猪排去上野，要吃炸虾、火锅啊，去浅草" 的说法，东京真可谓是名店云集。

词语:

1.　並ぶ（ならぶ）：排列，排成行列。　●４人並んで坐る／四人并排坐。　●弟と並んで寝る／和弟弟并排睡。　此外，它还可以表示 "相比，比得上" 以及 "兼备，并存" 之意。　●彼に並ぶものがいない／没有比得上他的。　●徳才並び備える／德才兼备。

2.　ブランド（*brand*）：牌子，商标，烙印。

3.　なじみ：熟识，熟悉。亲密关系。　●彼となじみになる／和他熟识了。　●彼とはなじみがうすい／和他不很熟悉。

4.　バーゲン（*bargain*）：贱卖，大减价，大廉价。也说 "バーゲンセール"。

5.　キラー通り（*killer* どおり）：街道名称。这里译作 "迷人街"。

6.　ラフォーレ：品牌店的名称。这里采用音译的方法，译作 "拉弗雷"。

7.　断トツ（だんとつ）："断然トップ" 的缩略语。绝对第一。

8.　エスニック（*ethnic*）：少数民族的成员，种族集团的成员。　●エスニック料理／少数民族风味菜。

句子要点：

1. "うまく時期があえば雑誌の特集やテレビのニュースでおなじみのＤＣブランドショップのバーゲンの列にお祭り雰囲気で友だちと並ぶこともできる"：这是一个较长的句子，整个句子的基本结构为 "うまく時期があえば～列に～並ぶこともできる"。特别是 "列" 前为较长的定语修饰成分，故在翻译的处理上，将句末的 "友だちと並ぶこともできる" 提前，形成 "加入……队列" 的呼应形式。

2. "昔から寿司なら場所がらから築地、それにとんかつなら上野、てんぷらとすき焼きなら浅草といったところに名店が集まる"：这句话的基本结构为 "昔から～といったところに名店が集まる"。"といった" 用于举例。"といったところ" 表示 "也就是……那个程度"，用于说明处在那种阶段的状况之意。这里举出了不同地区的著名小吃。因为这些小吃都是民间中广为传播的顺口溜，所以在译成中文时，应尽量保持原文合仄压韵的特点，使其能够朗朗上口。故这里译作 "要吃寿司去筑地，要吃猪排去上野，要吃炸虾、火锅啊，去浅草"。

練習問題：

次の短文を中国語に訳しなさい。中にはどんな翻訳のテクニックが使ったかを考えなさい。

1. 東京は皇居を中心に山手線の内側に意外に緑が豊富。昔の大きな大名屋敷や皇族のお屋敷が公園になっているケースが多いからだ。東京ならではの緑の中をぜひのんびりと散歩してみよう。広尾の有栖川宮記念公園では、近くに大使館などが多いため外国人の子供がいつも起伏のある広い園内で大勢遊んでいる。目黒の広大な自然教育園の隣にある庭園美術館の建物は日本で数少ない本格的アール・デコ調建築、広い芝生の庭には白い椅子が置かれ都心にいるのが信じられないほど。

　　カフェテラスやオープンテラスで道行く人をのんびり眺めるのも、パリのカフェにでもいる気分で充実したひととき。銀座のデパート・プランタン隣のカフェ・ボン・サンクや原宿のバンブーなどのテラスでくつろいでいれば、道行く人のおしゃれのセンスを盗んじゃえと気負わなくても、座っているだけで、あなたはさりげない視線を浴びて、自然に東京の香りを身につけていく。見られることによって女の子が輝いていくのは、アイドルがどんどんきれいになっていくのと同じなのだから。

　　雨の日はビルの窓辺が特等席。夕方からネオンの灯るころ、高層ビルのレストランやバーからの眺めは息をのむほど美しい。雨にぬれた街にビルの灯りや自動車の灯りが映える光景は幻想の世界へと誘ってくれる。

2. 公害・物価高などさまざまな矛盾をかかえながらも、日々刻々、たゆみない発展をつづけていく世界屈指の大都会——東京はふしぎな魅力のある街だ。

　　とにかく、明日になればどこかで、なにかが変わっている。ということは、この都会がたいへんなエネルギーを秘めている何よりの証明だし、それはいくらかの不安感をいだかせながらも、人々により大きな期待を抱かせるのに充分である。

　　あらゆる点で、東京ほど多彩な街はない。いつもどこかで、「なにかいいことがありそうな」気がする街だ。だから、そんな現在の東京、この複雑きわまりない大都会に暮ら

す人々は、「今日をいかに充実させるかで精一杯、明日のことなど考えるゆとりはない」ようだが、やはり明日に期待を寄せていることもたしかである。

3. 東京の多彩な一面は人。むかしなら「神田に三代つづいてこそ江戸っ子」で、いまなら「三代住まってはじめて東京人」ということだろうが、そんな純粋東京人は1千万都民のごくわずかだ。比較的歴史の浅い東京は、各地からやってきた人たちによるいわば寄り集まり世帯。それだけに、排他性のない、だれでも受け入れる姿勢がこの街の特長になっており、いまではそれが国際的な広がりを見せるまでになっている。その多彩さは、街の成り立ちや日常生活、ファッションなどにも影響をおよぼして、東京を"ふしぎなおもしろさのある街"にした。

4. 一方で、「東京には歴史がない」と嘆かれることもあるが、そんなことはない。京・大阪あたりと比べれば歴史は浅いが、徳川幕府にはじまる"日本の首都"にはそれなりの歴史の重みがあるし、都心、下町を中心に史跡・名勝もかず多く、大都会の喧騒を忘れて憩う緑地や公園もある。

5. 東京のドライブ

東京へのアプローチ

　各地から東京へのドライブは、何と言っても高速道路・自動車専用道の利用が一般的。シーズンの混雑ピークのときを除けば、東京に入るまでは渋滞なしに来ることができる。

　東京への高速道路・自動車専用道は、東名高速、中央自動車道、常磐自動車道、東関東自動車道、首都高速横羽線。昭和62年秋に東北自動車道が首都高速川口褐色線と直結し、上記の道路は第三京浜と関越自動車道を除いてすべて首都高速に直接つながるようになった。

都内のドライブ

　都内を速攻する前に、まず、道路網の概略を頭に入れておこう。都内の道路網はおおざっぱに言って皇居を中心としてグルリと何本か同心円状に走る環状線（内側から順に首都高速環状線、明治通り、山手通り、環七通り、環八通りなど）と都心から郊外へと放射状に延びる通り（横浜方面行きから順に時計回りに第一・二京浜、国道246号、甲州街道、青梅街道、川越街道、中山道、日光街道、水戸街道など）でできている。これらの大通りは、大きな交差点など立体交差が多いものの、交通量が多く渋滞が多いのも事実。しかし都内のドライブに慣れていない人は、裏道などを走ろうとせずに朝夕などの渋滞時間を避けて、大通りを中心に移動するのが無難だろう。

第九课　商务信函

原文:

天津支店開設のご挨拶

拝啓　初春の候、ますますご盛栄のこととお喜び申し上げます。平素は格別のご愛顧を賜り、厚く御礼申し上げます。

　　さて、弊社ではこのたび天津市に支店を開設することになりました。かねてから天津市への進出計画を練っていたものですが、ようやく実現の運びに至りまして、この 5 月 10 日より営業を開始することに相成りました。これもひとえに、皆様方のご支援とご厚情による賜物と、心から深く感謝している次第でございます。

　　今後は天津支店を通しても直接ご注文品をお届けすることができますので、なにとぞ従来にも増してのご用命、ご利用のほどをお願い申し上げます。

　　なお、支店長には本社営業部の張藤を就任いたさせましたので、よろしくご指導お引き立てのほどをお願い申し上げます。

敬具

译文:

在津开设分店的致意函

敬启者 初春时节,恭贺事业日益昌盛繁荣。素蒙特别惠顾,谨致深厚谢意。

　　弊公司此次决定在天津开设分店。很久之前就曾拟定了进入天津的计划,今日终得实现,拟于 5 月 10 日开始营业。此次开设分店全系诸位支援和厚谊之结果,衷心表示深深地感谢。

　　今后也可通过天津分店直接订购商品,故恳切希望今后更多订货,充分利用是荷。

　　分店经理由总店营业部的张藤担任,尚请惠予指导、关照为盼。

谨启

词语:

1. 支店開設:开设分店。这是由日语的特点决定的,日语中谓语一般均要放在句子末尾,"開設"一词虽作为名词使用,但含有动作含义,故译成中文时将其与"支店"的位置对调过来,译为"开设分店"。

2. 候(こう):季节,时令。 ●春暖の候／春暖时节。 ●時下極暑の候／时值盛夏。

3. 格別(かくべつ):特别,格外。 ●今年の暑さは格別だ／今年特别热。 ●汽車の旅行もよいが、船に乗っていくのもまた格別である／坐火车去旅游固然好,但坐船去也别有风味。此外,它还可以表示"例外"之意。 ●雪の日は格別、ふだんは毎日行く／下雪例外,平时每天都去。

4. 賜る(たまわる):赐,蒙赐,赏赐。 ●何かとご教示を賜りありがとうございます／多

77

蒙您指正，谢谢。　●ごほうびを賜り／賜予奖励。

5.　かねて：（副）事先，以前，老早。　●かねての望みを達した／夙愿实现了。　●かねてからこの工場を見学したかった／很早以前就想参观这个工厂了。　●かねてお頼みしておいた話／原先我拜托您的那件事。

6.　練る（ねる）：推敲。　●文章を練る／推敲文章。　●案を練る／拟定计划。　●構想を練る／打主意。此外，它还可以表示"熬制""锻炼、磨练、锤炼"等含义。　●あんを練る／熬豆馅。　●腕を練る／练本领。　●練りに練られる／千锤百炼。　●小麦粉を練る／揣面。和面。　●宣伝カーで街を練る／乘宣传车在街上游行。

7.　運び（はこび）：阶段，程序。　●開会の運び／开会程序。　●いよいよ完成の運びに至る／眼看到完成的阶段。　●近日開店の運びになる／最近就要开业。此外，它还可以表示"搬运""（事物）进展、进度""（事物）进行方法、运筹、技巧"等含义。　●荷物の運びを手伝う／帮助搬东西。　●仕事の運びが早い／工作进展迅速。　●話の運びがうまい／能说会道。　●老人だから足の運びがおそい／因为是老人，所以脚步慢。　●筆の運びに力がない／运笔无力。

8.　相成る（あいなる）：文语中的书信用语。其含义为"成为，变成"。　●秋冷の候と相成り～／进入秋凉季节，……

9.　ひとえに：完全。　●これはひとえに君たちの努力によるものだ／这完全是你们努力的结果。此外，它还有"惟有"之意。　●ご配慮のほどひとえにお願いいたします／惟望多多关照。

10.　引き立て（ひきたて）：援助，关照。　●お引き立てを蒙る／承蒙关照。　●お引き立てをいただいた以上どうしてお断りなどしましょうか／既蒙关照，岂敢推辞。

句子要点：

1.　"ますますご盛栄のこととお喜び申し上げます"：这句话中的"ますます"表示程度越来越高。常用在书信中。　●ますますのご活躍をお祈りしております／谨祝您日益发达。　●時下ますます御清勝の段賀し上げます／谨祝您身体日益健康。此外，作为副词，它也经常用在日常会话中。　●台風の接近に伴って風はますます激しくなった／随着台风的临近，风也越刮越猛。　●わたしの友達もますます多くなった／我的朋友也越来越多。

2.　"これもひとえに、皆様方のご支援とご厚情による賜物と、心から深く感謝している次第でございます"：这句话中的"……次第"为惯用表现。它表示事情至此的原委、因由。　●とりあえずお知らせしたしだいです／暂且通知。　●今後ともよろしくご指導くださいますようお願い申し上げる次第でございます／今后还蒙请多多指教。此外，它还可以表示"根据情况而变化"以及"一旦……立刻就"的含义。　●するかしないかあなた次第だ／干还是不干，全看你了。　●ことと次第によって計画を大幅変更しなければならなくなるかもしれない／根据情况，计划也许还要做大幅度的修改。　●資料が手に入る次第、すぐに公表するつもりだ／我打算材料一到就马上公布。

3.　"なにとぞ従来にも増してのご用命、ご利用のほどをお願い申し上げます"：这句话中的"なにとぞ"表示郑重的委托、诚挚的希望。常与表示委托、希望的谓语相呼应使用。表示"请，祈愿"之意。　●なにとぞよろしくお願いします／请多多关照。　●なにとぞお越しください／请来吧。　●なにとぞご自愛のほどを／请多保重。

原文：

ノートパソコン発送遅延のご通知

拝啓　陽春の候、ますますご繁栄のこととお喜び申し上げます。平素は格別のお引立てを賜り、厚く御礼申し上げます。

さて、貴信６月３０日付にてご注文いただきました標記商品につきましては、当方の手違いにより納期遅延と相成りまして、誠に申し訳なく存じます。本日関東運輸の特急便にて発送申し上げましたが、ご迷惑をかけました段、深くお詫び申し上げます。

じつは、貴店からのご注文を受けました担当の営業員が、病気で入院しまして、その際、交代の社員に申し送りを怠ってしまったような次第でございます。誠にお恥ずかしいミスにて、監督不行き届きを痛感いたしております。

このような不始末は今回限りと思いまして、なにとぞご容赦のうえ、今後ともお引立てのほどお願い申し上げます。

まずは、お詫びかたがたご通知まで。

敬具

記

同封書類

　　送り状　　物品受領書　　　各１通

以上

译文：

笔记本电脑延迟发货通知

敬启者 阳春时节，恭贺贵店繁荣兴隆。素蒙格外关照，深表谢忱。

　　贵函 6 月 30 日订购之上述商品，由于弊公司的差错，拖延了交货期，十分抱歉。该货物已于今日由关东运输公司特快邮递发出，给贵店带来很大的麻烦，在此深表歉意。

　　出现上述情况的原因是，负责贵店订货的业务员因病住院，由于疏忽没有向接替业务员交待。这都是因为我们管理不严，才出此差错，非常惭愧。

　　如此疏忽职守之事当不再发生，敬请见谅，并希望今后继续关照为盼。

　　特此通知，并致以歉意。

谨启

附录

附件　　货单　　货物收据　　各 1 份

词语：

1. 標記商品（ひょうきしょうひん）：直译为"标题商品"，这里译作"上述商品"，即"笔记本电脑"。

2. にて（格助）：日语文语中的格助词，相当于现代日语的"で"。

3. 手違い（てちがい）：弄错，打乱，差错。●手違いを起こす／出错儿。●小さい手違いが大きい失敗になるものだ／小差错导致大失败。●手違いが生ずる／发生差错。●手違いというものはままあることだ／发生错误是常有的事。

4. 交代（こうたい）：轮流，替换，交替。●交代で働く／轮班工作。●交代が来た／接班

的来了。　●交代に食事をする／轮流吃饭。　●歩哨を交代する／换岗。

5.　怠（おこたる）：怠慢，懈怠，懒惰，玩忽。　●返事を怠る／不及时回信。　●常に準備を怠らない／常备不懈。　●義務を怠る／不履行义务。此外，它还可以表示"（病）见好"之意。　●病がやや怠る／病稍好些。

6.　行き届き（ゆきとどき）："行き届く"周到，周密。　●このホテルは客に対するサービスが行き届いている／这个旅馆对顾客服务很周到。　●わたしの行き届かないところはどうぞご意見を出してください／我有不周到的地方请多提意见。　●心配りが行き届いている／考虑周密。

7.　不始末（ふしまつ）：不注意，不经心。　●すいがらの不始末から火事になった／由于没注意熄灭烟头引起了火灾。此外，它还可用作"（行为）不检点，没规矩"之意。　●不始末をしでかす／干出不检点的事情来。这里结合上下文，译作"疏忽职守"。

8.　容赦（ようしゃ）：宽恕，原谅，饶恕。容忍。　●不行き届きの点はご容赦ください／不周到的地方请多原谅。　●もはや容赦できぬ／已经不能容忍。　●容赦なく時は過ぎる／时间无情地流失。　●情け容赦もなく責めたてる／毫不留情地责备。

句子要点：

1.　"当方の手違いにより納期遅延と相成りまして"：这句话中的"により"是"によって"的书面语，可表示"原因，根据"等。　●関東地方は所により雨／关东地方部分地区有雨。　●調査によりそのことはもう明らかになった／经过调查那件事情已经查明了。本文为表示原因的用法

2.　"ご迷惑をかけました段、深くお詫び申し上げます"：这句话中的"段（だん）"作为形式名词使用，这里表示"点，地方"。　●この段よろしくお願い申し上げます／关于这一点请多关照。此外，作为形式名词，它还有"……时候"之意。　●いざという段になると／一旦到了紧急的时候。　●読むことはできても話す段になるとなかなか難しい／即使会念，一到说的时候就很难了。

3.　"お詫びかたがたご通知まで"：这句话中的"かたがた"作为接尾词常与名词结合在一起使用，表示"顺便"之意。　●町へ用たしかたがたお訪ねしました／上街办事，顺便来看看您。　●散歩かたがた手紙を出す／出去散步，顺便寄信。

原文：

自動血圧計残金ご催促の件

　拝啓　寒さがますますきびしい折柄、いよいよお元気でご活躍のことと心からお慶び申し上げます。いつも格別のご協力をいただき、深く感謝いたしております。

　さて、去る 9 月 15 日付をもって納入いたしました品代金 400 万円也につきましては、12 月中旬の今日に至りましても、200 万円也まだお支払いがございません。

　長年お取引きいただいてまいりました貴店に対して、ご催促申し上げたりして、甚だ恐縮でございますが、何しろ弊社といたしましては、帳簿の整理上や資金繰りの上からも差し支えておりますので、何卒至急にお支払いくださいますよう、お願い申し上げます。

敬具

译文:

催促支付自动血压计余款之事

敬启者 时值严冬季节，由衷地恭贺您身体健康、工作顺利。一直以来承蒙贵公司的特殊关照，不胜感谢。

关于9月15日交货的货款400万日元，到了如今的12月中旬仍然差200万日元没有付款。向有着多年贸易往来的贵店催款，实在不好意思。但是怎奈贵店的欠款已经给弊公司在账簿整理和资金周转上造成了困扰，务请迅速汇款为盼。

谨启

词语:

1. 折柄（おりから）：书信用语。时值，正当……的季节。 ●お寒い折からお体をお大切に／时值严寒，请多保重。此外，它还可以表示"正当那时"之意。 ●折から降り出した雨に試合は中止になった／正在这时下起雨来，比赛也就停止了。 ●折からの烈風に火は四方に広がった／正赶当时刮大风，火势向四方蔓延。

2. 納入（のうにゅう）：纳入，缴纳，上缴。 ●納入価格／上缴价格。 ●期日どおり納入する／按期缴纳。

3. 代金（だいきん）：贷款。 ●代金を支払う／付贷款。 ●代金引き換え／一手交钱一手交货。

4. 也（なり）：（写金额时）～元整。 ●金弐万円也／贰万日元整。

5. 甚だ（はなはだ）：甚，非常，很，极其。 ●成績が甚だよい／成绩很好。 ●甚だ残念だ／非常遗憾。 ●それは甚だ結構だ／那太好了。

6. 何しろ（なにしろ）：无论怎么说，不管怎么样，反正，总之。 ●何しろやってみたまえ／不管怎样，试试看吧。 ●何しろあの始末だから／不论怎么说，事实已经如此。

句子要点:

1. "自動血圧計残金ご催促の件"：这句话中的"件"表示"事，事件"之意。 ●～に関する件／关于……一事。 ●例の件／那件事。 ●ご依頼の件は承知しました／您所托的事情知道了。此外，它还可以用来表示"件数"。 ●5件ある／有5件。

2. "代金400万円也につきましては"：这句中的"につきましては"为"について"的郑重表现，表示"关于……"的意思。●その件につきましては、後でお返事さしあげます／关于那件事，以后给您答复。

3. "帳簿の整理上や資金繰りの上からも差し支えておりますので"：这句话出现了两个"上"。前者接在名词之后，作接尾词使用，表示"与……有关"之意。读作"じょう" ●健康上の理由で学校を休む／因健康原因没有到校。 ●研究上、どうしても外国へ行かなければなりません／出于研究考虑，无论如何要到国外去。 ●勉強の都合上、学校の近くに下宿をさがして引っ越した／为方便学习，在学校附近找到房子而搬家了。后者的"上"为单独使用的名词，表示"在……方面，在……上"之意。读作"うえ"。 ●データの上では視聴率は急上昇しています／从统计数据来看，收视率增长很快。

練習問題：

次の短文を中国語に訳しなさい。中にはどんな翻訳のテクニックが使ったかを考えなさい。

1

電子辞書ご照会についての件

拝復　毎度格別のお引き立てに預かり、厚く御礼申し上げます。

　さて、9月30日付貴信にて電子辞書の在庫をご照会いただき、誠にありがとうございました。残念ながら、ご照会いただいたXD-S8000型は、売れ行きが好評で、ただいまは在庫がございませんが、来月末には入荷の見込みでございます。お得意様には入荷次第ご注文順に発送申し上げますので、お早目にご発注くださるようお願い申し上げます。

　まずは取り急ぎご回答まで。

敬具

2

コットン下着の初引き合い

拝啓　春暖の候、貴社ますますご隆昌のこととお喜び申し上げます。

　さて、当社は当地における大手デパートの一つです。先日、天津大地有限公司より貴社がコットンの下着を輸出されている旨をうかがいました。価格が手ごろであれば、当地域でも有望な販路が得られると確信しております。

　つきましては、各種製品につき、サイズ、カラー、価格を含む詳細な資料をお送りくださるとともに生地のサンプルもお送りください。

　まずは、取り急ぎお願いまで。

敬具

3

新製品の発表展示会の案内状

拝啓　爽秋の候、貴社にはますますご隆運のことと、お喜び申し上げます。

また、平素は格別のお引き立てを賜り，有難く厚く御礼を申しあげます。

さて、弊社では、このOA事務機の新製品“〇〇〇〇”を発表いたすことになりました。

　つきましては、発表に先だって、御得意様各位のご高覧を仰ぎ、ご高評を承りたく、左記のとおり、説明展示会を促すことにいたしました。

　何とぞこの機会にご来場ご高覧をいただき、発売のご協力を賜りたくご案内申しあげます。

敬具

　　平成〇〇年十月一五日

株式会社　〇〇〇〇
取締役社長　小林清二郎

記

日　　時　　　十一月六日から九日まで

午前十時より午後五時まで
場　　所　　弊社　　東京本社　　　五階ホール
ご来場の節は、本状封筒をご持参ください。
会場受け付きにて粗品を差し上げます。

4

○○株式会社御中

　前略　本年 3 月貴社との間に交わしたガス管保守契約によりますと、御社は毎月定期的に一度必ずガス管の点検補修をしていただくことになっていますが、先月末現在までこの 6 か月間に点検補修に見えたのはわずか一回だけで、そのため最近ではガス管にしばしば小さなトラブルが発生しています。幸いこれまでのところは大事には至っておりません。

　そうは言うものの、「千丈の堤も蟻の一穴から」と申します、従って貴社が今後弊社とのお取引協力関係を維持する面からも、確実に契約条項を履行していただきたくお願い申し上げます。ご契約通りの点検補修がなされず重大事故が発生いたしました際には、全責任が貴社にあることを申し添えておきます。

敬具

○○株式会社

2001 年 4 月 27 日

第十课 买卖合同

原文：

××××株式会社(以下買手と称する)と××××株式会社(以下売手と称する)は×××氏を立会人として、十分な話合いを行った結果、××の販売につき三者合意し契約した。その内容は次の通り

1 買手は手付金××万元を支払い残金は×月×日、荷渡しのときの時価により計算し、一回で全額を支払い、遅延する事を許さない。

2 売手は×月×日、買手の注文した××(商品名)××個全数を一括して納入し、遅延する事を許さない。

———

译文：

××××公司（以下简称买方）与××××公司（以下简称卖方）经中间人×××先生作证，在充分商谈的基础上，就××货物的买卖三方达成了一致意见，同意签订本合同.其内容如下：

1 买方先付定金××万元整，余款于×月×日卖方交货时，按当时价格核算，一次结清，不得延误。

2 卖方应于×月×日，将买方定购××货物（商品名称）共××件，一次交付对方，不得延误。

———

词语：

1. 立会（たちあい）：会同，列席，在场。 ●立会い裁判／会审。 ●証人の立会いの上で裁判する／在证人列席下审判。 ●立会いで調べる／会同验明。 此外，它还用于街头摊贩对围观者的称呼。 ●さあ、お立会い／（街头摊贩对围观者）呀，在场的。以及在交易所的交易等。 ●前場の立会い／（交易所）上午的交易。 本文中的"立会人"表示"见证人，作证人"之意。

2. 契約（けいやく）：契约，合同。 ●契約を結ぶ／订立合同。 ●契約に違反する／违反合同。 ●契約書／合同书。 ●取引の契約をする／订立交易合同。 ●契約の履行を破る／撕毁合同。

3. 手付（てつけ）：定钱，定金。保证金。 ●はじめにいくらか手付けを打たなければなりません／必须先交一些定钱。 ●手付金／定金。 ●手付金を払っておく／预付定金。

4. 残金（ざんきん）：余款，余额。尾欠。 ●まだどのぐらいの残金があるか／还有多少余款？ ●残金を払う／付清尾欠。

5. 荷（に）：货物，行李。 ●荷を担ぐ／扛货物。此外，它还可以表示"负担，责任"之意。 ●荷が重い／责任重。 ●荷をおろす／卸下重担。 ●荷になる／成了累赘。 ●荷が下り

る／减去负担。

6. 時価（じか）：时价。　●時価で売ります／按时价出售。

7. 一括（いっかつ）：一包在内。总括。汇总。　●一括して取り扱う／汇总办理。　●一括して上程／汇总提出。

句子要点：

1. "十分な話合いを行った結果"：这个句子中的"た結果"接在表示因果关系的词语后，表示"以此为原因，因此"等意思。　●調べた結果、わたしが間違っていることが分かりました／调查的结果表明是我错了。　●3人でよく話し合った結果、その問題についてはもう少し様子を見ようということになった／3个人商量的结果，决定对这一问题还要观察一段再说。此外，"結果"还可以接在名词后使用。　●投票の結果、議長には山田さんが選出された／投票表决的结果，山田被选为主席团主席。本文直译应为"充分商量的结果"，因其后是要签订合同，故译为"在充分商谈的基础上"。

2. "買手は手付金××万元を支払い残金は×月×日、荷渡しのときの時価により計算し、一回で全額を支払い、遅延する事を許さない"：这句话中的"により"表示依据的内容，也就是"根据当时的价格"之意。

原文：

3 期限迄に売手が貨物を納入出来ない時、又は一部しか納入出来ない時は、×日前迄に買手に予め通知し、納期の延長を申し出なければならない。若し買手が延長を認めない時は、解約出来る。然し売手は買手に対し、手付金倍返しを行う。若し売手がこの通知を遅らせた場合は、損害賠償の対象となる。

4 売手が若し品物を繰上げ納入したい時は買手に通知し、その同意を得た後に始めて納入する事が出来る。

译文：

3 卖方如不能如期交货或仅能交付一部分货物时，应于×日前，事先通知买方延期交货。如买方不允，则可解除合同。但卖方需向买方加倍偿还定金。如卖方过期通知对方，则应承担赔偿损失责任。

4 卖方如欲提前交货时，亦须通知买方，在征得其同意后，方能交货。

词语：

1. 予め（あらかじめ）：预先，事先，事前。　●あらかじめ準備する／事先准备。　●あらかじめ知らせておく／预先通知一下。

2. 納期（のうき）：（商品、税款等）交纳期限。交付期，交货期。　●納期どおり品物を納める／按期交货。

3. 倍返し（ばいがえし）：加倍偿还。

4. 繰上げ（くりあげ）：提前。　●年度計画を繰り上げて達成する/提前完成年度计划。

句子要点：

1. "期限迄に売手が貨物を納入出来ない時"：这里的"迄に"接在表示时间的名词或表示时间的短句之后，表示动作的期限或截止日期，说明要在这期限以前的某个时间完成这些动作或作用。 ●レポートは来週の木曜日までに提出してください／请在下周四之前将报告书提交上来。 ●夏休みが終わるまでにこの本を読んでしまいたい／想在暑假结束之前读完这本书。此外，"までに"还可用在书信等形式中。 ●ご参考までに資料をお送りします／送去资料，仅供参考。

2. "その同意を得た後に始めて納入する事が出来る"：这句话中的"た後に"与"～始めて"均为惯用表现。"た後に"表示"那以后"之意。用于按照时间顺序叙述事情的发生经过。相当于中文的"以后"。 ●食事を済ませた後に1時間ほど昼寝をした／吃过饭以后睡了1个小时午觉。 ●みんなが帰ってしまった後には、いつもさびしい気持ちにおそわれる／大家走了以后总感到一种寂寞。除"た後に"之外，它还有"た後"和"た後で"的表现形式，其含义基本相同。 ●買い物した後、レストランへ行きました／买完东西之后，去了餐厅。 ●会社が終わった後で友達に会いました／下班以后去见朋友。 "～始めて"多以"～て始めて"的形式表示"发生了某件事之后才……"的意思。 ●病気になってはじめて健康のありがたさが分かる／得病之后才知道健康的宝贵。将两者结合在一起使用，表示"在……之后才……"之意。

原文：

5 買手が若し期限迄に支払が出来ない時、又は一部しか支払出来ない時は、×日前迄に売手に予め通知し、しばらいの延期に同意を求めなければならない。若し売手が同意しない時は、契約を解除する事が出来る。然し手付金は没収され、取り返す事は出来ない。又期限過ぎての通知は損害賠償の対象となる。

6 若し天災地変その他不可抗力により、売手が納期迄に品物を納入出来ない時、或は買手が期限迄に支払出来ない時は、××日延期する事が出来る。然し、その原因が売手又は買手にある場合は、この限りではない。

译文：

5 买方如不能如期交付货款或仅能交付一部分货款时，应于×日前，事先通知卖方，征询对方同意延期交款。如遇卖方不同意时，可解除合同。但定金将被没收，不再返还。如过期通知，则需承担赔偿损失责任。

6 如遇自然灾害以及其他不可抗力的情况，导致卖方不能如期交货，或买方不能如期付款时，可延期××日。然而，如果原因在卖方或买方时，则不 在此限。

词语：

1. 取り返す（とりかえす）：取回来，要回来。 ●優勝旗を取り返す／把锦旗夺回来。此外，它还有"挽回，恢复，复原"之意。 ●名誉を取り返す／恢复名誉。 ●敗勢を取り返す／挽回败局。

2. 損害（そんがい）：损害，损失。 ●損害賠償／赔偿损失。 ●損害を受ける／受害。 ●

損害を埋め合わせる／弥补损失。此外，它还可以表示"破损，损坏"以及"（人的）死亡，伤亡"之意。　●敵に多大な損害を与える／使敌军遭到重大伤亡。

3. 天災地変（てんさいちへん）："天災"的强调形。天灾地祸。这里译作"自然灾害"。
4. 抗力（こうりょく）：阻力。抵抗力。
5. 限り（かぎり）：限度，极限。　●非常の場合にはこの限りではない／特殊情况不在此限。●三日を限りとする／以 3 天为限。　●声を限りに叫ぶ／可嗓子喊。　此外，它还可以接在动词连用形或"ない"后，表示"只要……就，除非……就"之意。●仕事がある限り帰らない／只要有工作没做完，就不回去。

句子要点：
1. "一部しか支払出来ない時"：这个句子中的"しか～ない"为惯用表现。它接在"名词"或"名词+助词"的后面，表示"只，只有"之意。　●朝はコーヒーしか飲まない／早上只喝咖啡。　●こんなことは友達にしか話せません／这种事情只能对朋友说。此外，它还可以接在动词后使用。●ここまで来ればもう頑張ってやるしかほかに方法はありませんね／已经到了这一地步，就只有硬着头皮干，别无选择。
2. "若し天災地変その他不可抗力により、売手が納期迄に品物を納入出来ない時"：这句话中的"～により"表示原因。　●計画の大幅な変更は、山田の強い主張によるものである／计划的大幅度修改是由于山田强烈要求的结果。

原文：
7 ××(品物)の価格は、売手が品物を納入した日の納入地の市場価格を基準として、その後の騰落に左右されない。
8 売手が貨物を納入する時は、全数を買手に引渡し、運賃は売手が負担するものとする。
　本契約書を三部作成し、売買双方及び立会人がそれぞれ署名捺印し、証拠として各自一部保管する。
××××年×月×日

契約者×××× 印

×××× 印

立会人×××× 印

译文：
7 ××货的价格，以卖方交货日、交货地的市场价格为准，不受其后价格涨落的影响。
8 卖方交货时，需如数交与买方，运费由卖方负担。
　本合同一式三份，由买卖双方及中间人分别签字盖章后，各执一份为凭。

××××年×月×日

买方××××章

卖方 ××××章

中间人 ××××章

词语：

1. 基準（きじゅん）：基准，标准。 ●基準を決める／规定标准。 ●基準に合わせて作る／按照标准做。

2. 騰落（とうらく）：（物价）涨落。 ●相場の騰落／行市的涨落。

3. 左右（さゆう）：支配，左右，摆布。 ●感情に左右される／受感情支配。 ●運命を左右する大事件／左右命运的大事。 ●他人のことばに左右されやすい／容易受别人意见的影响。此外，作为名词，它还有"左右"和"附近，身边"之意。 ●左右を見回す／环顾左右。 ●道の左右に柳が植えてある／道路两旁栽着柳树。 ●左右に備えておく／放在身边备用。

4. 引渡す（ひきわたす）：交给，交还，提交。 ●迷子を親に引き渡す／把迷路的孩子交给他父母。 此外，它还有"引渡"及"拉上"之意。 ●犯人を引き渡す／引渡犯人。 ●幕を引き渡す／拉上幕。

句子要点：

1. "納入した日の納入地の市場価格を基準として"：这句话中的"〜を〜として"为惯用表现，表示"把……作为……"之意。 ●わたしは恩師の生き方を手本としている／我把恩师的生活方式作为榜样。 ●水位においては、海面を標準としているが、電位には大地を標準としている／水位以海面为标准，而电位以大地为标准。 ●第五課から第十課までを試験範囲とする／规定第五课至第十课为考试范围。

2. "運賃は売手が負担するものとする"：这个句子中的"ものとする"表示"看成……，解释为……"之意。 ●意見を言わないものは賛成しているものとする／不发表意见的人视为赞同。这里结合上下文，译作"运费由卖方负担"。

3. "証拠として各自一部保管する"：这个句子中的"として"是接在名词后的用法，它表示资格、立场、种类、明目等含义。相当于中文的"作为，当作"。 ●彼の料理の腕前はプロのコックとしても十分に通用するほどのものだ／他的做菜本事，作为专业厨师也是十分够用的。

練習問題：

次の短文を中国語に訳しなさい。中にはどんな翻訳のテクニックが使ったかを考えなさい。

1

1）本契約の有効期限は＊年とし、＊＊年＊月＊日から、＊＊年＊月＊日までとする。その内、前の＊ヶ月は仮採用期間とする。

2）この間、甲乙双方は各自の職責に責任を負わねばならない。

3）仮採用期間中、甲方は乙方が採用条件に合致しないか、真面目に業務を　随行しないと認めた場合は、直ちに本契約を解除できる。乙に対して、甲はその働いた月の賃金及び政府の規定する手当てを支払うこととする。一方、乙が継続して甲の下で労働契約制従業員であるを望まぬ場合は、一ヶ月前に契約の終結を甲に申し出でるとともに、甲に一定の訓練経費を支払うことにより契約は直ちに解除される。

2

金銭消費貸借契約書

第1条　貸主〇〇太郎（以下、貸主）は、平成11年2月15日、借主〇〇次郎（以下、借主）に対し、金銭消費貸借のため金290万円を貸し渡し、借主〇〇次郎はこれを受け取り、借用した。

第2条　借主は、元金を、平成11年6月末日から平成12年8月末日まで、毎月末日までに金20万円づつ（ただし、最終回のみ金10万円）合計15回の分割払いで返済する。

第3条　借主は、元金に対し平成11年2月15日から平成12年8月末日まで年10％の割合による利息を平成12年8月末日に支払う。

第4条　借主は、次の事由に該当するときは、催告なくして当然期限の利益を失い即時残債務を弁済する。

（1）借主が分割金または利息の支払を2回分以上怠ったとき。

（2）借主につき、破産、和議の申立がなされたとき。

（3）借主が他の債務につき、差押、仮差押を受けたとき。

（4）借主が本契約の条項に違反したとき。

第5条　借主が、本契約に基ずく債務の履行を遅滞してときは遅滞の日の翌日から完済まで遅滞金額に年18％の割合による損害金を付加して支払う。

第6条　保証人は、借主が負う一切の債務につき借主と連帯して支払う。

第7条　本件契約から発生する一切の紛争の第一審の管轄裁判所を、貸主の住所地を管轄する地方裁判所とする。

本契約を証するためこの証書を作り各署名．押印し各その壱通を保有する。

平成11年2月15日

　　住所
　　　　氏名（貸　主）　　〇〇　太郎　　印
　　住所
　　　　氏名（借　主）　　〇〇　次郎　　印
　　住所
　　　　氏名（保証人）　　〇〇　三郎　　印

3

販売権契約書
　（甲）製造会社名

（乙）販売会社名

　上記甲及び乙間において、甲の製造する（商品名）を、乙が販売する権利につき、双方合意したので次のとおり契約した。

第1条（趣　旨）

　甲は、甲が日本国内において製造する（商品名）（以下、本商品という）において、乙に販売する権利を与えるものとし、乙は本商品の拡販に鋭意努めるものとする。

第2条（表　示）

　本商品については、次の表示もしくは認識標をなすものとする。

　　①　甲が製造者である旨の表示もしくは認識標

　　②　乙が販売者である旨の表示もしくは認識標

第3条（流通組織）

　　1）乙は本商品につき、甲と協議の上、卸店の設置をなすことができるものとし、その場合は速やかに流通組織を確立するものとする。

　　2）乙が前項の卸店を選択するについては、次の点に留意するものとする。

　　　　①　甲が有する、産業財産権及び著作権侵害の恐れのある類似商品の取扱禁止

　　　　②　乱売、おとり販売の禁止

　　　　③　仲間取引の禁止

　　　　④　債権確保

第4条（輸入販売）

　乙は如何なる場合も、海外より本商品と同種もしくは類似の商品を輸入し、販売することはできない。但し、甲及び乙間において協議合意されたものついては、この限りではないものとする。

第十一课　法　规

——日本科学技术基本法（节选）

原文：

第1章　総　則

（目的）

第1条 この法律は、科学技術（人文科学のみに係るものを除く。以下同じ。）の振興に関する施策の基本となる事項を定め、科学技術の振興に関する施策を総合的かつ計画的に推進することにより、我が国における科学技術の水準の向上を図り、もって我が国の経済社会の発展と国民の福祉の向上に寄与するとともに世界の科学技術の進歩と人類社会の持続的な発展に貢献することを目的とする。

译文：

第1章　总　则

（目的）

第 1 条 制定本法的目的是：确立有关科技（除只涉及人文科学的部分。以下同。）振兴的基本对策事项，通过综合且有计划地推动科技振兴对策的实施，以寻求提高我国的科技水平，并以此推动我国经济社会的发展和国民福利的提高，同时为世界科技的进步和人类社会的持续发展做出贡献。

词语：

1.　のみ：（副助）：只是，只有，唯有。　●あとは返事を待つのみだ／这以后就只是等待回信了。

2.　係る（かかる）：关系到。关联到。　●責任はわたしにかかっている／责任在我身上。　●彼にかかってはかなわない／碰上他可真难办。　●本件にかかわる訴訟／有关本案的诉讼。

3.　施策（しさく）：实施政策，采取措施。　●水害に対する施策／对水灾采取措施。　●いろいろな施策を講じる／采取各种措施。　这里结合上下文，译作"对策"。

4.　福祉（ふくし）：福利。　●社会福祉事業／社会福利事业。

5.　寄与（きよ）：有用，有助于。　●調査研究は問題の解決に大きく寄与した／调查研究有助于问题的解决。　●寄与するところ大である／贡献很大。

句子要点：

1.　"科学技術の振興に関する施策"：这个句子中的"に関する"为惯用表现。表示"有关、关于"的意思。　●コンピューターに関する彼の知識は相当なものだ／有关计算机的知识，

他相当丰富。 ●地質調査に関する報告を求められた／要求作出有关地质调查的报告。

2. "もって我が国の経済社会の発展と" 这个句子中的 "もって" 在这里作为接续词使用，表示 "因此，因而" 之意。 ●もって瞑すべしの心境／可以瞑目的心境。此外，它还可以表示 "关于，就" 以及 "而且，并且" 之意。 ●貴殿もって如何となす／尊意如何。 ●安価でもって美味／价廉味美。 ●あの人は謙虚でもって親しみやすい／那个人谦虚而且和蔼可亲。

3. "国民の福祉の向上に寄与するとともに" 这个句子中的 "とともに" 为惯用表现。表示 "和……一起" 之意。 ●仲間とともに作業に励んでいる／和伙伴一起努力工作。 ●夫とともに幸せな人生を歩んできた／和丈夫一起共同走过了幸福的人生之路。

原文：

（科学技術の振興に関する方針）

第2条 科学技術の振興は、科学技術が我が国及び人類社会の将来の発展のための基盤であり、科学技術に係る知識の集積が人類にとっての知的資産であることにかんがみ、研究者及び技術者（以下「研究者等」という。）の創造性が十分に発揮されることを旨として、人間の生活、社会及び自然との調和を図りつつ、積極的に行われなければならない。

2 科学技術の振興に当たっては、広範な分野における均衡のとれた研究開発能力の涵養、基礎研究、応用研究及び開発研究の調和のとれた発展並びに国の試験研究機関、大学(大学院を含む。以下同じ。)、民間等の有機的な連携について配慮されなければならず、また、自然科学と人文科学との相互のかかわり合いが科学技術の進歩にとって重要であることにかんがみ、両者の調和のとれた発展について留意されなければならない。

译文：

（关于科技振兴的方针）

第2条 科技振兴的宗旨是充分发挥研究人员及技术人员（以下称为 "研究人员等"）的创造性。鉴于科技是我国及人类社会今后发展的基础，科技知识的积累是人类宝贵的知识财产，我们必须要在寻求与人类生活、社会及自然和谐的同时，积极地进行之。

2 值此科技振兴之际，必须要考虑在广泛领域内均衡研究开发能力的培养、基础研究、应用研究及开发研究的协调发展以及国家试验研究机构、大学（包括研究生院。以下同。）、民间等的有机结合，此外，鉴于自然科学与人文科学间的相互配合对科技进步十分重要，还必须要特别注意两者的协调发展。

词语：

1. 集積（しゅうせき）：集积，集聚。 ●原料の集積地／原料集聚地。 ●物資を集積する／集聚物资。 ●集積回路／集成电路。

2. 知的（ちてき）：知识的。 ●知的理解だけでは駄目だ／单从知识上去理解是不行的。 此外，它还有 "理智的、智慧的、聪明的" 之意。 ●知的能力／智力。 ●知的な人／聪明的人。 ●知的なところがある／有理智。

3. 調和（ちょうわ）：调和，协调。和谐。 ●色の調和がよい／色调调和。 ●音が調和し

ない／声音不和谐。 ●目鼻が整い調和が取れている／五官长得端正。 ●このカーテンと壁の色はよく調和が取れている／这窗帘跟那墙色搭配得很好。

4. 図る（はかる）：谋求。 ●事を図る／谋事儿。 ●人民のために幸福を図る／为人民谋幸福。 此外，它还有"图谋，谋求"之意。 ●再起を図る／图谋再起。

5. 分野（ぶんや）：领域。范围，范畴。 ●科学の各分野／科学的各个领域。 ●政界の勢力分野／政界的势力范围。

6. かんがみる：鉴于，遵照，根据。 ●現状にかんがみて／鉴于目前的现状。 ●事の重大性にかんがみる／鉴于事件的严重性。 ●先例にかんがみて適当な処置をする／根据先例做适当的处理。

句子要点：

1. "知識の集積が人類にとっての知的資産である"：这个句子中的"にとって"为惯用表现。表示从其立场来看的意思。相当于中文的"对于……来说"。 ●彼にとってこんな修理はなんでもないことです／对他来说修理这点东西算不了什么。 ●病床のわたしにとっては、友人の励ましが何よりもありがたいものだ／对于躺在病床上的我来说，朋友的鼓励是最宝贵的。

2. "自然との調和を図りつつ"：这句话中的"つつ"为接续助词。它表示同一主体在进行某一行为的同时进行另一行为。基本与"ながら"相同。 ●静かな青い海を眺めつつ、良子は物思いにふけっていた／良子一边眺望着宁静的大海，一面沉思着。 ●この会議では、個々の問題点を検討しつつ、今後の発展の方向を探っていきたいと思います／本次会议在研究一个个具体问题的同时，还要探讨一下今后的发展方向。

3. "民間等の有機的な連携について配慮されなければならず"：这个句子中的"について"表示"关于……"的意思。 ●将来についての夢を語った／谈了有关将来的理想。 ●ことの善悪についての判断ができなくなっている／无法对事情的善恶进行判断。

原文：

（国の責務）

第3条 国は、科学技術の振興に関する総合的な施策を策定し、及びこれを実施する責務を有する。

（地方公共団体の責務）

第4条 地方公共団体は、科学技術の振興に関し、国の施策に準じた施策及びその地方公共団体の区域の特性を生かした自主的な施策を策定し、及びこれを実施する責務を有する。

（国及び地方公共団体の施策の策定等に当たっての配慮）

第5条 国及び地方公共団体は、科学技術の振興に関する施策を策定し、及びこれを実施するに当たっては、基礎研究が新しい現象の発見及び解明並びに独創的な新技術の創出等をもたらすものであること、その成果の見通しを当初から立てることが難しく、また、その成果が実用化に必ずしも結び付くものではないこと等の性質を有するものであることにかんがみ、基礎研究の推進において国及び地方公共団体が果たす役割の重要性に配慮しなければならない。

译文:

（国家的责任和义务）

第 3 条 国家有制定科技振兴的综合性对策、并实施之的责任和义务。

（地方公共团体的责任和义务）

第 4 条 地方公共团体有就科技振兴制定以国家政策为基准的对策以及发挥地方公共团体区域优势的自主性政策，并实施之的责任和义务。

（制定国家及地方公共团体对策时需考虑的事项）

第 5 条 国家及地方公共团体，在制定及实施有关科技振兴的对策时，必须要考虑国家及地方公共团体在推动基础研究方面所发挥作用的重要性。因为基础研究虽可导致发现及阐明新现象以及创造出独创的新技术，但人们很难从一开始就预见到其成果，同时其成果也未必一定会与实用化相结合。

词语:

1. 責務（せきむ）：责任和义务，职责。 ●おのれの責務を果たす／尽自己的责任。 ●責務が重い／责任重。 ●われわれの責務は人民に対して責任を負うことです／我们的责任是对人民负责。

2. 特性（とくせい）：特性，特点，特长。 ●ナイロンの特性／尼龙的特性。 ●特性を発揮する／发挥特长。 这里结合上下文，译作"优势"。

3. 生かす（いかす）：让活着，留活命。 ●釣ってきた魚を池に生かしておく／把钓来的鱼放在池子里养活。

4. 解明（かいめい）：解释明白。 ●物質の構造を解明する／讲清物质的结构。 ●問題の解明に当たる／负责把问题解释清楚。 这里结合上下文，译作"阐明"。

5. 創出（そうしゅつ）：创造出。 ●新たな文化の創出／创造出新文化。

6. 配慮（はいりょ）：关怀，关照，照料。 ●暖かい配慮／亲切关怀。 ●至れり尽くせりの配慮／无微不至的照料。 ●ご配慮にあずかってありがたく存じます／多蒙您关照，非常感谢。

句子要点:

1. "国及び地方公共団体の施策の策定等に当たっての配慮"：这个句子中的"に当たって"为惯用表现。表示"已经到了事情的重要阶段"之意。相当于中文的"在……的时候，值此……之际"。 ●試合に臨むに当たって、相手の弱点を徹底的に研究した／面临比赛之际，全面研究了对方的弱点。

2. "その成果が実用化に必ずしも結び付くものではない"：这句话中的"必ずしも～ない"为惯用表现。相当于中文的"不一定，未必，不尽然"之意。 ●金持ちが必ずしも幸せだとは限らない／有钱的人并不一定就幸福。 ●語学が得意だからといって必ずしも就職に有利だとは限らない／擅长外语并不一定对找工作有利。

3. "基礎研究の推進において"：这个句子中的"において"表示"在……方面"之意。 ●絵付けの技術において彼にかなうものはいない／在陶瓷绘画技术上没有人赶得上他。 ●造形の美しさにおいてはこの作品が優れている／在造型的美观方面，这个作品非常出色。

原文：
　　（大学等に係る施策における配慮）
第6条　国及び地方公共団体は、科学技術の振興に関する施策で大学及び大学共同利用機関（以下「大学等」という。）に係るものを策定し、及びこれを実施するに当たっては、大学等における研究活動の活性化を図るよう努めるとともに、研究者等の自主性の尊重その他の大学等における研究の特性に配慮しなければならない。
　　（法制上の措置等）
第7条　政府は、科学技術の振興に関する施策を実施するため必要な法制上、財政上又は金融上の措置その他の措置を講じなければならない。
　　（年次報告）
第8条　政府は、毎年、国会に、政府が科学技術の振興に関して講じた施策に関する報告書を提出しなければならない。
　　————————————————————————————————————

译文：
　　（在制定与大学等相关的对策方面需考虑的事项）
第6条　国家及地方公共团体在制定及实施涉及大学及大学共同利用机构（以下称作"大学等"）的科技振兴的相关政策时，必须要考虑在努力使大学的研究活动充满活力的同时，充分尊重研究人员等的自主性以及其它大学等的研究特点等。
　　（法制方面的措施等）
第7条　为更好地实施科技振兴对策，政府应在法制方面、财政方面或金融方面以及其它方面采取必要的措施。
　　（年度报告）
第8条　政府每年应向国会提交政府在科技振兴方面所采取的对策报告书。
　　————————————————————————————————————

词语：
1.　策定（さくてい）：策划制定。　●基本精神を策定する／制定基本方针。
2.　活性化（かっせいか）：原意为"活性化"，这里译作"使……充满活力"。
3.　提出（ていしゅつ）：提出，提交。　●国務院提出の法案／国务院提出的法案。　●資料を提出する／提出资料。　●大衆の提出する意見を重視する／重视群众反映的意见。

句子要点：
1.　"大学等に係る施策における配慮"：这个句子中的"における"为惯用表现。表示"在……的，在……方面的"之意。　●学校における母語の使用が禁止された／在学校被禁止使用母语。　●過去における過ちを謝罪する／对过去的错误谢罪。
2.　"政府が科学技術の振興に関して講じた施策に関する報告書を提出しなければならない"：这个句子中的"に関して"与"に関する"含义相同，只不过"に関して"是作为"講じた"的连用修饰语使用，而"に関する"则是"報告書"的连体修饰成分。关于连体修饰的用法，前面已经出现过，这里仅举几个连用修饰的例子。　●その問題に関して質問したいことがある／关于那个问题有问题要问。　●その事件に関して学校から報告があった／关于那件事，已经得到了学校的报告。

練習問題：

次の短文を中国語に訳しなさい。中にはどんな翻訳のテクニックが使ったかを考えなさい。

第2章　科学技術基本計画

第9条　政府は、科学技術の振興に関する施策の総合的かつ計画的な推進を図るため、科学技術の振興に関する基本的な計画（以下「科学技術基本計画」という。）を策定しなければならない。

2　科学技術基本計画は、次に掲げる事項について定めるものとする。

1）研究開発（基礎研究、応用研究及び開発研究をいい、技術の開発を含む。以下同じ。）の推進に関する総合的な方針

2）研究施設及び研究設備 (以下「研究施設等」という。) の整備、研究開発に係る情報化の促進その他の研究開発の推進のための環境の整備に関し、政府が総合的かつ計画的に講ずべき施策

3）その他科学技術の振興に関し必要な事項

3　政府は、科学技術基本計画を策定するに当たっては、あらかじめ、総合科学技術会議の議を経なければならない。

4　政府は、科学技術の進展の状況、政府が科学技術の振興に関して講じた施策の効果等を勘案して、適宜、科学技術基本計画に検討を加え、必要があると認めるときには、これを変更しなければならない。この場合においては、前項の規定を準用する。

5　政府は、第1項の規定により科学技術基本計画を策定し、又は前項の規定によりこれを変更したときは、その要旨を公表しなければならない。

6　政府は、科学技術基本計画について、その実施に要する経費に関し必要な資金の確保を図るため、毎年度、国の財政の許す範囲内で、これを予算に計上する等その円滑な実施に必要な措置を講ずるよう努めなければならない。

第3章　研究開発の推進等

（多様な研究開発の均衡のとれた推進等）

第10条　国は、広範な分野における多様な研究開発の均衡のとれた推進に必要な施策を講ずるとともに、国として特に振興を図るべき重要な科学技術の分野に関する研究開発の一層の推進を図るため、その企画、実施等に必要な施策を講ずるものとする。

（研究者等の確保等）

第11条　国は、科学技術の進展等に対応した研究開発を推進するため、大学院における教育研究の充実その他の研究者等の確保、養成及び資質の向上に必要な施策を講ずるものとする。

2　国は、研究者等の職務がその重要性にふさわしい魅力あるものとなるよう、研究者等の適切な処遇の確保に必要な施策を講ずるものとする。

3　国は、研究開発に係る支援のための人材が研究開発の円滑な推進にとって不可欠であることにかんがみ、その確保、養成及び資質の向上並びにその適切な処遇の確保を図るため、前2項に規定する施策に準じて施策を講ずるものとする。

（研究施設等の整備等）

第12条　国は、科学技術の進展等に対応した研究開発を推進するため、研究開発機関（国の試験研究機関、大学等及び民間等における研究開発に係る機関をいう。以下同じ。）の研究施設等の整備に必要な施策を講ずるものとする。

2　国は、研究開発の効果的な推進を図るため、研究材料の円滑な供給等研究開発に係る支援機能の充実に必要な施策を講ずるものとする。

（研究開発に係る情報化の促進）

第13条　国は、研究開発の効率的な推進を図るため、科学技術に関する情報処理の高度化、科学技術に関するデータベースの充実、研究開発機関等の間の情報ネットワークの構築等研究開発に係る情報化の促進に必要な施策を講ずるものとする。

（研究開発に係る交流の促進）

第14条　国は、研究発機関又は研究者等相互の間の交流により研究者等の多様な知識の融合等を図ることが新たな研究開発の進展をもたらす源泉となるものであり、また、その交流が研究開発の効率的な推進にとって不可欠なものであることにかんがみ、研究者等の交流、研究開発機関による共同研究開発、研究開発機関の研究施設等の共同利用等研究開発に係る交流の促進に必要な施策を講ずるものとする。

（研究開発に係る資金の効果的使用）

第15条　国は、研究開発の円滑な推進を図るため、研究開発の展開に応じて研究開発に係る資金を効果的に使用できるようにする等その活用に必要な施策を講ずるものとする。

（研究開発の成果の公開等）

第16条　国は、研究開発の成果の活用を図るため、研究開発の成果の公開、研究開発に関する情報の提供等その普及に必要な施策及びその適切な実用化の促進等に必要な施策を講ずるものとする。

（民間の努力の助長）

第17条　国は、我が国の科学技術活動において民間が果たす役割の重要性にかんがみ、民間の自主的な努力を助長することによりその研究開発を促進するよう、必要な施策を講ずるものとする。

第4章　国際的な交流等の推進

第18条　国は、国際的な科学技術活動を強力に展開することにより、我が国の国際社会における役割を積極的に果たすとともに、我が国における科学技術の一層の進展に資するため、研究者等の国際的交流、国際的な共同研究開発、科学技術に関する情報の国際的流通等科学技術に関する国際的な交流等の推進に必要な施策を講ずるものとする。

第5章　科学技術に関する学習の振興等

第19条　国は、青少年をはじめ広く国民があらゆる機会を通じて科学技術に対する理解と関心を深めることができるよう、学校教育及び社会教育における科学技術に関する学習の振興並びに科学技術に関する啓発及び知識の普及に必要な施策を講ずるものとする。

汉译日部分

第一课　致　词

（在第二十二届万国邮政联盟大会开幕式上江泽民主席的致辞）

原文：

　　各位嘉宾，女士们、先生们：

　　初秋时节的北京，万木葱茏，金风送爽。今天，第二十二届万国邮政联盟大会将在这里隆重开幕。这是万国邮政联盟成立一百二十五年和中国加入万国邮政联盟八十五年来，首次在中国举行这样的大会。我代表中国政府和中国人民，并以我个人的名义，向大会致以衷心的祝贺！向与会的各国代表和来宾表示诚挚的欢迎！

訳文：

第二十二回万国郵便連合会議の開幕式における
江沢民主席のあいさつ

　　ご来賓の皆様、ご在席の皆様

　　初秋の北京では、木々がまだ青々と生い茂っていますが、涼しい秋風がさわやかに吹いています。今日、第二十二回万国郵便連合（UPU）会議がここで盛大に開幕します。これは UPU 創設百二十五年と中国の UPU 加盟八十五年来、初めて中国で開かれる盛会です。私は中国政府と中国人民を代表して、そして私個人の名において、会議に心からの祝意を表し、参会の各国代表と来賓の皆様に誠意に満ちた歓迎の意を表します。

語句：

1. 葱茏：あおあおと茂っている。
2. 隆重：盛大だ。　●隆重举行毕业典礼／盛大に卒業式を挙行する。
3. 成立：創設する。成立する。
4. 加入：加盟する。加入する。　●中国加入 WTO／中国は WTO に加盟する。

ポイント：

1. "女士们、先生们"："女士们、先生们"来自于英语"ladies and gentlemen"通常译为「ご在席の皆様」。
2. "金风送爽"：在汉语中，常常用金色形容秋天，常有"金秋""金风"等词汇，但是日语中没有这样的表现，因此把"金风"译成「秋風」即可。

3. "首次在中国举行这样的大会"：注意"举行"的译法。此句的主语「これ」指代"大会"，因此不能译成「開く」，要使用被动动词「開かれる」。
4. "并以我个人的名义"："以……"可以译成「～を以って」、「～で」、「～において」。●以书面通知／書面を以ってお知らせいたします。●以代表的资格发言／代表の資格で発言する。●以个人名义／個人の名において。●以劳动为光荣／労働を光栄とする。●节约金钱以备不时之需／不時の出費に備えて、金銭を節約する。

原文：

　　人类即将迈入新的世纪。在这样的时刻，大家共同讨论面向二十一世纪邮政发展的战略和行动纲领，其意义十分重要。我相信，这次大会将在国际邮政史上留下光荣的一页。

　　现代科学技术正在突飞猛进，世界多极化和经济全球化的趋势继续发展，人类社会的进步正处在重要历史关头。各国都面临着机遇和挑战。和平与发展仍然是我们这个时代的潮流。实现世界的持久和平与普遍繁荣，需要各国人民共同努力。邮政应成为致力于世界和平与发展的崇高事业的一支重要力量，在推动建立公正合理的国际新秩序中发挥积极的作用。

訳文：

　　人類はまもなく二十一世紀に入ろうとしています。このような時に、皆様がともに二十一世紀の郵便発展の戦略と行動綱領を討論することは、非常に重要な意義があります。私は、今回の大会が国際郵便史に栄える一ページを残すものと信じます。

　　現代の科学技術は飛躍的な発展を遂げ、世界の多極化と経済のグローバリゼーションの動きは引き続き発展し、人類社会の進歩は重要な歴史的時点に差しかかっており、各国ともチャンスと挑戦に直面しています。平和と発展は依然としてわれわれの時代の流れです。世界の恒久的な平和と普遍的な繁栄の実現は、各国人民の共同の努力が必要です。郵便は世界の平和と発展に力を尽くす崇高な事業の重要な力となり、公正かつ合理的な国際新秩序の構築を推進する面で積極的な役割を果たすべきでしょう。

語句：
1. 突飞猛进：飛躍的に前進する。めざましく躍進する。●突飞猛进地发展高科技产业／飛躍的にIT産業を発展させる。
2. 多极化：多極化。
3. 全球化：グローバリゼーション。

ポイント：
1. "新的世纪"：若此时把"新的世纪"译成「新しい世紀」，则意思不明确。日语在时间表达上习惯用比较明确的时间，即「二十一世紀」。
2. "世界多极化和经济全球化的趋势继续发展"："趋势"的译法多种多样，例如：●今后的趋势值得注意／今後の成り行きが注目される。●探求现代文学的发展趋势／現代文学発展の動向を探る。●水位有上涨的趋势／水位が増大する形勢にある　等。本句中的"趋

势"译成了「動き」，因为「動き」动感较强，能更贴切地体现"世界多极化和经济全球化的趋势继续发展"这句话的含义。

3. "人类社会的进步正处在重要历史关头"："正处于……关头"有几种译法。例如： ●正处于紧要关头／重大なポイントにある。 ●正处于生死关头／生きるか死ぬかの分かれ道に立っている 等。然而，分析"人类社会的进步正处于重要历史关头"，它表达的是人类社会的进程。与其说理解为"正处于某一点"不如理解为"人类社会进步已经走到了某一关键时刻（时期）"更为准确，因此把上句译为「人類社会の進歩は重要な歴史的時点に差し掛かっておる」。

4. "在推动建立公正合理的国际新秩序中发挥积极的作用"："建立"的宾语不同，其译法也不同。例如： ●建立新中国／新中国を打ち立てる。 ●建立外交关系／外交関係を結ぶ。 ●建立新的工业基地／新しい工業基地を建設する 等。而本句中"建立"的宾语是"秩序"，因此用「構築」比较好，即「秩序を構築する」。

5. "一支重要力量"：汉语习惯加上数量词表达，例如："为谁服务问题是一个原则性问题。""他身上有一股酸味儿。"而日语却不然。因此，汉译日时一般采取简译，即把数量词省略不译。例如： ●既要革命，就要有一个革命党／革命を行うからには、革命政党が必要である。 ●她戴着一顶黄色、可爱的帽子／彼女は黄色の可愛い帽子をかぶっている。同样，此句中的"一支"也省去不译。

原文：

邮政活动深入千家万户，通达五洲四海，对促进人类社会的政治、经济、科技、文化、教育等事业的发展，具有重要的作用。日新月异的现代信息技术，给国际邮政事业的发展注入了新的活力。邮政的信息传递、物品运送、资金流通三项基本功能，其内涵正在日益丰富和拓宽。邮政事业有着广阔的发展前景。

邮政事业要适应当今经济发展和社会进步的新形势，发挥更大的作用，必须进行体制改革和技术创新。各国的经济发展水平、历史文化传统和社会制度不同，邮政发展水平也不同，进行改革不可能有一种统一的模式。各国应根据本国的实际情况，本着有利于满足社会需求、促进社会进步、实现普遍服务的目的，积极进行改革的探索和实践。

訳文：

郵便業務は多くの家と関係があり、世界各地に通じ、人間社会の政治、経済、科学技術、文化、教育などの事業の発展に重要な促進的役割を果たしています。日進月歩する現代の情報技術は、国際郵便事業の発展に対し、新たな活力を注ぎ込んでいます。情報伝送、物品輸送、資金流通という郵便の三つの基本的機能は、その内包が日増しに豊富になり、広がっています。郵便事業の発展は明かり見通しを持っています。

郵便事業が当面の経済発展と社会進歩の新しい情勢に適応し、より大きな役割を果たすようにするには、体制改革と技術革新を行わなければなりません。各国の経済発展レベル、歴史的文化的伝統、社会制度が異なり、郵便の発展レベルも異なっているため、改革に同じようなパターンがあるはずはありません。各国は自国の実状に応じ、社会の需要を満たし、社

会の進歩を促し、普遍的なサービスを実現するのに有利であることを目的として、積極的に改革を模索し、実践すべきです。

語句：

1. 日新月异：日進月歩。　●日新月异的科学技术／日進月歩の科学技術。　●祖国面貌日新月异／祖国の様子は日に月に新しくなっていく。

2. 形势：情勢。事態。形勢。　●国际形势／国際情勢。　●形势日渐严重／形勢が重大化しつつある。

3. 模式：パターン。　●文化模式／文化のパターン。

4. 实际情况：実状。　●不了解实际情况／実情にうとい。

5. 探索：模索。探索。　●探索解决对策／解決策を模索する。　●探索宇宙的秘密／宇宙の秘密を探索する。

ポイント：

1. "邮政活动深入千家万户，通达五湖四海"：这句话如果直译的话，会很滑稽。这时一定要读懂吃透原文的意思，变译过去。这里的"活动"实际上指的是"业务"，而"千家万户"表达的是很多人家，"五湖四海"则指的是全国各地、世界各地，"深入"可译为「深く入り込む」「しみこむ」「深刻に」「深く掘り下げる」。而"深入千家万户"表达的是邮政被很多人所接受、所使用，与很多人有着密切的关系。因此不能译成「多くの家に入り込む」这种很形象的表达，应该译成「多くの家と関係があり」。

2. "邮政的信息传递、物品运送、资金流通三项基本功能"：这句话很容易译成「郵便の情報伝送、物品輸送、資金流通という三つの基本的機能」。仔细分析一下原文结构，实际上"邮政"是直接修饰"三项基本功能"的，而三项基本功能的内容是"信息传递、物品运送、资金流通"。搞清楚结构后再译，就容易多了。此句应译为「情報伝送、物品輸送、資金流通という郵便の三つの基本的機能」。

3. "邮政事业有着广阔的发展前景"：如果按照汉语语序排列，这句话则译为「郵便事業は広々とした発展する見通しを持っている」。然而，这显然是一句中国式日语。日语习惯这样重新组合这个句子「郵便事業の発展は明かり見通しを持っている」。"广阔"通常译为「広大だ」「広々としている」，然而，由于在这里"广阔"要修饰"前景"，因此不能用「広々とした」而使用「明かり」。

原文：

　　中国政府历来重视邮政事业的建设。经过新中国成立五十年特别是改革开放二十年来的锐意进取，中国邮政事业有了长足发展。一个沟通城乡、覆盖全国、联通世界的邮政体系已经形成，并正在向现代化迈进。中国实行了全行业的邮电分营。中国邮政已成为国民经济体系中独立运营的一个部门。具有悠久历史的中国邮政焕发着勃勃生机。我们将继续推进中国邮政的现代化建设，使它能够更好地为中国人民和世界人民服务。

訳文：

　中国政府は従来から郵便事業の建設を重視しています。新中国成立五十年来、とりわけ改革・開放実行二十年来の鋭意な進取で、中国の郵便事業は長足な発展を遂げました。都市と農村の間を疎通させ、全国をカバーし、世界に通ずる郵便システムがすでに形成され、今は現代化に向かって進んでいます。中国の郵便業務は郵便と電信の別々の経営を実行しています。中国の郵便は国民経済体系の中で、独自に運営する部門となっています。長い歴史を持つ中国郵便は活気に満ちています。われわれは中国の郵便がよりよく中国人民と世界人民に奉仕するようにするため、引き続き中国郵便の現代化建設を推し進めます。

語句：

1. 历来：これまでずっと。昔から。一貫して。これまでも。従来。かねてから。 ●台湾历来就是中国的神圣领土／台湾は昔から中国の神聖な領土である。 ●历来如此／従来からこうである。

2. 锐意：鋭意。 ●锐意建设，分秒必争／鋭意建設につとめ、分秒（ふんびょう）を争う。

3. 长足：長足（ちょうそく）。 ●取得长足的进步／長足の進歩を遂げる。

4. 沟通：橋渡しをする。疎通させる。交流させる。 ●沟通两国文化／両国の文化の橋渡しをする。 ●沟通南北的长江大桥／南北をつなぐ楊子江大鉄橋。 ●沟通情况／互いに状況を交流させる。

5. 体系：体系。体制。システム。 ●殖民主义体系／殖民地主義の体制。 ●哲学体系／哲学体系。 ●这个学说体系很完整／この学説はシステムが整っている。

ポイント：

1. "中国实行了全行业的邮电分营"：这句话如果按照汉语的主谓结构翻译的话，就是「中国は郵便分野の～経営を実行している」，但是作为日语总感到不是很自然。因为汉语的主语成分和日语的「は」所提示的成分不是完全对应的。汉语的主语一般都是动作执行者，而日语的「は」所提示的成分却没有那么严格的要求，它所能提示的内容很广。于是就出现了汉语习惯说"中国实行了全行业的邮电分营"，而日语则更习惯用「中国の郵便業務は郵便と電信の別々の経営を実行しています」（"中国的邮电行业实行了邮电分营"）来表达。

2. "中国邮电业焕发着勃勃生机"：这里的"焕发"实际是"充满"的含义。因为一般意义的"焕发"是指「光彩が外に輝きあふれるさま」或者是「とりもどす」。例如： ●容光焕发／見るからにつやつやして血色のいい顔をしている。 ●老干部焕发了革命青春／古参幹部が革命の青春をとりもどす。在这里因为是"中国邮电业"作主语，因此"焕发"应理解为"充满"即「中国郵便は活気に満ちています」。

3. "我们将继续推进中国邮政的现代化建设，使它能够更好地为中国人民和世界人民服务"：这句话按照日语的表达习惯，即套用「～ようにするために」须把句子进行倒译，即「中国の郵便がよりよく中国人民と世界人民に奉仕するようにするため、引き続き中国郵便の現代化建設を推し進めます」。

原文：

　　发展国际邮政事业，应坚持平等协商、求同存异、相互支持、互利合作，这样才能共谋发展，共求繁荣。积极帮助发展中国家克服邮政建设中面临的困难，努力缩小发展中国家与发达国家在邮政领域的差距，应成为国际邮政合作的当务之急。中国政府愿意在相互尊重、平等互利的基础上，加强与万国邮政联盟各成员国在邮政领域的交流与合作，为促进邮政领域高新技术的开发和应用，促进国际邮政事业的发展作出自己应有的贡献。

　　最后，预祝大会取得圆满成功。祝各位在北京度过愉快的时光。

　　现在，我宣布：第二十二届万国邮政联盟大会开幕！

　　谢谢。

訳文：

　　国際郵便事業を発展させるには、あくまで平等に協議し、共通点を求めて相違点を残し、互いに支持し合い、互恵協力を実行すべきです。こうしてこそはじめてともに発展と繁栄を図ることができます。発展途上国が郵便建設で直面する困難を克服するのを積極的に助け、郵便分野における発展途上国と先進国との距離を縮小することは、国際郵便協力の当面の急務とすべきでしょう。中国政府は相互尊重、平等互恵を踏まえて、UPU 加盟諸国との郵便分野における交流と協力を強化し、郵便分野のハイテクの開発と応用および国際郵便事業の発展を促すためにしかるべき貢献をしたいと思います。

　　最後に、会議が円満な成功を収めるよう祈ります。また皆様が北京で楽しい一時を過ごされるよう祈ります。

　　ここのわたくしは、第二十二回万国郵便連合会議の開幕を宣言します。

　　真にありがとうございました。

語句：

　　1. 坚持：堅持する。押し通す。頑張る。やり抜く。固執する。あくまで～実行する。 ●坚持原则／原則を堅持する。 ●坚持己见／あくまで自分の意見を押し通す。 ●坚持错误／誤りを固執する。 ●坚持到底／最後まで頑張る。 ●坚持不懈／ゆるむことなくやりぬく。

　　2. 当务之急：当面の急務。

　　3. 高新技术：ハイテク。

　　4. 应有的贡献：しかるべき貢献。

ポイント：

1. "平等协商、求同存异、相互支持、互利合作。"：在致辞类、法规类和合同类文章中经常会出现这样的词语。一般情况下尽量保持原文的语言形式，但是如果没有相近的表达时，就只有把意思解释过去了。即「平等に協議し、共通点を求めて相違点を残し、互いに支持しあい、互恵協力を実行する」。

2. "发展国际邮政事业，应坚持平等协商、求同存异、相互支持、互利合作，这样才能共谋发展，共求繁荣。"：这句话过长，如果按照原文还是译成一个句子，容易产生意思不连贯情况，这时需要拆译成两句话。即「国際郵便事業を発展させるには、あくまで平等に協議し、共

通点を求めて相違点を残し、互いに支持し合い、互恵協力を実行すべきです。こうしてこそはじめてともに発展と繁栄を図ることができます」。

3. "在相互尊重、平等互利的基础上"："在……的基础上"可译为「～を踏まえて」。例如：
在友谊的基础上进行比赛／友誼を踏まえて試合を行う。

練習問題：

次の文章をよく読んだあと、日本語に翻訳しなさい。

1. 今天我们能在这里迎接教育考察团，感到非常高兴。在春光明媚，鲜花盛开的季节里，田中一郎先生为团长的教育考察团不远千里、风尘仆仆地来到我们南开大学考察、指导，我代表南开大学，并以我个人的名义，向各位先生表示热烈的欢迎。

2. 桥本健一先生是著名语言学家，在日语研究方面有着很深的造诣。今天桥本先生在百忙之中来我院进行讲学，这对我们来说是一次很难得的机会，也是一件很荣幸的事情。在此我代表日语系全体教师和学生，对桥本先生的到来表示热烈的欢迎。这次讲学将对我们日语教学，学术研究起到推动作用。

3. 我相信，这次贸促会的举办，将有助于加强我市与贵市的技术合作和贸易往来。天津市是一个工业门类齐全，海陆空交通运输发达的港口城市。我们愿在更广泛的领域里，同贵市开展经济技术合作和贸易往来。

4. 在此首先向百忙之中光临的来宾表示衷心的感谢。也向各方面给予大力支持的人士表示真挚的谢意。同时也希望对本公司给予更多支持及协作。

5. 日本大地有限公司数年来与我公司之间建立了良好的合作关系，取得了良好的经济效益，合作得很好。现在我提议，为我们之间的技术合作、贸易往来不断取得新的进展，为各位的健康，干杯！

6. 希望朋友们在天津逗留期间，多参观一些地方，多进行交谈，并把你们在参观过程中发现的问题及时告诉我们，以便我们改进工作。

7. 这次应神户市的邀请，我们天津市经济考察团一行来到这座美丽的城市。现在，热情的主人又为我们举行如此盛大的欢迎宴会，使我们深受感动。很久以来，我们两个城市之间就有着广泛而密切的交往，这种交往加深了两市间的相互了解，并为促进两市之间在各个领域间的合作起到了积极作用。

8. 一踏进贵国的土地，给我的第一印象就是满眼都是绿色。贵国人民有教养、讲礼貌、热情好客，所到之处都给我留下了难以忘怀的印象。贵国的交通高度发达，特别是贯穿全国的高速公路更令人赞叹不已，它用事实告诉我们，要想发展经济，必须"物畅其流"。另外，贵国在发展生产的同时，注意防止公害、保护环境，并取得了可喜的效果，这一点给了我们突出的印象。这次访问不仅是我们与老朋友重逢，而且还结识了新朋友，喜悦的心情难以用语言表达。

第二课　科技文章

（硬　盘）

原文：

　　硬盘是记录数据的装置。包括 word 和 excel 等软件，我们所记录的文件以及接收到的电子邮件都记录在硬盘里。

1. 什么是硬盘？

　　硬盘安装在计算机内部。硬盘的主体是在铝板和玻璃钢板表面涂上磁性的圆盘。此盘通过电机以每分钟几千转的速度旋转。在盘的上面有工作臂，其臂的顶端有磁头在读写数据。硬盘中这样的盘不止一张，有的硬盘中要有两到四张这样的盘。

————————————————————————————————————

訳文：

ハードディスク

　　ハードディスクは、データを記録しておく装置です。ワードやエクセルなどのソフトのほかに、私たちが作成した文書ファイルや受信したメールなど、すべてハードディスクに記録されています。

1．ハードディスクってどんなもの？

　　ハードディスクはパソコンの内部に取り付けられています。ハードディスクの本体は、アルミやガラスの硬い板に磁性体を塗布したディスク（円盤）です。このディスクが、モーターで一分間に数千回転という速さで回転します。ディスクの上でアームが動き、その先端のヘッドがデータを読み書きします。なお、ハードディスクが搭載しているディスクは、一枚とはかぎりません。なかには二〜四枚搭載しているハードディスクもあります。

————————————————————————————————————

語句：

1. 硬盘：ハードディスク。
2. 数据：データ。
3. 软件：ソフト。
4. 文件：文書ファイル。
5. 电子邮件：メール。
6. 铝板：アルミ板。
7. 玻璃钢板：ガラス板。ガラス・プレート。
8. 工作臂：アーム。

9. 磁头：ヘッド。
10. 读写数据：データを読み書く。

ポイント：

1. "我们所记录的文件以及接收到的电子邮件都记录在硬盘里"、"硬盘安装在计算机内部"：这两句话的主语都不是能动的，都属于被动语态，在翻译时一定要注意 "记录" 和 "安装" 要译成「記録されています」和「取り付けられています」。

2. "硬盘的主体是……"："主体" 的译法很多，这要看具体表示什么意思了。例如： ●人民是国家的主体／人民は国家の主体だ。 ●中央的二十层大厦是这个建筑群的主体／中央にある 20 階建のビルディングがこの建築ブロックの心臓部である。而本文的 "主体" 应该译为「本体」。

3. "在盘的上面有工作臂"、"有的硬盘中要有两到四张这样的盘"：这两句中的 "有" 都不能译成「ある」，因为 "在盘的上面有工作臂" 中的 "有" 不是单纯静止地放在那里，是在那里工作，因此译成「動く」比较妥当；而 "有的硬盘中要有两到四张这样的盘" 中的 "有"，也不是单纯地存放在那里，它表示的是 "装载着"，因此译成「搭載」就更生动和贴切了。

原文：

　　硬盘与其它记录装置不同，它不能换盘。例如，软盘和光盘都是把盘放到计算机的驱动装置里使用。也就是说，驱动器和盘是分开的。而硬盘为了防止脏东西和灰尘的进入，是把盘密闭起来的，驱动器和盘是一体的。因此它既叫硬盘（HD）也叫硬盘驱动器（HDD）。

　　那么，我们在窗口怎么能看到硬盘呢？在桌面上双击 "我的电脑"，就会出现 "本地磁盘" 这样的窗口。这里的 "本地磁盘" 就是硬盘。其中有 C、D 两个驱动器，有的电脑只有 C 一个驱动器。

訳文：

　　ハードディスクはほかの記録装置と異なり、ディスクを交換できません。例えばフロッピーディスクや CD-ROM は、ディスクをパソコンのドライブにセットして使います。つまり、ドライブとディスクが分離しているわけです。ハードディスクはごみやほこりを防ぐためディスクを密閉しているので、ドライブとディスクが一体になっています。このため、「ハードディスク（HD)」とも「ハードディスクドライブ（HDD)」とも呼ばれるのです。

　　では、ウィンドウズでハードディスクはどのように見えるのでしょう。ディスクトップで「マイコンピューター」をダブルクリックすると、「ローカルディスク」という画面が開きます。ここで「ローカルディスク」とあるのがハードディスクです。ここでは C と D の二つのドライブがありますが、C だけしかないパソコンもあります。

語句：

1. 软盘：フロッピ・ディスク。
2. 光盘：シーディー・ロム（CD-ROM)。
3. 硬盘驱动器：ハードディスクドライブ（HDD)。

4. 桌面：ディスクトップ。

5. 双击：ダブルクリック。

6. 本地磁盘：ローカルディスク。

7. 驱动器：ドライブ。

ポイント：

1. "因此它既叫硬盘（HD）也叫硬盘驱动器（HDD）。"：这句话是进行解释、说明的，它的句尾应加上「のです」。即「「ハードディスク（HD)」とも「ハードディスクドライブ（HDD)」とも呼ばれるのです」。

2. "我们在窗口怎么能看到硬盘呢？"：这里的"能看到"不是强调行为，也不是强调人为能力，它要表达的是通过怎样的操作，硬盘才能呈现在我们眼前。因此用「見える」比较贴切。

原文：

2. 硬盘的容量？

　　硬盘上可记录的数据量称为"容量"，硬盘不同其容量也不同。要想知道容量，在硬盘驱动器的图标上单击右手键，再单击"属性"，这时会出现写着"使用空间""未使用空间""容量"字样的窗口，在"使用空间""未使用空间""容量"的右侧写着数据。分别表示的是"此驱动器的容量是××GB，已使用××GB，剩余××GB。"

訳文：

２．ハードディスクに入る容量は？

　　ハードディスクにデータを記録できる量を「容量」といい、ハードディスクによって容量は様々です。

　　容量を確認するには、ハードディスクのドライブのアイコンの上で右クリックし、「プロパティ」をクリックしますと、「使用領域」「空き領域」「容量」が書かれている画面が開きます。「使用領域」「空き領域」「容量」の右に数値が書かれています。それぞれ「このドライブは××GB（ギガバイト）の容量があり、××GB を使用し、残りは××GB」ということを表しています。

語句：

1. 单击右手键：右クリックする。

2. 图标：アイコン。

3. 单击：クリックする。

4. 属性：プロパティ。

5. GB：ギガバイト。

ポイント：

1. "要想知道容量"："知道"在这里是"了解"、"确认"的含义，因此不能简单地译成「わかる」「しる」，要译成「調べる」或「確認する」。根据本句的含义译成「確認する」更贴切。

2. "在'使用空间''未使用空间''容量'的右侧写着数据"：在这里"写着"，表示的是一个状态或一个结果，因此不能译成「書いています」，可以译成「書いてあります」或「書かれています」。而此句要表达的只是一个结果状态，不涉及谁曾经写的，因此选用「書かれています」比较贴切。

原文：

　　1GB 到底能记录多少数据，这与文件的种类有关。请参考下面的表格。

文件种类	容量大小	1 GB 能够存储的量
电子邮件	1 封 10KB 的长邮件（约 200 行）	约 10 万封
Word 文件	1 个 100KB 的文件（A4·10 页，以文字为主）	约 1 万~2 万个
数码照片	1 张为 400~500KB 的照片（用高清晰度拍照的）	2000 张
音乐	50MB 的音乐 CD（约 1 小时）	约 20 张
动画片	500MB 的动画（约 1 小时，用 VHS 拍摄的一般保存）	约 2 小时

訳文：

　　ところで、1 GB にどれだけのデータを記録できるかは、ファイルの種類によって異なります。下の表を参考にしてください。

ファイルの種類	容量の目安	1 GB に保存できる量の目安
電子メール	1 通で 10KB（約 200 行の長いメール）	約 10 万通
ワープロ文書	1 ファイルで 100KB（A4·10 ページの文字主体の文書）	約 1 万~2 万個
デジカメの写真	1 枚で 400~500KB（高画質モードで撮影）	2000 枚
音楽 CD のデータ	50MB（約 1 時間の音楽 CD）	約 20 枚
動　　画	500MB（約 1 時間の動画を VHS ビデオ並みの画質で保存）	約 2 時間

語句：

1. 文件种类：ファイルの種類。
2. 数码照片：デジカメの写真。
3. 高清晰度：高画質モード。

原文：

3. 硬盘与内存的关系

　　计算机中与硬盘同样重要的零部件还有 CPU 和内存。CPU 相当于大脑，承担复杂的处理和运算工作。内存则和硬盘一样记录数据，只是内存只承担暂时的记忆。

　　下面我们来解释一下硬盘和内存的关系。硬盘就好比是餐柜，而内存就好比是饭桌。用餐时要把餐具从餐柜中取出放在餐桌上。计算机就是要把软件和数据从硬盘中读取到内存中，再由 CPU 进行计算。

　　用餐后，收拾好碗筷，餐桌上什么都没有了。与此相同，当切断计算机电源后，内存上的数据就全部消失了。

　　因此，一定要把操作时使用过的数据及时保存到硬盘中。我们在用 word 写文章时进行的存盘就是把数据放到硬盘中去了。

訳文：

3. ハードディスクとメモリーの関係

　　ハードディスクと並ぶ重要なパソコンの部品が CPU（シーピーユー）とメモリーです。CPU は "頭脳" に相当し、複雑な処理や計算を担当します。一方メモリーは、ハードディスクと同様にデータを記録します。ただし、一時的にしか記憶しません。

　　ハードディスクとメモリーの関係を説明しましょう。ハードディスクは食器棚、メモリーは食卓にあたります。食事をするときは食器棚から食器を取り出して食卓の上に並べます。パソコンの場合はハードディスクからソフトやデータをメモリーに読み込み、**CPU** が計算します。

　　食事のあとで食卓を片付けると、食卓の上には物を置けません。それと同じようにパソコンの電流を切ると、メモリー上のデータは消えてしまいます。

　　このため、作業中のデータはハードディスクにしまい直さなければなりません。ワードで文章を作成しているときなどに保存するのは、実はハードディスクにデータをしまっているのです。

語句：

1. 内存：メモリー。
2. 暂时：暫時。一時。　●提议暂时休会／暫時休会することを提案する。　●车辆暂时停止通行／車輌通行を一時停止する。
3. 餐柜：食器棚。
4. 饭桌：ちゃぶ台。食卓。テーブル。

5. 好比：あたかも。ちょうど。まるで～のようなものだ。～にあたる。　●暖洋洋的就好比春天一样／ぽかぽかとしてあたかも春のようだ。　●批评和自我批评就好比洗脸扫地，要经常做／批判と自己批判はいうなれば洗顔や掃除のようなもので、一日もかかしてはならないのだ。

ポイント：

1. "计算机中与硬盘同样重要的零部件还有 CPU 和内存。"：这是一篇讲解硬盘的文章，因此这句话最好把硬盘放在前面翻译，以体现重点要论述的是硬盘。可以采用倒译手法把此句译成「ハードディスクと並ぶ重要なパソコンの部品が CPU（シーピーユー）とメモリーです」比译成「パソコンにはハードディスクと並ぶ重要な部品はまた CPU（シーピーユー）とメモリーがある」要突出重点。

2. "CPU 相当于大脑，承担复杂的处理和运算工作。内存则和硬盘一样记录数据。"：这段文章首先概括讲述了"计算机中与硬盘同样重要的零部件还有 CPU 和内存"。因此在翻译完前句「CPU は"頭脳"に相当し、複雑な処理や計算を担当します」，接下来翻译后一句「メモリーは、ハードディスクと同様にデータを記録します」之前，加上「一方」连接两个句子，则更能体现文章的连贯性。

3. "要把操作时使用过的数据重新保存到硬盘中"："操作"和"使用"如果都译成日语表现出来的话，有点重复，因此译成日语时，"使用"可省略不译。即「作業中のデータはハードディスクにしまい直さなければなりません」。

練習問題：
次の文章をよく読んだあと、日本語に翻訳しなさい。

1. Windows 具有改变桌面设置、鼠标设置功能。下面介绍一下为了使操作更加方便、简洁，根据自己的需要利用这些功能进行 Windows 设定的方法。

　　　　首先介绍设定桌面容易操作的方法

　　　您是否有过"图标和控制菜单的字体太小，不容易看"的想法呢？其实，我们可以把字体的大小变大的。在桌面的空白处右手键单击鼠标，在下拉菜单上点击"属性"，这时出现"显示属性"窗口，点击"设置"，出现设定桌面和窗口色彩以及显示文字字体的画面。点击"色彩"一栏右侧的「▼」，则显示各种色彩和字体大小组合一栏，从中选定"Windows 特大字体"。点击"OK"，则画面关闭，这时桌面上的图标字体变大了。点击"开始"，出现开始菜单，菜单中的字体也变大了。

2. USB 是 Universal Serial Bus 的缩写，是电脑和外围设备接续接口的规格之一，1996 年出现，近几年得到迅速普及。

　　　USB 的第一个特点是，和其他接续方法相比接续和操作比较容易。例如，当要使用 USB 端口的外围设备时，可以插着电源直接插线。而其他规格的接口，必须先把计算机的电源拔掉，然后再接续，之后再把电源插上。

3. 和其它规格相比，使用 USB 端口的外围设备多也是它的一大特点。USB 端口的设备包括数码相机、键盘、打印机、扫描仪等很多。不管哪种外围设备都可以插到电脑的 USB 端口上就能使用了。最近出售的电脑，都配有 USB 端口。

4. 现在说明一下向硬盘里写数据和读数据的原理。理解了这个原理，就可以使计算机快速启动软件，向硬盘快速书写数据了。

　　硬盘为了写数据把盘又分成很多细小的区域。我们把这种把盘按圆心状分割的区域叫"磁道"。从上方看宛如树木的年轮。磁道自外向内按磁道 0. 磁道 1 的顺序编排号码。现在的硬盘直径约为 9 公分的盘上分有几千条磁道。磁道宽度仅有几微米（千分之一毫米），比头发丝细得多。

5. 磁道还可以继续分成扇形，称之为"扇面"。一个磁道可以分割成大约几十个扇面。这扇面是硬盘保存数据时的最小单位。

　　也就是说，把数据写到硬盘上时，如果用"第几磁道上的第几扇面"表示的话，那么就可以确定盘上的某一点。硬盘内置于微型计算机内部，可以根据指令移动磁头到指定位置，以读写数据。

　　另外，由于扇面的数量很多，因此在 windows 中用把相邻的几个扇面综合在一起的"群集系统"单位来管理。

6. 一个扇面的容量为 512 个字节，群集系统的容量根据盘的容量大小而不同，从四千个字节到三万二千个字节不等。即把八～六十四个扇面作为一个群集系统来处理。一般文件的容量都比一个群集系统大，因此，每个文件都是在两个以上的群集系统记录。

7. 肝脏是位于腹腔右上方的一个较大器官，其重量约是我们人体重量的 3～4%。肝脏里含有许多血液，呈暗红色。肝脏的功能非常活跃，我们全身所有能量的大约 12% 是由肝脏产生的。另外，肝脏中还含有比其它器官丰富的、有利于碳水化合物、脂肪、蛋白质、核酸等物质的合成及分解的酶。除此之外，我们知道的酶的大部分都存在于肝脏中。

　　从上述事实我们可以了解到肝脏在物质以及能量转换的所有领域都起着非常重要的作用，不过目前我们还不十分清楚的问题也不少。肝脏的主要功能为：

　　储藏物质　　肝脏是碳水化合物的临时储藏所，即小肠吸收的葡萄糖的一部分，在肝脏中形成肝糖被储存起来，然后根据需要再转变成葡萄糖，通过血液传输给全身。同样，脂肪也被储存在肝脏中。

　　解毒功能　　有毒物质会和食物一起进入体内，人体肠中的细菌也会产生有毒物质。当这些有毒物质随血液流经肝脏时，有毒物质会变成无毒。这是因为毒性物质通过肝脏后被分解了，变得无毒了，或者是与硫酸及葡糖醛酸结合后毒性消失了。

　　产生尿素　　蛋白质分解出来的氨，是对细胞有害的物质。人体内的氨，大部分都是在肝脏中和二氧化碳结合生成无毒的尿素，再通过肾脏排出体外的。尿素在鸟胺酸回路中产生。

　　肝脏中含有鸟胺酸。氨以及呼吸中产生的二氧化碳与鸟胺酸结合生成瓜胺酸。瓜胺酸又与单分子的氨结合生成精胺酸。精胺酸又遇水分解成尿素和鸟胺酸。鸟胺酸又重复同样的反应。

第三课　政论文

（中日两国关于面向 21 世纪加强合作的联合新闻公报）

原文：

中华人民共和国主席江泽民对日本国进行国事访问期间，中日两国就面向 21 世纪加强合作，积极推进两国致力于和平与发展的友好合作伙伴关系达成共识，并发表新闻公报如下：

一、　双边合作

双方确认，为加强两国高层对话，两国领导人每年交替访问对方国家，并建立两国政府间热线电话。

双方注意到两国经济关系在优势互补和平等互利基础上取得了很大发展，一致同意继续扩大和充实两国在贸易、投资等经济领域的合作关系。

中方注意到日本对华投资企业在中国经济发展中的积极作用，并表示将为促进日本企业扩大对华投资作出努力。日方对此表示欢迎，将为促进中日投资领域合作的进一步发展作出努力。

訳文：

中日両国の２１世紀に向けた協力強化に関する共同プレス発表

中日両国は、江沢民中華人民共和国主席の日本国への公式訪問の期間中、２１世紀に向け協力を強化し、両国が平和と発展のための友好協力パートナーシップを積極的に推進することにつき共通認識に達し、次のプレス発表を行う。

1．二国間関係における協力

双方は、両国間のハイレベル対話を強化するために、毎年交互に両国の指導者が相手国を訪問し、両政府間にホットラインを設置することを確認した。

双方は、両国の経済関係が相互補完と平等及び互恵の基礎の上に大きく発展してきたことに留意し、引き続き貿易、投資等経済分野での両国の協力関係を拡充することで意見の一致をみた。

中国側は、中国に投資する日系企業が中国経済の発展に果たす積極的な役割に留意し、日系企業の一層の対中国投資を促進するために努力したい旨表明した。日本側は、これを歓迎し、中日間の投資分野での協力の更なる発展を促進するために努力する旨表明した。

語句：

1. 新闻公报：プレス・コミュニケ。新聞公報。
2. 伙伴关系：パートナーシップ。
3. 共识：共通認識。
4. 高层对话：ハイレベル対話。
5. 领导人：指導者。リーダー。
6. 热线电话：ホットライン。
7. 优势互补：相互補完。
8. 平等互利：平等及び互恵。
9. 对华投资：対中国投資。

ポイント：

1. "中华人民共和国主席江泽民对日本国进行国事访问期间……"：这句话的时间状语太长，根据日文的表达习惯，通常把它后移，而把此句的主语"中日两国"提到最前面。于是这句话译成「日中両国は、江沢民中華人民共和国主席の日本国への公式訪問の期間中、２１世紀に向け協力を強化し、両国が平和と発展のための友好協力パートナーシップを積極的に推進することにつき共通認識に達し、次のプレス発表を行う」。
2. "就……达成共识"："就……"的译法很多，这要根据前后文的意思来决定。例如：●就着灯光看书／あかりのそばに寄って本を読む。●就赴沪之便，到杭州去看看／上海へ行くついでに杭州を見てこよう 等。此句中的"就"表示的是"关于、围绕"，因此译成「両国が平和と発展のための友好協力パートナーシップを積極的に推進することにつき共通認識に達し」。

原文：

　　日方将就第四批对华日元贷款后两年安排，向中方 28 个项目提供约 3900 亿日元的贷款。中方对此表示积极评价。

　　双方认识到，面向 21 世纪，扩大和充实科学技术、产业技术领域的合作与交流是有益的，一致同意加强在这一领域官民双方的合作，支持两国产业界开展合作研究和技术转让。

　　双方一致同意官民合作积极推进两国产业界就中国中西部地区经济开发进行合作。日方表示，日本政府将与产业界密切合作，推进在上述地区的产业合作。中方表示将在完善基础设施，改善投资环境等方面作出积极努力。

訳文：

　　日本側は、第 4 次対中円借款「後 2 年」分として、28 案件のため 3，900 億円を目途とする円借款を供与することとした。中国側は、これを高く評価した。

　　双方は、21 世紀に向け、科学技術・産業技術分野での協力と交流を拡充することは有益であると認識し、この分野における官民双方の協力を強化し、両国の産業界が研究協力と技術移転を進展させることを支持することで意見の一致をみた。

双方は、官民が協力して両国の産業界の中国の内陸部地域での経済開発に関する協力を積極的に推進することで意見の一致をみた。日本側は、政府及び産業界の密接な連携の下、この地域での産業協力を進めていく旨表明した。中国側は、インフラの整備、投資環境の改善等の面で積極的な努力を払っていく旨表明した。

語句：

1. 对华日元贷款：对中円借款。

2. 提供：提供する。供与する。供給する。　●提供参考／参考に提供する。　●提供资料／資料を提供する。

3. 扩大和充实：拡充する。

4. 基础设施：インフラストラクチャー。インフラ。

ポイント：

1. "日方将就第四批对华日元贷款后两年安排，向中方28个项目提供约3 900亿日元的贷款。"：这句话的"就……"与上句中的"就……达成共识"不同。用「～につき」的句子，后半句的谓语 般是表示「話す、聞く、考える、書く、調べる」等内容的动词，对某问题达成共识，含有就某一问题进行讨论、调查的含义，因此可以译成「～につき」。而本句中的"就……"实际上讲的是"作为……贷款的后两年安排，向中方提供……的贷款"也就是说这个贷款数额是第四批贷款后两年额度。因此不能用「～につき」来表示，应该用「として」表示。即「日本側は、第4次对中円借款「後2年」分として、28案件のため3 900億円を目途とする円借款を供与することとした」。

2. "向中方28个项目提供约3 900亿日元的贷款。"：此句中的"向"表示的是"为"，因此不能用「～に向かって」和「～に対して」表示。因为「～に向かって」和「～に対して」前面接续的往往都是人或者后半句接续的是表示对立关系的、表示朝着某一方前进含义的句子，显然和本句的意思不相符。另外，"项目"一词一般都译成「項目、プロジェクト」，而本句中要表达的"项目"更偏向于高层审理中的、认为应该处理的"项目"，因此译成「案件」更为贴切。还有，在这里加译上「目途とする」，是因为3 900亿日元是日方作出的计划数字，在没有兑现前都应该是目标。这是日语表达目标、期限时常用的词语。综上分析本句译成「28案件のため3 900億円を目途とする円借款を供与することとした」较贴切。

3. "日方表示，日本政府将与产业界密切合作，推进在上述地区的产业合作。中方表示将在完善基础设施，改善投资环境等方面作出积极努力。"："表示"一般译成「表する。表示する。示す」。●表示热烈欢迎／熱烈な歓迎の意を表する。　●明确表示态度／態度を表明する。●表示决心／決心を示す 等。而此句中的"表示"不是一般具体意思上的表示，它表达的是中日双方在对许多重大问题上的意向，因此用「～旨表明した」更准确。

原文：

日方表示，将为中国的国有企业改革、中小企业振兴及流通系统合理化等提供培养人才方面的合作。日方将运用振兴中小企业方面的政策、人才及经验等，为中国发展中小企业积极提供一系列的合作。中方对此表示欢迎。双方今后将就具体合作进行研究。

日方再次表明愿向京沪高速铁路提供技术、运营、资金方面的积极合作。中方表示，将根据京沪高速铁路立项情况，欢迎日方参与竞争。

　　双方再次确认环境保护问题的重要性及双方在该领域迄今合作的成果，一致同意根据《中日面向21世纪的环境合作的联合公报》进一步加强在该领域的合作。

訳文：

　　日本側は、中国の国有企業改革、中小企業振興及び流通システム合理化等に対して人材育成の面で協力する用意がある旨表明した。日本側は、中小企業振興に係る施策、人的資源及び経験等を活用し、中国の中小企業に対して一連の協力を積極的に実施する用意がある旨表明した。中国側は、これを歓迎した。双方は、今後具体的な協力について検討を進めていく。

　　日本側は、北京・上海高速鉄道について、技術面、運営面、資金面での積極的な協力を行いたい旨を改めて表明した。中国側は、北京・上海高速鉄道のプロジェクトの準備状況に基づき、日本が競争に参加することを歓迎する旨を表明した。

　　双方は、環境保護問題の重要性と両国の現在までのこの分野での協力の成果を改めて確認し、「日本国政府及び中華人民共和国政府による21世紀に向けた環境協力に関する共同発表」に基づき、この分野での協力を更に強化することで意見の一致をみた。

語句：

1. 国有企业：国有企業。

2. 流通系统：流通システム。

3. 培养人才：人材育成。

4. 政策：政策（政治の方策。政略；政府・政党などの方策ないし施政の方針）。施策（ほどこすべき対策）。　●对水灾的政策／水害に対する施策。　●落实党的各项政策／党の諸政策を実行に移す。

ポイント：

1. "日方将运用振兴中小企业方面的政策、人才及经验等"："运用"可以译为「運用する」、「利用する」、「応用する」、「活用する」。　●有效地运用资金／資金を有効に運用する。　●灵活运用／臨機応変に応用する。　●运用假期／余暇を活用する　等。「活用する」意思偏重于「活かして用いること。効果のあるように利用すること」。因此本句中的"运用"选择了「活用する」。"运用人才"实际上是"利用人才资源"的意思，因此这时要把"人才"两字加译成「人的資源」。

2. "为中国发展中小企业积极提供一系列的合作。"："为……"既可以译为「～にする」也可以译为「～ためにする」。例如：　●为人民服务／人民に奉仕する。　●为祖国争光／祖国のために栄誉をかちとる。　●为大多数人谋利益／大多数の人びとの利益をはかる。本句中，因为谓语为「協力を実施する」，「～に対して協力を実施する」比「～のために協力を実施する」更符合日语表达习惯，因此这句话译成「中国の中小企業に対して一連の協力を積極的に実施する用意がある旨表明した」。

3. "双方今后将就具体合作进行研究"："进行研究"译成日文为「検討を進める」，考虑到这句

話的「アスペクト」，此句译成「検討を進めていく」更加准确。

4. "根据京沪高速铁路立项情况"：首先要理解"立项"一词的含义，"立项"即确立、确定一个项目，而"立项情况"则指的是一个项目筹备的状况。因此译成「プロジェクトの準備状況」比较容易理解。

5. "一致同意根据《中日面向 21 世纪的环境合作的联合公报》进一步加强在该领域的合作。"："一致同意……"在一些比较正式的官方文件里常常出现，它的译法也较固定，即译为「～ことで意見の一致をみた」。

原文：

　　双方认识到，21 世纪能源问题的重要性，一致同意今后进一步促进在电站建设等能源基础设施建设、节能政策和措施以及清洁能源开发利用等领域的合作。两国政府将对两国产业界和学术机构开展能源及相关领域的共同研究予以支持。

　　双方将继续在农业领域特别是可持续农业技术领域加强合作。双方认识到灾后重建及预防洪灾对策的重要性，一致同意尽快就具体合作方式进行研究。与此相关，双方一致同意尽快研究并推进植树造林、森林保护等领域的官方及民间的具体合作。

訳文：

　　双方は、21 世紀におけるエネルギー問題の重要性を認識し、今後、発電所の建設等のエネルギー・インフラ整備促進、省エネルギー政策・対策及びクリーン・エネルギーの開発利用等の分野での協力を更に促進することで意見の一致をみた。両政府は、両国の産業界及び学術機構がエネルギー及びそれに関連する分野での共同研究を進めることを支持していく。

　　双方は、農業分野、特に持続可能な農業技術分野で引き続き協力を強化していく。　双方は、洪水被害の復旧及び洪水災害予防のための対策の重要性を認識し、早急に具体的な協力の進め方及び内容につき検討を進めていくことで意見の一致をみた。この関連で、双方は、植林造林・森林保全等の分野での官民双方による具体的な協力内容を早急に検討し、推進していくことで意見の一致をみた。

語句：

1. 电站：発電所。
2. 能源基础设施：エネルギー・インフラ。
3. 清洁能源开发利用：クリーン・エネルギーの開発利用。
4. 可持续农业技术领域：持続可能な農業技術分野。
5. 植树造林：植林造林。

ポイント：

1. "21 世纪能源问题的重要性"："21 世纪"与"能源问题"的关系要考虑清楚，虽然可以用「二十一世紀のエネルギー問題」表达，但是「二十一世紀におけるエネルギー問題」则更加准确。

2. "促进在电站建设等能源基础设施建设"："建设"一词这里出现了两次，是否都能译成「建

116

設」，这要看它们在句中的实际含义以及与其它词的搭配，因为"建设"的译法很多。例如：●把新中国建设成繁荣富强的工业国／新中国を富み栄えた工業国に作り上げる。 ●建设边疆／辺境を建設する。 ●建设铁路／鉄道を敷設する 等。此句中"电站建设"可以译成「発電所の建設」，而后面的"能源基础设施建设"中的"建设"，不是单独一项工程的建设，重点讲的是所有能源基础设施，因此在这里把它译成「整備」更加贴切。

3. "两国政府将对两国产业界和学术机构开展能源及相关领域的共同研究予以支持。"：这句话有可能忽视「～ていく」的使用，可能会译成「両政府は、両国の産業界及び学術機構がエネルギー及びそれに関連する分野での共同研究を進めることを支持する」。虽然原文中没有"……下去"一词，但根据整个句子的意思，应该把从今往后继续下去的意思翻译出来。

原文：

　　双方充分认识并积极评价中日青少年交流在增进两国相互了解及发展两国关系方面所发挥的重要作用，认为《中日关于进一步发展青少年交流的框架合作计划》的签署，有助于推动这一交流的不断深化和发展。双方一致同意从 1999 年起至 2003 年争取实现 15000 人规模的青少年互访交流。

　　双方认为，加强两国知识领域的交流，对提高两国交流质量，扩大交流领域具有积极意义。两国政府将对民间开展这方面活动给予支持和帮助。

　　双方认识到文化交流对加深两国人民相互理解的重要作用，一致同意进一步推进这一交流。双方考虑于 1999 年在中国举办"纪念中日文化交流协定缔结 20 周年暨中华人民共和国建国 50 周年中国电影名作特集展 1999"活动。

訳文：

　双方は、中日青年交流が両国の相互理解及び両国関係の発展に果たす重要な役割を十分認識し積極的に評価し、「青少年交流の一層の発展のための日本国政府と中華人民共和国政府との間の枠組みに関する協力計画」の署名がこの交流の不断の深化と発展のために有益であることを認識した。双方は、1999 年から 2003 年までに 1 万 5 千人規模の青年の相互訪問・交流の実現に向けて努力することで意見の一致をみた。

　双方は、両国の知的分野での交流を強化することが、両国の交流の質を高め、裾野を広げる上で積極的な役割を有していると考える。両政府は、民間におけるこのような活動に対し支援し協力していく。

　双方は、文化面での交流が両国国民の間の相互理解を深める上で重要な役割を果たしていることを認識し、これを一層推進していくことで意見の一致をみた。双方は、1999 年に中国において「日中文化交流協定締結 20 周年・中華人民共和国建国 50 周年記念中国映画名作特集 1999」を実施することを計画している。

語句：

1. 框架：枠組み。 ●混凝土框架／コンクリートの枠組み。 ●计划框架／計画の枠組み。

2. 签署：署名する。調印する。

3. 举办：開く。起こす。開設する。催す。運営する。実施する。　●举办展览会／展覧会を開く（催す）。　●举办讲座／講座を開設する。

ポイント：

1. "有助于推动这一交流的不断深化和发展。"："有助于……"与"有益于……"的译法接近，都可以译成「～ためになる」「有益だ」「得がある」「役になる」「役に立つ」。因此，本句可译为「この交流の不断の深化と発展のために有益である」或者「この交流の不断の深化と発展に役立っている」。但是作为一篇公报，译成「～のために有益である」，则说话人的意向更明确。

2. "争取实现 15000 人规模的青少年互访交流。"：如果"争取"后面跟的是名词，则译成「～を勝ち取る」「～を戦いとる」「～獲得する」。例如：　●争取胜利／勝利を勝ち取る。　●争取时间／時間をかせぐ。　●争取主动／手動権を握る。但是如果"争取"后面跟的是动词，则译成「～をめざして努力する」「～が実現するよう努力する」。例如：　●争取早日实现现代化／一日もはやく現代化が実現するよう努力する。　●五年计划争取四年完成／五ヵ年計画を四年で完遂するように努力する。

3. "扩大交流领域"："领域"的译法很多，可以译成「領域」「分野」「領分」，也可以形象地译成「裾野」，但是都需要根据句子的实际意思来决定。例如：　●侵犯邻国领域／隣国の領域を侵す。　●在科学领域里有许多事物尚未发现／科学の領分には未知の事柄が多い。　●思想领域／思想の分野。　●汽车产业领域很广阔／自動車産業は裾野が広い。

原文：

　　日方表示，为扩大两国人员往来，准备接受中国公民团队赴日观光旅游，中方对此表示欢迎。

　　双方积极评价近年来双边安全对话及在东盟地区论坛等多边场合合作方面取得的进展。确认今后将逐步扩大并充实包括国防部长互访在内的这一领域的交流，并继续就军舰互访事进行协调。

　　日方重申，根据《禁止化学武器公约》诚恳对待日本遗弃在中国的化学武器问题，承担责任并尽快采取实际步骤销毁这些遗弃化学武器。中方表示将根据《禁止化学武器公约》提供适当合作。

　　双方对今年 8 月中日就专属经济区和大陆架划界等有关海洋法问题开始举行磋商表示欢迎，一致同意在明年早些时候进行下一次磋商。

訳文：

　　日本側は、日中間の人的往来の拡大の観点から、中国人団体観光旅行の受入れを開始する用意がある旨表明し、中国側は、これを歓迎した。

　　双方は、近年における二国間安保対話及びＡＲＦ等の多国間の協力の進展を積極的に評価する。今後、防衛・国防大臣間の相互訪問を含め、この分野での交流を漸進的に拡充すること、艦艇の相互訪問について引き続き調整を進めることを確認した。

日本側は、「化学兵器禁止条約」に基づき、中国における日本の遺棄化学兵器の問題に誠実に取り組み、責任をもって可能な限り早期に実際的措置をとってこれらの遺棄化学兵器を廃棄していくことを改めて表明した。中国側は、「化学兵器禁止条約」に基づき適切な協力を行うことを表明した。

双方は、本年8月に両国が排他的経済水域、大陸棚の境界画定等海洋法に関連する問題について協議を開始したことを歓迎し、かつ、次回協議を明年早期に開催することで意見の一致をみた。

語句：

1. 双边安全：二国間安保。　●双边条约／双務条約。　●双边协定／二国間の協定。　●双边贸易／二国間の貿易。

2. 东盟地区论坛：ＡＲＦ。

3. 逐步：漸進的。次第に。一歩一歩と。　●逐步形成／しだいに形成される。　●工作逐步开展起来／仕事が一歩一歩と繰り広げられた。

4. 大陆架划界：大陸棚の境界画定。

ポイント：

1. "日方表示，为扩大两国人员往来，准备接受中国公民团队赴日观光旅游，……"："为……"一般译为「～のために」「～のため」「～に」。例如：　●为人民服务／人民に奉仕する。　●为祖国争光／祖国のために栄誉を勝ち取る。但是也有译文中不出现「～のために」「～のため」「～に」的。例如：　●为大多数人谋利益／大多数の人々の利益をはかる。本句的"为……准备接受……"则译成「日本側は、日中間の人的往来の拡大の観点から、中国人団体観光旅行の受入れを開始する用意がある旨表明し」。

2. "日方重申，根据《禁止化学武器公约》诚恳对待日本遗弃在中国的化学武器问题，承担责任并尽快采取实际步骤销毁这些遗弃化学武器。"："重申"一般译为「重ねて述べる」「再び言う」。本文因为是很正式的新闻公报，因此采用了较正式的惯用法，即「改めて表明する」。"诚恳对待……"中的"对待"根据在句子中的含义，可译成「対処する」「臨む」「あたる」「取り組む」等。例如：　●认真对待别人的批评／他人の批判にまじめな態度であたる。　●对待同志象春天般的温暖／同志にたいして春のようなあたたかな心で臨む。本句中的"对待"实际上是"着手解决、致力于"的意思，因此译为「～問題に取り組む」。例如：　●致力于难题／難題に取り組む（真剣に難しい問題を解決する）。"采取实际步骤"中的"步骤"的译法也很多。例如：　●这个工作要分三个步骤进行／この仕事は三つの段取りに分けて進めなければならない。　●有步骤地发展文化事业／順序をおって文化事業を発展させる。　●采取适当步骤／適切な措置をとる。　翻译时一定要仔细捉摸句中的"步骤"是属于阶段性的、时间上"步骤"，还是措施上的、手段上的"步骤"。

3. "一致同意在明年早些时候进行下一次磋商。"：因为是正式的新闻公报，因此"明年"最好译成「明年」，而不是「来年」。

原文：

双方一致同意，促使以《联合国海洋法公约》为宗旨，以建立两国新的渔业秩序、养护和合理利用共同关心的海洋生物资源、维护海上作业正常秩序为目的的《中日渔业协定》尽早生效，并以此为基础进行有秩序作业。

双方一致同意，作为负责任的渔业国，将在国际渔业领域进行合作。

双方一致认为，保存延至欧亚大陆的丝绸之路文化遗迹，对保护人类共同遗产是重要的。双方一致同意进行保护该遗迹的合作并实施具体保护作业。

双方共同认识到，推动发展下一代信息技术，对两国的社会经济发展将产生重要影响。双方一致同意在多媒体技术应用等信息领域加强合作，共同研究开发信息系统的示范项目。

双方一致同意继续为保护珍稀濒危鸟类朱鹮开展合作。作为中日友好的象征，中方向日方赠送一对朱鹮，日方对此表示感谢。

訳文：

双方は、「海洋法に関する国際連合条約」を踏まえ、新しい漁業秩序を両国間に確立し、共に関心を有する海洋生物資源を保存し及び合理的に利用し並びに海上における正常な操業の秩序の維持を目的とする「日中漁業協定」をできるだけ早期に発効させ、これに基づき秩序ある操業を行うことにつき意見の一致をみた。

双方は、責任を有する漁業国として、国際的な漁業の分野において協力を行うことで意見の一致をみた。

双方は、ユーラシア大陸に広がるシルクロード文化遺跡を保存することが、人類共通の遺産の保護として重要であることで一致した。双方は、その遺跡保護につき協力し、具体的な保護事業を行うことについて意見の一致をみた。

双方は、次世代の情報通信技術の発展を促進することは、両国の社会経済発展に対して多大なインパクトを与えるものであるとの認識を共有した。双方は、マルチメディア技術の応用等情報通信分野での協力を強化するとともに、情報システムのモデル・プロジェクトを共同で研究・開発することで意見の一致をみた。

双方は、稀少で絶滅の危機に瀕している鳥類トキの保護のために協力を引き続き進めることで意見の一致をみた。このため、中国側は、日中友好の証として、一対のトキを日本側に贈り、日本側はこれに感謝の意を表した。

語句：

1. 联合国海洋法公约：海洋法に関する国際連合条約。
2. 下一代：次世代。
3. 多媒体技术应用：マルチメディア技術の応用。
4. 信息系统：情報システム。
5. 示范项目：モデル・プロジェクト。

ポイント：

1. "双方一致同意，促使以《联合国海洋法公约》为宗旨，以建立两国新的渔业秩序、养护和

合理利用共同关心的海洋生物资源、维护海上作业正常秩序为目的的《中日渔业协定》尽早生效，并以此为基础进行有秩序作业。"：“养护"一词，根据词语搭配不同其意思也不同。例如： ●养护儿童／児童を養育保護する。 ●公路养护工作／自動車道路の保全作業。 此句中的"养护"实际上是让海洋生物资源不损失，原样保存的意思。因此译成「保存」（そのままの状態を保って失わないこと。現状のままに維持すること。 ●遺跡の保存。）更贴切。"以……为宗旨"一般译为「～を主旨として」「～宗旨として」。「主旨」的意思是「主な意味。中心となる意味。 ●主旨を述べる」；「宗旨」则表示的是「自分の主義・職業・趣味・嗜好など」的含义。它们都与本句中的"宗旨"不相符，从本句的含义看，此时的"宗旨"指的是"以……为依据"，译成「～を踏まえて」则更加贴切。例如： ●以友谊为宗旨进行比赛／友誼を踏まえて試合を行う。

2. "保存延至欧亚大陆的丝绸之路文化遗迹，对保护人类共同遗产是重要的。"："对……"一般译成「～について」「～にとって」「～に対して」「～に」。例如： ●你的话，对我很启发／あなたの話はわたしにとっていいヒントになりました。 ●对社会情况进行调查／社会状況について調査を行う。 ●对他们表示感谢／かれらに感謝の意を表す。 ●对具体问题进行具体分析／具体的な問題に対しては具体的な分析を行わなければならない。 ●对公共财产应该爱惜／公共の財産を愛護しなければならない。尽管都是"对……"，但是译法多种多样。因此要充分理解中文的含义。本句中"欧亚大陆的丝绸之路文化遗产"即"人类共同遗产"，所以，此句的"对……"可以译成「～として」。

3. "重要影响"："影响"一词可以译成「影響」或「インパクト」。「影響」表示的是「他に作用が及んで、反応・変化があらわれること。また、その反応・変化」。例如： ●不影响日程／日程には影響しない。 ●对政局没有影响／政局に影響を及ぼす。而「インパクト」的意思为「衝撃。強い影響や印象」。例如： ●有影响力的广告／インパクトのある広告。因此此句译成「多大なインパクト」较贴切。

4. "保护珍稀濒危鸟类"：这句话一定要充分理解后适当加译。译成「稀少で絶滅の危機に瀕している鳥類トキの保護」。

練習問題：
次の文章をよく読んだあと、日本語に翻訳しなさい。

1.

国际领域的合作

双方共同认识到，为使联合国在下个世纪发挥更加有效的作用，对联合国进行改革是必要的。双方一致同意为实现包括安理会改革、财政改革、开发领域改革等在内的联合国改革而加强磋商。

双方一致同意加强在地区问题上的协商与合作，为地区的和平与稳定发挥积极作用。双方认为，维护朝鲜半岛的和平与稳定，对亚太地区的和平与稳定十分重要，支持有关各方为此作出积极努力。

双方确认人权的普遍性，并认为各国应通过相互交流增进共识，减少分歧。双方积极评价中日人权磋商，并愿在平等和相互尊重的基础上，继续就人权问题交换意见。

双方确认，中日两国作为《不扩散核武器公约》、《禁止生物武器公约》和《禁止化学武

器公约》的缔结国，将继续信守在上述条约中承担的义务，致力于防止大规模杀伤性武器及其运载工具的扩散及有关国际合作。

双方确认多边贸易体制的重要性。中方重申愿为尽早加入世界贸易组织继续作出努力。日方表示对此继续给予支持和合作。

双方确认两国今年9月举行的关于东亚经济问题的高级磋商是有益的，一致同意今后视需要继续举行类似磋商。

双方认为，从东亚经中亚连接欧洲的欧亚大陆桥构想对整个欧亚大陆的和平与稳定具有积极意义。双方认识到完善东亚与中亚之间交通和物资流通设施的重要性，一致同意今后推进在这一领域的合作。

双方一致同意在打击枪支、偷渡、洗钱、金融经济犯罪、高技术犯罪等各种国际犯罪方面加强合作，并根据需要加强双方有关部门之间的磋商和人员交流。

双方一致同意继续合作打击毒品犯罪，并积极参加国际禁毒合作，在国际禁毒领域发挥积极作用。

2.

第11届日中文化交流政府会议（概要）

1月16日，在中国文化部举行了日中文化会议。将本会议的概要从以下几个方面进行介绍。

1. 在本会议中，就日中两国间过去2年中所进行的文化交流展开评价，并对今后日中文化交流进行展望，就人员交流，相互之间的语言学习，学术知识交流，艺术交流，文物保护与著作权等各种领域中的交流形式广泛地交换意见。

2. 尤其是本年正值日中邦交正常化30周年之际，日中双方均将今年作为"日本年"，"中国年"，准备进行为数众多的纪念活动。为使纪念活动得以顺利进行，在两国政府均积极筹备这一问题达成一致的同时，陈述了以下主旨。

○ 日中两国成立执行委员会，为实现各个活动进行积极的筹备。特别是在中国，本月初以文化部，外交部，新闻办公室为中心，成立了由16个政府部门组成的执行委员会，文化部部长孙家正先生任主席。

○ 中国方面，4月在日本举行开幕仪式，孙家正部长为了出席本开幕式将访问日本，并举行民族乐团公演，30周年纪念摄影展。

○ 日本方面，将考虑举行年轻人所关心的，包括流行文化在内的各种公演，展示与交流活动。

3. 人员交流方面，就98年签署的《关于进一步发展青少年交流的框架协助计划》达成一致后，99年开始5年间共有1万5千人规模的青年交流活动一直顺利进行这一问题，在双方都对此表示欢迎的同时，对继续有效地实施这一计划的重要性上达成了一致。

4. 在语言学习，研究领域，特别是在庆祝由日中双方共同建立的日本学研究中心顺利取得成果的同时，基于日本政府的无偿资金援助而实施的新校舍设施建设计划也顺利地进行，双方在期待本研究中心于今后发挥更大的作用方面达成了一致。

5. 在文物保护领域，我国依据联合国教科文组织文化遗产保存日本信托基金，以及文化遗产无偿援助等计划，关于大明宫含元殿，新疆库木吐喇千佛洞，龙门石窟的保存修复工作，中国方面对此表示了感谢。

6. 就中国加入WTO世界贸易组织过程中曾经被指出的中国著作权保护问题，在陈述日本方面对此问题的高度关注的同时，在两国的相关机构间就这个问题继续进行政策会议达成了一致。

7. 就下届该会议将于2004年以后的适当时期在日本举行这一问题上双方达成了一致。

第四课　新闻报道

原文：

美国进行无人月球探测机冲撞月球试验

　　美国国家航空和航天局 31 号为调查月球上是否有水，进行了无人探测机与月球冲撞后观测是否发生水蒸气的实验。去年 1 月发射的无人探测机'月球勘探者'在环绕月球的同时，对月球表面进行了探测。到目前为止探测的结果，已确认月球北极和南极附近有大量的氢，月球地表附近存在冰的可能性极大。

　　为此，美国航空和航天局在当地时间 31 号凌晨进行了使'月球勘探者'与月球表面火山口相撞的试验。由于月球南极附近的火山口最底层见不到阳光，冰长久不化的可能性很大。这次试验的目的是：用探测机与其相撞，使冰溶化，看它是否会发生水蒸气。美国航空和航天局正在通过美国本土和夏威夷的天文台，持续观测着探测机冲撞的火山口附近是否发生了变化。

訳文：

無人探査機の月面衝突実験を実施

　　アメリカ航空宇宙局（NASA）は 31 日、月に水があるかどうかを調べるため、無人探査機を月に衝突させ、水蒸気が出るかどうかを観察する実験を行いました。去年の 1 月に発射された無人探査機「ルナ・プロスペクター」は、月をまわると同時に、月面を観測しました。今までの観測の結果、月の北極と南極付近に大量の水素と月の地表近くに氷が存在する可能性が極めて大きいことが確認されています。

　　このため、NASA は現地時間の 31 日未明、「ルナ・プロスペクター」を月面にあるクレーターに衝突させる実験を行いました。月の南極付近にあるクレーターの底の部分が日に当たらないので、長く溶けないままになっている氷が存在する可能性が非常に大きいため、今回の実験の目的は、探査機をここに衝突させ、氷を溶かし、水蒸気が発生するかどうかをみるものです。NASA はアメリカ本土やハワイにある天文台を使い、探査機が衝突したクレーター付近に変化があったかどうかの観測を続けています。

語句：
1. 美国国家航空和航天局：アメリカ航空宇宙局（NASA）。
2. 月球勘探者：ルナ・プロスペクター。
3. 当地时间：現地時間。●当地人民／現地の人民。●当地驻军／当地の駐屯軍。●和当地群众相结合／地元の大衆と結合する。

123

4. 火山口：クレーター (crater)。

5. 夏威夷：ハワイ (Hawaii)。

ポイント：

1. "美国进行无人月球探测机冲撞月球试验"：此句中出现两次"月球"，因此可把"无人月球探测机"中的"月球"省略不译。即「無人探査機の月面衝突実験を実施」。

2. "进行了无人探测机与月球冲撞后观测是否发生水蒸气的实验。"："无人探测机与月球冲撞"注意不要译成「無人探査機が月に衝突する」。尽管句中没有出现"使"，从整个句子的意思看，这是一个使动句，因此要译成「無人探査機を月に衝突させ、水蒸気が出るかどうかを観察する実験を行いました」。

原文：

我国教师工资明显提高

随着社会地位的不断提高，我国教师的待遇也得到较大程度的改善，教师正在成为越来越具有吸引力的职业。据统计，从 1984 年至今的 20 年间，高校教师和中小学教师的年平均工资分别增长了 17.8 倍和 10.9 倍。

2003 年，高等学校教师年平均工资超过 2.33 万元，比 2002 年增加 2261 元，比 1985 年增加近 2.21 万元。2003 年，全国中小学教师年平均工资为 1.33 万元，比 2002 年增加 652 元，比 1985 年增加约 1.22 万元。

訳文：

中国では教師の給料が向上

社会的地位の向上により、教師の待遇はかなり改善され、教職はますます人気のある職業となっている。統計によると、1984 年から現在までの 20 年間で、大学教師と小中高校教師の平均年収はそれぞれ 17.8 倍と 10.9 倍増加した。

大学教師の 2003 年の平均年収は 2 万 3300 元を超し、2002 年と比べると 2261 元の増加、1985 年と比べると 2 万 2100 元の増加であった。また、全国の小中高校教師の 2003 年の平均年収は 1 万 3300 元、2002 年と比べると 652 元の増加、1985 年と比べると 1 万 2200 元の増加であった。

語句：

1. 工资：給料。賃金。俸給。　●工资照发／賃金を規定どおりに支給する。

2. 年平均工资：平均年収。

ポイント：

1. "随着社会地位的不断提高"：根据句子结构搭配的需要，此时的"提高"需要译成名词，因此"不断"可忽略不译，即译成「社会的地位の向上により」。

2. "教师正在成为越来越具有吸引力的职业。"：在这里"教师"译成「教職」比译成「教師」

124

要贴切，因为此句要表达的是教师这个"职业"。

3. "2003年，高等学校教师年平均工资超过2.33万元"：根据日语的排列习惯，把"2003年"排列在"高等学校教师"后面更自然，即「大学教師の2003年の平均年収は2万3300元を超し」。

原文：

来自中国的礼物朱鹮抵达日本

由中国赠送给日本的一对世界级保护鸟类"朱鹮"昨天傍晚抵达了它们的新居日本新潟县佐渡朱鹮保护中心，这对朱鹮将成为日中友好的新的象征。

这对朱鹮，友友和洋洋是去年十一月江泽民主席访日之际在拜会天皇时承诺赠送的。昨天早上，两只朱鹮在日本代表团及中方饲养专家的护送下离开陕西西安，于傍晚五点钟到达了新潟县新穗村佐渡保护中心。长年致力于朱鹮保护工作的约两百名当地居民挥动着中日两国国旗欢迎来自中国的友友和洋洋。两只朱鹮抵达当地后被送入有暖气设备的保温室。

目前，新穗村的佐渡朱鹮保护中心只有一只生于日本的朱鹮，而且年事已高。因为将来不可避免地面临朱鹮灭绝的危机，因此，人们对只有两岁，具有较高繁殖能力的友友和洋洋给予极大的期待，盼望他们的下一代能早日出生。

訳文：

中国から贈られたトキ日本に到着

日中友好の新しいシンボルとして、中国から日本に贈られた国際保護鳥のトキのつがいが、きのうの夕方新居となる新潟県の佐渡トキ保護センターに到着しました。

このトキのつがい、ヨウヨウとヤンヤンは、去年の11月、江沢民国家主席が日本を訪れた際、天皇陛下との会見で贈呈を約束したものです。2羽のトキは、きのうの朝、日本の代表団や中国の飼育専門家らとともに中国の陝西省・西安をたち、夕方の5時ごろ、新潟県新穂村の佐渡トキ保護センターに到着しました。長年トキの保護にかかわってきた地元の住民、約200名が日本と中国の国旗を振って、中国からやってきたヨウヨウとヤンヤンを迎えました。2羽のトキは現地に到着してから、暖房設備のある保温室に入れられました。

現在、新穂村の佐渡トキ保護センターは、日本のトキがわずか1羽しかいなく、しかもかなり高齢となっています。将来はトキの絶滅が避けられないだけに、いずれも2歳と若く、繁殖能力の高いヨウヨウとヤンヤンにひな誕生の期待が高まっています。

語句：

1. 世界级保护鸟类：国際保護鳥。

2. 一对：つがい。一対。カップル。 ●一对花瓶／一対の花瓶。 ●两对枕头／二組の枕。

3. 承诺：約束する。承諾する。 ●履行承诺的义务／承諾した義務を履行する。

4. 暖气设备：暖房設備。

5. 年事已高：高齢になった。高齢となっている。

ポイント：

1. "来自中国的礼物朱鹮抵达日本"：因为是标题，按照日语的表达习惯，用名词结句，即「中国から贈られたトキ日本に到着」。

2. "由中国赠送给日本的一对世界级保护鸟类"朱鹮"昨天傍晚抵达了它们的新居日本新潟县佐渡朱鹮保护中心，这对朱鹮将成为日中友好的新的象征。"："……的象征"译成日文为「～のシンボルとして」。而「～のシンボルとして」的句型，都是谓语在后，因此此句须根据日文表达习惯，把中文顺序颠倒一下。即译成「日中友好の新しいシンボルとして、中国から日本に贈られた国際保護鳥のトキのつがいが、きのうの夕方新居となる新潟県の佐渡トキ保護センターに到着しました」。

3. "长年致力于朱鹮保护工作的约两百名当地居民"："两百名当地居民"译成日文时，根据日文的表达习惯，即数量词后移的习惯，要译成「地元の住民、約200名」。例如：●房间里有三把椅子／部屋には椅子が三つある。

4. "因为将来不可避免地面临朱鹮灭绝的危机，因此，人们对只有两岁，具有较高繁殖能力的友友和洋洋给予极大的期待，盼望他们的下一代能早日出生。"：此句需要合译，即把"人们对只有两岁，具有较高繁殖能力的友友和洋洋给予极大的期待"及"盼望他们的下一代能早日出生"合译成「繁殖能力の高いヨウヨウとヤンヤンにひな誕生の期待が高まっています」。

原文：

中国汽车消费列世界第三

日前，中国国家发展和改革委员会副主任张国宝在长春举行的"扩大汽车及零部件出口研讨会"上表示，近年来中国汽车工业迅速发展，中国已成世界第四大汽车生产国和第三大汽车消费国。根据目前的发展势头，到 2010 年中国汽车生产量和消费量有可能位居世界第二，仅次于美国。

中国汽车工业正在步入一个高速发展的快车道，已经成为中国国民经济的重要产业，对国民经济的贡献和提高人民生活质量的作用也越来越大。张国宝认为，目前中国汽车产业越来越多的生产要素正在向几家大型汽车企业集团集中，产业集中度不断提高。中国一些大型汽车企业集团还在融入国际跨国汽车集团。另外，随着国内汽车市场的不断成熟和扩大，外资正在以更大的规模进入中国。

訳文：

世界第3の自動車消費国に

国家発展及び改革委員会の張宝国副主任は、長春で行われていた「自動車及びその部品の輸出を拡大するシンポジウム」で次のように述べている。「近年来の中国の自動車工業の発展は驚くべき速さで、すでに世界第3の消費国、第4の生産国となった。現在の発展の情勢に基づき、2010 年までに、中国の自動車消費台数と生産台数は、アメリカに次ぐ世界2位に躍り出るだろう」。

中国の自動車工業は現在、高成長期に入り、国民経済を支える重要産業になっていて、その貢献と大衆生活の質を引き上げる成果もますます大きくなっている。張副主任は、現在、

中国の自動車産業のますます多くの生産要素は、国際的な巨大自動車グループに集中し、集中度は絶え間なく高まっているとの考えを示した。中国の一部の大手メーカーも、多国籍メーカーに組み込まれていて、国内自動車市場の絶え間ない成熟と拡大につれて、外資の大規模な進出も進んでいる。

語句：

1. 研讨会：シンポジウム（symposium）。
2. 势头：情勢。趨勢。形勢。風向き。
3. 不断：絶え間なく。絶えず。不断。次々と。 ●不断总结经验／絶えず経験を総括する。 ●新生事物不断涌现／新しい事物がつぎつぎと出現する。 ●新生力量不断成长／新生の力が絶え間なく成長する。
4. 大型企业：大手メーカー。

ポイント

1. "近年来中国汽车工业迅速发展，中国已成世界第四大汽车生产国和第三大汽车消费国。"：按照中文的语序排列，极容易把此句译成「近年来、中国の自動車工業はすばやい発展を遂げ、中国はすでに世界第三の消費国、第四の生産国となった。」。然而，分析此句的意思，实际上"近年来中国汽车工业迅速发展"可以做"中国已成世界第四大汽车生产国和第三大汽车消费国"的状语，这样可以省去一个谓语，使之简译成一句话。即「近年来の中国の自動車工業の発展は驚くべき速さで、すでに世界第3の消費国、第4の生産国となった」。
2. "到 2010 年中国汽车生产量和消费量有可能位居世界第二，仅次于美国。"："仅次于"译成日语为「～に次ぐ」。由于「～に次ぐ」的接续要求，"居世界第二"要后移，移到"仅次于美国"之后。即「2010 年までに、中国の自動車消費台数と生産台数は、アメリカに次ぐ世界2位に躍り出るだろう」。
3. "中国汽车工业正在步入一个高速发展的快车道，已经成为中国国民经济的重要产业，"："步入快车道"如果直译成「ハイウェーに入り」，意思则不能表达明确。要根据意思，按照日语的表达习惯译成「高成長期に入り」。
4. "另外，随着国内汽车市场的不断成熟和扩大，外资正在以更大的规模进入中国"：单就"外资正在以更大的规模进入中国"看，可以译为「外資はもっと大きな規模で中国に進出している」。但是，如果是接在"～につれて"的后面，就需要变化一下了。因为「～につれて」后面，要求有变化的谓语出现。即译为「国内自動車市場の絶え間ない成熟と拡大につれて、外資の大規模な進出も進んでいる」。

原文：

中国的竞争力居世界第 46 位

　　世界经济论坛近日公布了"2004-2005 年度世界竞争力报告"。竞争力排行第一位的是芬兰，第二位是美国，中国位于第四十六位。

世界经济论坛主要以宏观经济环境、技术革新、公共机构（设施）质量这三项为基准进行评判经济体竞争力。中国的台湾省和新加坡依然是亚洲具有竞争力的两个经济体。台湾在技术领域仅次于美国，位居第二位。新加坡在宏观经济环境上多年来一直处于世界第一的位置。经济开始复苏的日本此次进入了前十位。中国的位置没有太大变化，但是宏观经济环境稳定。公共设施质量有待于进一步提高。

––

訳文：

中国の競争力は世界ランクの46位

世界経済フォーラムはこのほど「2004-2005年度 世界競争力レポート」を発表した。競争力の第1位はフィンランド、2位はアメリカで、中国は46位にランクされた。

世界経済フォーラムは、おもにマクロ経済環境、技術革新、公共機構の質という3項目の規準に基づき、経済体の競争力を評定・判断した。中国・台湾省とシンガポールは、依然アジアのなかでも競争力のある2つの経済体である。台湾は技術分野でアメリカに次いで第2位、シンガポールはマクロ経済環境においては長年、世界一である。経済が回復してきた日本は今回、ベストテンにランクインした。中国のランクに大きな変化はないが、マクロ経済環境は安定している。公共機構の質にいっそうの向上が求められている。

––

語句：
1. 论坛：フォーラム（forum）。
2. 近日：このほど、このごろ、近頃、近日。
3. 宏观经济：マクロ（macro）経済。 ●微观经济／ミクロ(micro)経済。
4. 评判：評定・判断する。 ●评判展览品／展覧品の優劣を審査する。 ●评审委员会／審査委員会。 ●评判公允／判定が公平である。
5. 复苏：回復する。復活する。 ●周期由四个阶段组成：危机、萧条、复苏和高涨／周期は恐慌、不況、回復と繁栄の四つの段階からなっている。

ポイント：

1. "中国的竞争力居世界第46位"：因为是标题，省略句尾的谓语动词「になっている」。所以译成「中国の競争力は世界ランクの46位」。

2. "经济开始复苏的日本此次进入了前十位。"："开始复苏"按照中文字面意思很容易译成「回復し始まる」，但是此句话强调的不是开始的那一时刻，而是从开始复苏到进入前十位的变化过程，因此译成「回復してくる」则更能体现这句话的含意。

––

練習問題：
次の文章をよく読んだあと、日本語に翻訳しなさい。

1. 初步核算，今年上半年中国的 GDP（国内生产总值）为5万8773亿元，比上年增长9.7%，

增长率和去年同期相比增长了 0.9 个百分点。

2．据中国网络信息中心（CNNIC）统计，到 2004 年 6 月 30 日为止，中国的网络用户总数达到了 8700 万人，与上年同期相比增加了 27.9%。是 1997 年 10 月第一次的调查结果（62 万人）的 140.3 倍。

3．今年上半年，城市、乡镇居民平均收入为 4815 元，比去年增加了 11.9%，减去物价上涨因素实际增加了 8.7%，增加幅度与去年相比增加了 0.3 个百分点。

4．到 2004 年 7 月 15 日为止，可以在中国经营人民币业务的外资银行机构已经达到了 100 家，占外资银行机构总数的 50%，上半年，中国外资银行人民币资产总额为 844 亿元，与上年同期相比增长了 49%。

5.   上海不鼓励丁克家庭

　　2004 年下半年开始，上海实施了有关"独生子女政策"的新条例"上海市人口和计划生育条例"。不奖励丁克家庭，并放宽了生育第二胎的条件。

　　2003 年上海人口自然增长率为负 3.24%，加快了老龄化的进程。小家庭成为上海主要的家庭形式，平均每户人口为 2.8 人。为了防止这种趋势的发展，新条例取消了以前的"第二胎与第一胎的间隔年限规定"。同时，丁克家庭的夫妇退休时不再像以前那样享受一次性奖金。另外，夫妇双方都是独生子女以及中年人再婚时，允许生育第二胎。

6.   日本决定帮助发展中国家解决"千年虫"问题

　　在公元 2000 年，世界上的一部分电脑将会出现误差，这被称为'2000 问题'，即所谓'千年虫'问题。为了帮助发展中国家解决这一问题，日本国际协力事业团决定邀请发展中国家的有关人士前来日本进修。

　　在 2000 年，任何一个国家发生的电脑误差，都可能通过互联网波及到其他国家。国际协力事业团将首先于本月下旬邀请越南、巴布亚·新几内亚和智利等亚太经济合作组织成员国的有关负责人前来日本进修。在进修时，日本政府和电脑行业的有关人士将在防止出错的'程序修正'方法和假设 2000 年的测试方法，以及如何制定对付微机的管理方法等方面提出建议和忠告。

7.   新疆实施天然林保护新措施

　　新疆乌鲁木齐自治区 2005 年开始取消每年采伐 8 万立方米天然林的计划。新疆有 177 万公顷的天然林，这些天然林保持着新疆 80% 以上的水力资源。然而，由于山林"老化"日趋严重，必须加紧人工林和幼林的生长保护。为了全面保护和恢复天然林资源，新疆决定在今后 10 年中，在天山山脉和阿尔泰山脉山脚下种植 500 万亩的森林。

8.   台湾中部发生强烈地震

　　据台湾的中央救灾指挥中心消息，今天凌晨发生在台湾中部的强烈地震，截止到日本时间下午 2 点，至少已经造成 657 人死亡，900 人受伤，另外还有 1200 多人下落不明，抢救工作目前正在紧张进行。这次地震发生在当地时间今天凌晨 1 点 45 分左右，震中位于台北西南偏南方向 145 公里处的南投县附近，地震的震级据推算为里氏 7 点 6 级。

　　另据台湾当局的消息说，目前已有 3 万栋建筑物倒塌，在震中附近台湾中部南投县以北的台湾近一半的地区，有 650 万户停电，相当大范围内的电话也处于不通的状态。为此，各县、

市的学校和企业都停止上课、上班。在受灾最严重的南投县，一处造酒厂燃起熊熊大火，县政府办公楼和变电站等大约 100 栋建筑物倒塌。目前，大约 2000 名士兵正在紧张地抢救被压在废墟里的人。灾区在发生地震后，已持续发生了 1000 多次余震，其中最强烈的为里氏 6 点 8 级。中央救灾指挥中心发言人说："现在还很难掌握这次地震的受灾情况"，估计今后死伤人员有可能进一步增加。

第五课　小　说

(《火车在黎明时到达》(节选))

原文：
　　夜，已经很深了，可是我毫无倦意。车窗外边儿，广漠的、黑黝黝的天空中，那皎洁的月亮急急忙忙地追赶着火车，陪伴着火车，久久不愿离去……这真是一次难忘的、令人百感交集的旅行。
　　女儿安安静静地睡了。借着昏暗的灯光，我不由自主地仔细地端详着她。此刻她的眼睛闭着，长长的黑睫毛轻轻地搭在下眼帘上。凡是见过我女儿的人都说她漂亮，可是赞叹之后又不约而同地要加上一句——可惜是……。我真不愿意说出这两个字。我想大声地说，她的眼窝里藏着两颗明亮的星星！(父亲的独白)

訳文：
ミンミン　父との旅路

　　夜はシンシンと更けていたが、わたしは少しも疲れを感じなかった。車窓の外に広がる黒い夜空に浮かんだ月は急ぎ足に列車のあとを追い、いつまでも離れようとしない。こんどの汽車の旅は、万感こもる忘れ難い旅だった。
　　娘は静かに眠った。ほのかな電灯の明かりのもとで、わたしは何か憑かれたように、じっと娘を見つめていた。娘は目をつむっている。長くて濃いまつげが、下まぶたに軽く影を落としていた。娘に会った人は、みんな口をそろえて、きれいな娘さんだと言う。だが、称賛に続いて、きまって「惜しいことに～」という一言が付け加えられるのだ。そのあとの二文字を口にするのは耐えられない。わたしは大声で叫びたかった。娘のあの目のくぼみには、キラキラ輝く星がふたつ、隠されているのだと。(父のモノローグ)

語句：
1. 毫无倦意：すこしも疲れを感じない。いささかも、少しも～ない。　●我太笨了，学开车，看来毫无希望／私はとても不器用だから、運転を習うのは、どうやら見込みはないようね。　●这件事情跟你毫无关系，你就别管了／この事は君とはまったくかかわりのないことだから、口出しをしないほうがいいよ。
2. 昏暗的灯光：ほのかな電灯の明かり。　●太阳下山了，屋里渐渐昏暗起来／太陽が沈んで部屋の中はだんだん暗くなってきた。
3. 不由自主：何か憑かれたように。思わず。覚えず。　●看到这种动人的场面，就不由自主地掉下了眼泪／このような感激的場面を見て、思わず涙をこぼした。　●他不由自主沿着箭头指引的方向挪动着脚步／彼は知らず知らず矢印の方向へ足を運んでいた。

131

4. 不约而同：きまって。まるで申し合わせたかのように。期せずして一致する。　●大家不约而同地齐声笑了起来／みんなは期せずして一斉に笑い出した。　●听到这个好消息，同学们不约而同地跳了起来／このビッグニュースを聞いて、学生たちは例外なく踊りだした。

ポイント：

1. "火车在黎明时到达"：小说名、电影片名的翻译，大多采用意译。书名或电影片名的概括性极强，不同文化其概括方法及重点也不同，此时若是直译，那么很难把作品的中心内容反映过去，因此一般都采用意译。本句根据小说的内容，译成「ミンミン　父との旅路」。
2. "她的眼窝里藏着两颗明亮的星星！"：由于表达习惯的不同，中文的"她"或者"他"很少译成日文的「彼女」或「彼」，一般都是根据人物关系译成相应的称呼。本句中的"她"译成「娘」更符合日文表达习惯。

原文：

　　我茫然地离开了医院，冒着冰冷彻骨的大雪，漫无目的地走了很久很久。我终于认识到自己是无力和命运抗争的。可是，我不能让女儿就这样走入一个漆黑的世界啊！我要让她在最后一丝光明丧失之前，去看一看巍峨的万里长城，去看看秀丽的桂林山水，看看莽莽的原始森林，看看滔滔的汪洋大海……。

　　于是，我变卖了所有值钱的东西，带着她踏上了周游全国的旅程。那次旅行的最后一站，就是现在要去的滨海城市。我清楚地记得，当时我们坐在突兀的礁石上，静静地观看着大海上的最后一抹晚霞。（父亲的独白）

訳文：

　　私は茫然自失したまま病院を出て、降りしきる大雪と骨を刺す寒さの中を、あてどもなくさまよい続けた。ついに私は運命の神に逆らうすべの無いことを悟った。だが、娘をこのまま闇の世界に行かせるには忍びなかった。娘が最後のひとすじの光明を失う前に、あの雄大な万里の長城を、美しい桂林の山水を、果てしない原始林を、とうとうと波打つ海を、どうしても見せてやりたい……。

　　そこで私は、金めの物を洗いざらい売り飛ばし、娘を連れて全国周遊の旅に出た。その旅の終着駅こそ、いまわたしたちが行こうとしている浜海市だった。私は今でもはっきりと覚えている。あの時われわれ親子ふたりは、険しい岩の上に座って、大海原の最後の夕焼けを静かに眺めていた。（父のモノローグ）

語句：

1. 茫然：茫然自失。茫然としている。漠然としている。うかうかとしている。ぼんやりとしている。　●茫然不知／さっぱり知らない。　●学校是毕业了，可是想到前途竟很茫然／学校は卒業したが前途のことを考えるとすごぶる漠然としている。　●我于这些事情茫然得很／私はこういうことについてはさっぱりわからない。
2. 漫无目的地：あてどもなく。　●漫无目的地徘徊／あてどもなくさまよう。
3. 终于：ついに。とうとう。　●试验终于成功了／実験はとうとう成功した。　●渴望的日子

132

终于来到了／待ち焦がれていた日がついに来た。

4. 莽莽的：果てしない。生い茂る。　●林木茂密，野草莽莽／樹木が密生し、草が生い茂る。　●莽莽草原无边无际／広々とした草原が果てしなくつづいている。

5. 滔滔的：とうとうと波打つ。　●白浪滔滔，无边无际／白浪とうとうとして、果てしも無い。

ポイント：

1. "冒着冰冷彻骨的大雪，漫无目的地走了很久很久。"："冒着……"一词的译法很多，要根据在句中的实际意思进行翻译。例如：　●小张冒着生命危险救了别人／張さんは命の危険を冒して、見知らぬ人を助けた。　●我们冒着大雨去看足球比赛／私たちは大雨の中を、サッカーの試合を見に行った。　●冒着敌人的炮火前进／敵の砲火をものともせず前進する。本句采可用「～を、～」句型，即「降りしきる大雪と骨を刺す寒さの中を、あてどもなくさまよい続けた」。

2. "可是，我不能让女儿就这样走入一个漆黑的世界啊！"："不能……"在这里不是一般意思上的能与不能，而是"不忍心""不能容忍"的意思。因此不能译成「できません」「行かせることができません」，要译成「忍びない」。"就这样"可以译为「このまま」「こうして」。例如：　●我不能就这样跟你分手／私はこのままで、君と別れるわけにはいかない。　●我就这样开始了新的生活／こうして私は新しい生活を始めた。

3. "我变卖了所有值钱的东西"："值钱"可以译为「高価である」、「値打ちがある」、「価値がある」或者「金目のもの」。从整个文章的内容上看，选择「金目のもの」（お金に換算して、高い値になること）更贴切，因此译成「金めの物を洗いざらい売り飛ばし」。而其中"所有"的译法之所以选择「洗いざらい」（そこにある物の全部。残らず。何でもかんでも。）也是出于意思更加形象、贴切的原因。

4. "我清楚地记得，当时我们坐在突兀的礁石上，静静地观看着大海上的最后一抹晚霞。"：这句话比较长，译成日文时可以采用拆译的方法。即把"我清楚地记得"译成一个独立句，句末用一个接续助词「が」连接一下就可以了。另外，"一抹"的译法，需要提醒一下。中文喜欢使用数量词，类似"她戴着一定黄色的帽子从对面跑了过来。""她脸上露出一丝微笑""她还抱着一线希望"的表现很多。由于日文不习惯这种数量词表现，翻译时可忽略不译或者用其它副词代替。上面的例句可以分别译成「彼女は黄色い帽子をかぶって向こうから走ってきた」「彼女は顔にかすかな笑いを浮かべた」「彼女はそれでもまだ、かすかな希望を持っていた」。

原文：

　　我由着性子，在爸爸的少年体校里大大地折腾了一番。当时我觉得自己是天底下最受委屈的人。爸爸也接连一个多星期没有了笑声。后来我才知道，爸爸为了给我买衣服，下班后饿着肚子跑遍了所有的大商店。可是红衣服就是买不到，爸爸只好请一个在电视台搞服装设计的阿姨当参谋，精心挑选了这件雪青色的衣服。好心的爸爸怕我知道穿在身上的不是红衣服会失望、会不高兴，就悄悄地瞒着我——可怜天下父母心呐！

　　此刻我多想对爸爸说一声：原谅我，爸爸。可——可我说不出来，我只觉得心里沉甸甸的。是啊，"谁言寸草心，报得三春晖"。在那逝去的二十个春秋里，爸爸给了我双倍的爱，每当我

感到孤独，受到欺负的时候，我都会想到爸爸粗壮的手臂、宽厚的胸膛和那慈母般的心。

訳文：

　　その日、わたしは父さんの勤めている少年体育学校で思い切り騒ぎ立てた。その時私は自分がこの世界でいちばん悔しい思いをしている人間だと思った。父さんの笑い声も一週間以上聞くことはなかった。後でわかったことだが、父さんはわたしの赤い服を ̍うために、退勤後、空腹のまま町中の店をまわったそうだ。どうしても赤い服が見つからなかったので、父さんはテレビ局の衣装デザインをやっているおばさんにアドバイザーになってもらい、丁寧に選び抜いた末、薄紫色のこの服を買ったのだった。そして心やさしい父は、身につけているのが赤い洋服ではない事を知ったら、わたしががっかりするだろうと思って、ひそかにわたしに本当のことを隠していたのだ。親の気持ちってこんな風なんだわ。

　　いまこの時、わたしは父さんに「ごめんなさい、父さん」と一言あやまりたい気持ちでいっぱいだ。だけれど、言葉にならない。心が重いのだ。「しがない草のような存在で、どうやって春の太陽のような親の心に報いることができるというのか」過ぎ去った20年の間に、父さんはわたしに人一倍の愛をくれた。寂しいとき、いじめに遭うたび、いつもわたしは父さんのがっしりした腕と幅ひろい分厚い胸、それに慈母のような心を思うのだった。

語句：

1. 由着性子: 思い切り。思う存分。
2. 委屈: 悔しい。不満だ。無念だ。残念だ。　●辛苦了半天还受埋怨，觉得很委屈／さんざん苦労したあげく文句を言われるのだから悔しくて仕方がない。　●一肚子委屈／腹いっぱいの不平。　●对不起，委屈你了／すみません、大変失礼しました。（すみません、君につらい思いをさせました）
3. 参谋: アドバイザー。知恵を貸す。相談相手になる。　●怎么办才好，请你给我参谋一下／どうしたらいいのか、ちょっと知恵を貸してくれ。　●你买什么，我给你参谋／何か品物を買うのだったら、相談相手になってあげてもいいよ。
4. 精心: 丁寧に。丹念に。綿密に。全力をあげる。　●精心培育／丹念にはぐくみ育てる。　●精心治疗／苦心して治療する。

ポイント：

1. "当时我觉得自己是天底下最受委屈的人"："天底下"如果直译的话，会让读者很费解，因为日本人不习惯使用这样的表达。此时应在理解原文意思的基础上，译成日本人习惯的表达，即「世の中」「世界上」「この世界」。例如：　●天底下竟有这样的事／世の中にこんなことがあろうとは。
2. "爸爸也接连一个多星期没有了笑声"：此句如果译成「父さんには一週間以上笑い声がなかった」，则只是给读者传达了父亲没有笑这个信息，与女儿没有任何关系。而如果译成「父さんの笑い声も一週間以上聞くことはなかった」，则会在读者面前展示一幅父女闹别扭后的家庭气氛。即从女儿「聞くことはなかった」这个视点翻译，会使译文更加生动。
3. "可是红衣服就是买不到"："买不到"译成「見つからなかった」，则更能体现父亲出入大小

商店，为了买到那件红衣服的辛苦场面。

4. "好心的爸爸怕我知道穿在身上的不是红衣服会失望、会不高兴，就悄悄地瞒着我。"：为了使译文语言简洁、准确，此句采用了简译和加译。"会不高兴"在这里没有译出来，原因是前面的「がっかり」已经包含了此意，如果再加上「喜ばない」就显得太罗嗦了。而"悄悄地瞒着我"如果译成「ひそかに私に隠している」，则会显得意思不明确，虽然前面已经明确了隐瞒的内容，但是此时把隐瞒的内容再强调一下则更符合日文的表达习惯。即「ひそかにわたしに本当のことを隠していた」。

5. "谁言寸草心，报得三春晖"：像这种日文中不存在相对应的表现时，只能按照意思解释过去了。即「しがない草のような存在で、どうやって春の太陽のような親の心に報いることができるというのか」。

原文：

　　是啊，在爸爸面前我没有什么可以隐瞒的。对我这样一个盲姑娘来说，家可真是一个躲避风浪的港湾啊。我不愿意失去它，我不愿意让别人来分享爸爸的爱。正是因为这个缘故，我在这平静的港湾里掀起过一个不小的波澜。记得有一次，盲童学校的大客车送我们回家，天正下着雨……。我一个人孤零零地站在候车亭下，忽然觉得四周是那么的空寂，风裹着冰凉的雨水扑在我的脸上，我的心也不由得打了个寒颤——爸爸怎么还不来接我呀？会不会带射击队去比赛了？——对！爸爸决不会忘记来接我的，他一定是病了，也许现在正躺在床上，起不来呢。想到这儿，我冒着雨，急急忙忙地摸索着朝家里走去……。

訳文：

　　そう、父さんの前では何も隠したてはできない。わたしのような目の見えない娘にとって、家は、荒波を避けられる港のようなものだ。わたしはその港を失うのを恐れた。ほかの人が、父の愛を分かち合うのを許せなかった。そのために、わたしは静かなこの港で、荒い波風を立てたことがある。忘れもしないその日、わたしは盲学校のスクールバスに送られて帰ってきた。雨が降っていた～。わたしはひとりぼっちで停留所に立っていた。突然、まわりがひっそりとしているのに気が付いた。冷たい雨が風といっしょに顔にたたきつける。わたしは思わず心の底から身震いした。父さんはなぜ迎えに来ないのだろう。射撃チームを引率して試合に行ったのかしら。でも、そんなこと言っていなかった。病気なのかも。そうだ。父さんが出迎えを忘れるはずはない。きっと病気なのだ。もしかしたらいま父さんはベッドに倒れたまま、起き上がれないのかもしれない。そう思うと、わたしは降りしきる雨のなかを、手探りしながら、家の方へ向かって急いだ。

語句：

1. 分享：分かち合う。 ●分享甘苦（同甘共苦）／苦楽を分かち合う。
2. 波澜：荒い波風。波頭。波乱。 ●这部小说的情节，波澜起伏很有意思／この小説の筋は波乱に富んでいてとても面白い。
3. 大客车：スクールバス（校车）。バス。

4. 孤零零：ひとりぼっち。孤独だ。　●一个人孤零零的／一人ぼっちでさびしい。　●一所孤零零的房子／孤独に立っている一軒家。

ポイント：

1. "家可真是一个躲避风浪的港湾啊"：此句的翻译要注意「～ようだ」的使用。因为家不可能是港湾，它是一个比喻的说法。中文的比喻表现有时不出现"好象、似乎"等词句，翻译成日文时一定不要忽略。即「家は、荒波を避けられる港のようなものだ」。

2. "记得有一次"："记得"一般译成「覚えている」，例如：　●你还记得吗？／まだ覚えているでしょう。而此句中的"记得"强调的是"没有忘记"，因此译成「忘れもしないその日」更贴切。

3. "风裹着冰凉的雨水扑在我的脸上"："裹着"译成日文为「つつむ」，而"风裹着冰凉的雨水"就不能使用「つつむ」或「くるむ」表达了。因为「くるむ」表示「布・紙などを幾重にもおおったり、ぐるぐる巻きつけたりして、内部の物を保護する」。而「つつむ」则表示「一枚の紙や布を遣い、形にそって一面におおうようにする」。像"风"这样的无形的自然现象是不能用上述两个单词来表示的。此外，"扑"也是如此，它们都属于中文独特的修辞方式，要在充分理解之后译成恰当的日文。即「冷たい雨が風といっしょに顔にたたきつける」。

4. "会不会带射击队去比赛了？——对！爸爸决不会忘记来接我的，他一定是病了，……。"：这段话需要加译。如果直接译成「射撃チームを引率して試合に行ったのかしら。そうだ。父さんが出迎えを忘れるはずはない」会让人感到很突然，鉴于日文思维及表达的细腻、形象，这时如果把上句译成「父さんはなぜ迎えに来ないのだろう。射撃チームを引率して試合に行ったのかしら。でも、そんなこと言っていなかった。病気なのかも。そうだ。父さんが出迎えを忘れるはずはない。きっと病気なのだ。」就自然多了。

原文：

爸爸：敏敏，怎么不睡了？

敏敏：我睡不着，想到车窗边上去坐坐。

爸爸：来，披件衣服，小心着凉。

敏敏：嗯。爸爸，你陪陪我。

爸爸：唉。

　　我和女儿默默地相对而坐。银色的月光勾勒出她娇美的身段。我久久地注视着她，就像在欣赏一尊精美的雕塑。是啊，这作品是我二十年心血的结晶。我为有这样的女儿而自豪。我曾经像母鸡爱小鸡那样地爱她，我曾经竭力去为她修补那颗因为失明而受了创伤的心。

訳文：

　　　父：ミンミン、もう寝ないのかい？

ミンミン：眠れないの。窓のそばに座っていたいわ。

　　　父：上着を肩にかけなさい。風邪を引かないように気をつけないと。

ミンミン：父さん、そばに座って。

136

父：いいよ。

　わたしと娘は向かい合って座った。銀色の月明かりが娘の若く美しい体の線を、くっきりと浮き彫りにしていた。私はじっと娘を見つめていた。まるで精巧な彫刻を鑑賞するように。そうだ、この作品は、わたしが20年の心血を注いだ結晶なのだ。このような娘を持ったことをわたしは誇りに思う。これまで、わたしはまるでめんどりがひよこをかわいがるように娘を慈しんだ。失明した娘の心の傷をいやそうと、全力を尽くしたものだった。

語句：

1. 披：肩にかける。ひっかける。まとう。　●披着衣服／着物をひっかけている。　●把大衣披在身上／体にオーバをまとっている。

2. 月光：月明かり。月光。

3. 勾勒：輪郭をとる。くっきりと浮き彫りにする。　●勾勒出英雄们的肖像／英雄たちの肖像の輪郭をとる。

4. 身段：体の線。スタイル。身のこなし。体つき。　●她身段长得好／彼女は体つきがすらっとしている。　●身段优美／身のこなしが上品である。

5. 自豪：誇りに思う。誇りとする。　●感到无比高兴和自豪／このうえない喜びとほこりを感じる。

ポイント：

1. "爸爸，你陪陪我。"："陪"在这里如果译成日文「おともする」「お付き合いする」则非常抽象，不符合日文的表达习惯。这时要是把隐含在"陪"后面的实际行为、动作译出来，就非常形象了。即「父さん、そばに座って」。

2. "我和女儿默默地相对而坐。"："默默地"在这里没有必要特别强调，可以忽视不译。即「わたしと娘は向かい合って座った」。

3. "我曾经像母鸡爱小鸡那样地爱她"：此句中的"爱"应理解为"疼爱"更准确，即应译成「慈しむ」或「可愛がる」。而「慈しむ」表示「愛する。可愛がる。大切にする」，因此更贴切。另外，"曾经"在这里译成「これまで」或「いままで」比「かつて」「一時は」「前に」更准确。

4. "竭力去为她修补那颗因为失明而受了创伤的心。"："受了创伤的心"按照中文的语序，应该译为「傷を受けた心」，但是「癒す」要求的对象是「傷」或者是「病気」，而不是「心」。因此，翻译时要把"受了创伤的心"颠倒一下语序，译成「心の傷」。即中文是"修补……受了创伤的心"而日文是"修补……心里的创伤"。

_____

原文：

　无师自通是困难的。对我这样一个射击队的教练来说，弹琴完全是外行。我替敏敏找了一个辅导老师。每星期二、六的晚上，我和女儿一起去听课。我帮她记笔记，帮她录资料。我用我的眼睛帮她记下演奏时候的各种细部的要求，回到家里再慢慢儿地反哺给她。

　我一边儿倒盲童学校去学习盲文，一边儿给敏敏翻译几首著名的乐谱。我告诉她，"有志者事竟成"。我告诉她，优美的旋律对于一个失去了视觉的盲人来说，好比是一条清亮的小溪，一

朵带着露水的鲜花，一只无拘无束、自由嬉闹的小鸟。我告诉她，通往艺术殿堂的道路必须从脚下走起。我精心为女儿描绘了一幅蓝图。可是有一天，琴声忽然终止了……。

訳文：

　　先生無しでは、上達は望めない。射撃隊のコーチのわたしは、ピアノについては全くの門外漢だ。そこでレッスンの先生をお願いすることにした。毎週火曜と土曜の夜、わたしと娘はいっしょに先生の所へ行ってレッスンを受けた。娘の代わりにノートをとり、資料を録音した。演奏についての細かい注意事項を、娘の代わりに自分の目でメモをとり、家に帰ってから、繰り返し娘に話して聞かせた。

　　わたしは盲学校に通って点字を覚え、名曲の楽譜をいくつかミンミンのために点訳した。わたしは娘に言った。「志ある者は必ず成功する。」また、こうも言った。視力を失った盲人にとって、美しい旋律は、清らかな小川のせせらぎ、露にぬれた花、思う存分遊びたわむれる小鳥のようなものだ。芸術という殿堂に通ずる道は、まず第一歩から始めなくてはならない、と、わたしは、娘のために、心をこめて1枚の青写真をつくりあげた。ところが、ある日突然ピアノの音がバッタリ止まった。

語句：

1. 无师自通：独学でマスターする。
2. 外行：門外漢。素人。●在音乐方面我是外行／音楽では、私は門外漢だ。　●由外行变为内行／素人が玄人になる。
3. 听课：レッスンを受ける。授業を受ける。
4. 记笔记：ノートをとる。
5. 盲文：点字。点字文。
6. 蓝图：青写真。青図。予想図。ブルー・プリント。　●国家建设的宏伟蓝图／国家建设の雄大な青写真。

ポイント：

1. "无师自通是困难的。对我这样一个射击队的教练来说，弹琴完全是外行。我替敏敏找了一个辅导老师。"：通过仔细阅读我们知道"无师自通是困难的。对我这样一个射击队的教练来说，弹琴完全是外行"是"我替敏敏找了一个辅导老师"的原因，因此不要忘记在这两句话之间加译「そこで」，以使句子与句子间的逻辑贯通。
2. "有志者事竟成"：像这样经常使用的固定表达，不需再自行翻译，最好按照固定译法翻译。即「志ある者は必ず成功する」。
3. "优美的旋律对于一个失去了视觉的盲人来说，好比是一条清亮的小溪，一朵带着露水的鲜花，一只无拘无束、自由嬉闹的小鸟。"：根据日文的表达习惯，这里的"一个"、"一条"、"一朵"、"一只"都忽略不译。"好比"译为「あたかも」「ちょうど」「まるで～のようなものだ」。例如：　●他急得好比热锅上的蚂蚁／彼はまるで熱い鍋の中のアリのように焦っていた。　●小李好比鱼儿得水，精神得很／李さんはまるで水を得た魚のように、元気いっぱいです。

138

4. "通往艺术殿堂的道路必须从脚下走起。":"脚下"不能简单地理解为「足元」。"从脚下走起"
   不能译成「足元から始める」,应该译成动感的「第一歩から始める」。

原文:

　　哭!你还好意思哭!我为了买这个钢琴,弄得家里四壁空空的,你知道吗?为了省点儿钱,
替你请家庭教师,我已经好几个月没吃肉了,你知道吗?为了让你早点儿成才,我整夜整夜地
睡不着,你知道吗?我总是要老的,我不能管你一辈子!我老了,你怎么办呢?一个盲人,什
么本领也不学,那样我到了九泉之下也不会瞑目的……

訳文:

　　何を泣くんだ。どの面さげて泣けるんだ。このピアノを買うために、家中スッカラカンに
なった。先生のレッスンのお礼をひねり出すために、父さんはもう何ヶ月も肉を食べていな
いんだぞ。お前を一日も早く一人前にするために、父さんは一晩中眠れない日が続いている
んだ。お前、分かっているのか。わたしはだんだん歳をとる。一生お前の面倒を見るわけに
はいかない。父さんが死んだらお前はどうなるんだ?目が見えないのに、何も勉強しようと
しない。それでは、父さんは死んでも死に切れない〜。

語句:

1. 成才: 一人前になる。一人前にする。　●这孩子将来会成才的／あの子は将来物になりそ
   うだ。
2. 整: 全部。全体。まる。かっきり。　●整天／一日中(まる一日)。　●整套机器／部品一
   式つきの機械。　●整版报纸／新聞の一面。
3. 九泉之下:九泉の下。草葉の陰。あの世。　●含笑于九泉下／草葉の陰でほほえむ。
4. 瞑目:瞑目する。　●死不瞑目／死んでもめいもくできない。

ポイント:

1. "哭!你还好意思哭!":像这种日常生活中常用的句子,一定不要按照字面逐字翻译,这时
   要按照各自的表达习惯来翻译。按照字面翻译尽管语法没有错误,但是日本人平时不这么说,
   会显得很不自然。这句话日文这样表达「何を泣くんだ。どの面さげて泣けるんだ」。
2. "我为了买这个钢琴,弄得家里四壁空空的":"四壁空空"这个表现很形象,但是译成日语
   却有点难度。但是,有一点很明确,那就是译文也应该是很形象的表现。「すっからかん」
   是「すっかりなくなる」和「あっけらかん」的合成语,表示「全くからっぽであること。
   何一つ残っていないこと」,属于通俗的日常用语,很形象,作为生气的父亲的话语很合适。
   此句可译成「このピアノを買うために、家中スッカラカンになった」。
3. "为了省点儿钱,替你请家庭教师,我已经好几个月没吃肉了":这句话如果不仔细分析,按
   照中文的语序会把"为了省点儿钱,替你请家庭教师"译成「お金を節約して、先生のレッ
   スンのお礼にするために」。但是,作为修饰后面的"我已经好几个月没吃肉了"的状语似
   乎不很搭配。即日文的词语搭配"为了省钱,没吃肉"比"为了替你请家庭教师,没吃肉"
   更自然。因此这时需变化一下"为了省点儿钱,替你请家庭教师"的语序,把它变成"为了

139

省出替你请家庭教师的钱"，译成日文为「先生のレッスンのお礼をひねり出すために」。用这个状语句再来修饰后面的句子就显得自然多了。

4. "我总是要老的，我不能管你一辈子！"："总"的译法很多，需要根据具体情况具体分析。例如： ●这几天总是那么冷／ここ数日は毎日のように寒かった。 ●社会总是要变的／社会というものはいつかは変わるものだ 等。在这里"总"表达的是客观规律，即"人是会逐渐地、一点一点地变老的"。因此"我总是要老的"译成「わたしはだんだん歳をとる」即可。

5. "我老了，你怎么办呢？"：这句话中的"我老了"实际意思是"我动不了了""我不在了"，总之是不能再照顾你了。前句已经用过了「歳をとる」，这时明确地把"我老了"译成「父さんが死んだら」，比含糊不清地译成「父さんが年取ったら」更能把说话人的意图传达过去。即「父さんが死んだら、お前はどうなるんだ？」

6. "什么本领也不学"："本领"在这里可以忽略不译。「何も勉強しようとしない」。

（选自翟新华 史美俊的《火车在黎明时到达》，译文参考 NHK 汉语讲座应用篇（1998 年 8 月～1999 年 1 月））

練習問題：
次の文章をよく読んだあと、日本語に翻訳しなさい。

1．我于是日日盼望新年，新年到，闰土也就到了。好容易到了年末，有一日，母亲告诉我，闰土来了，我便飞跑的去看。他正在厨房里，紫色的圆脸，头戴一顶小毡帽，颈上套一个明晃晃的银项圈，这可见他的父亲十分爱他，怕他死去，所以在神佛面前许下愿心，用圈子将他套住了。他见人很怕羞，只是不怕我，没有旁人的时候，便和我说话，于是不到半日，我们便熟识了。

2．我在朦胧中，眼前展开一片海边碧绿的沙地来，上面深蓝的天空中挂着一轮金黄的圆月。我想：希望本是无所谓有，无所谓无的。这正如地上的路；其实地上本没有路，走的人多了，也便成了路。

3．木栅栏上抽出一些嫩绿的枝条。有柳树枝条，有杨树枝条，有的树干腐烂了，不抽枝条，生出一些黄色的木耳或是乳白色的小蘑菇。我们喝完了粥就把着木栅栏看外边的风景，手掰着木杆上的小蘑菇吃着看到栅栏外的街道上来来回回走动着一些外乡口音的民工，一个个蓬头垢面，无精打采。我们在这些民工中寻找亲人，我们哭哭咧咧地问：
"大叔，你看到俺爹了吗？"
"大叔，你看到俺娘了吗？"
民工们有的像聋子一样，根本不理睬我们；有的歪过头来，看我们一眼，然后摇摇头。

4．第二节语文课讲《祝福》，今天将有师大中文系刚毕业的小李老师代课。作为学生，对新老师，尤其年轻的，总是很新奇的，审视也特别仔细。她衣着朴素，留着蓬松的短发，显得精神昂奋。明亮的眼睛里，流露出几分天真，又不失老师的稳重。
上课了。她走上讲台，不紧张，也不做作，自自然然地引我们深入课文中。小李老师的讲课，真让人高兴。她对课文透熟，讲得十分精炼。

5．"叮铃铃……"下课铃响了。小李老师咬着下唇，迟疑了一瞬，她咽下去的是难堪还是气愤呢？

"请语文课代表到教研组去，王力也去。"她说完步出教室时，不如跨上讲台时那样精神了。在同学们的喧嚣声中，我催王力一同去教研组。这时，师生们正涌向操场，做课间操去了。

在教研组门前，我喊，报告，伫立在办公室桌前的小李老师扭转身来。当她看到我身后的王力甩着一条残废腿，蹒跚着艰难地跨进门时，她目瞪口呆，无比震惊。愣了许久许久，才匆忙迎了过来。她站在我们面前，嘴唇嗫嚅着，却说不出一句话。好半天，她才轻声地向着王力："对不起，我不该提问你的。能原谅我吗？"

王力木然地站着，面孔和课堂上一个样儿。但我看见一滴泪珠，滚落到他的腮边。

6．我自己也搞不清初，为什么那天会如此歇斯底里抵大哭。伤口当然很快就好了，可电视台的那位阿姨，以后再也没有来过。听邻居说，爸爸一下子老了很多。他常常天不亮就醒了。提着篮子去买菜，去给我取牛奶，日复一日从不间断。

7．爸　爸：钱教授！

钱教授：啊！你们来了！来，快请进来。

爸　爸：钱教授，这就是我女儿杜敏。

敏敏：钱伯伯好。

钱教授：来，来，来，请坐，请坐！杜敏啊，你今天打算弹一首什么曲子？

敏　敏：《致爱丽丝》。

钱教授：啊，太好了。来，来，来，坐在这个琴凳上。好，弹吧！

爸　爸：敏敏，别紧张，啊！

钱教授：……噢，对不起，请停一停。小姑娘，你弹得很熟练，但是没有情绪。你知道作曲家当时的心情吗？

敏　敏：知道，爸爸对我说过。

钱教授：哦！那好，你再试试。

钱教授：……不好，不好。还是干巴巴的。

爸　爸：敏敏，你怎么搞的？

第六课　广告文

原文：

　　欢迎您到天津，欢迎您到水上宾馆。在此谨代表本宾馆经理以及全体员工向您表示热烈欢迎。

　　水上宾馆到市内一流购物和娱乐场所的交通非常便利，距天津国际机场仅50分钟。是一座环境优雅的城市休闲式宾馆。

　　为了使您不论在服务还是在设施上都感到满意，为了使您在酒店中能舒适愉快地度过，全体员工时刻准备着满足您的要求。

訳文：

　　天津、そして水上ホテルによようこそ。当ホテルのマネージメント及びスタッフ一同に代わり、お客様に歓迎のご挨拶を申し上げます。

　　水上ホテルは市内の一流ショッピングセンターやエンターテイメント地区へのアクセスが便利で、天津国際空港からも僅か５０分ほどの距離に位置する寛いだ雰囲気のシティーリゾートホテルです。

　　サービス・設備施設ともにお客様にご満足いただき、ご滞在中できるだけ快適にお過ごしいただけますよう、スタッフ一同お客様のご要望にお応えすべく常時待機いたしております。

語句：

1. 经理：マネージメント。マネージャ。支配人。経営者。
2. 全体员工：スタッフ一同。
3. 购物和娱乐场所：ショッピングセンターやエンターテイメント。
4. 时刻准备：常時待機。●时刻准备／つねに注意する。
5. 休闲：リゾート。●休闲服／リゾートウェア。

ポイント：

1. "在此代表本宾馆经理以及全体员工向您表示热烈欢迎。"；"代表"一词可根据在句中的含义，译成「～を代表し」或「～に代わり」。例如：　●我代表大家向你祝贺／みんなを代表してお祝いを申し上げます。　●今天我代表社长致辞／本日は社長にかわり、私がごあいさつを申し上げます。只是「～を代表し」表示的是「法人・団体または一個人に代わってその意思を外部に表示すること」；而「～に代わり」则是用于「（いつもの～、通常の～ではなく）と言いたい時に使う」。因此本句选择了「～に代わり」。

2. "水上宾馆到市内一流购物和娱乐场所的交通非常便利，距天津国际机场仅 50 分钟。是一座环境优雅的城市休闲式宾馆。"：这句话译成日文时，合译成一句话比较符合日语的表达习惯，即"水上宾馆是……的一座环境优雅的城市休闲式宾馆。"（「水上ホテルは市内の一流ショッピングセンターやエンターテイメント地区へのアクセスが便利で、天津国際空港からも僅か 50 分ほどの距離に位置する寛いだ雰囲気のシティーリゾートホテルです。」）其中，"到……的交通非常方便"，可使用「アクセス」把句子连接起来，即「～へ（まで）のアクセスが便利だ（よい）」。

原文：

　　"宾馆总服务台"负责对三项服务以及宾馆的各种设施进行介绍。其中宾客服务为您介绍宾馆可以提供的各种服务并为您介绍使用这些服务的方法；电话直拨服务为您介绍国际电话的拨打方法；客房送餐服务为您介绍广东菜以及西餐和亚洲大众化菜谱。

　　本着达到满足客人需求的宗旨，我们一直在不断改进。为了实现给客人提供更加人性化服务的目标，我们将继续努力。

　　您如果有什么意见或特殊要求，请不要客气随时向我们提出。

訳文：

　　「ホテル・インフォメーション」は 3 項目及び当ホテルの各種施設・サービスのご案内をいたしております。ゲストサービスではご利用いただけます各種サービスとサービスご要望の際の手順をテレファン・ダイレクトリーでは国際電話のかけ方、またルームサービスでは広東料理を始め西洋やアジアのポピュラーなメニューをご紹介いたしております。

　　お客様のご要望にお応えするサービス提供をモットーに、これまで改善の努力を重ねてまいりましたが、今後も最高のホスピタリティー・サービス提供を目指し、一層の努力を続ける所存であります。

　　何かお気づきの点や特別のご要望がございましたら、いつでもご遠慮なくお申し付けください。

語句：

1. 宾馆总服务台：ホテル・インフォメーション。
2. 宾客服务：ゲストサービス。
3. 电话直拨：テレファン・ダイレクトリー。
4. 客房送餐服务：ルームサービス。
5. 大众化：ポピュラー。大衆化。大衆的。
6. 宗旨：モットー。目標。
7. 人性化服务：ホスピタリティー・サービス。

ポイント：

1. "其中宾客服务为您介绍宾馆可以提供的各种服务并为您提供使用这些服务的方法"：不仅此句，其它句子也是如此。即，广告性质的文章，是写给顾客看的，因此，一定要注意敬语的使用。"为您介绍使用这些服务的方法"这句话的翻译要体现中文与日文在表达上的差异，即中文表达比较笼统，而日文表达则比较具体细腻。仔细体会这句话的含义，实际上是"当客人需要什么服务时，可以为客人介绍如何利用这些服务"。因此译成「サービスご要望の際の手順を紹介する」比「これらのサービスを使用する方法を紹介する」更能把原文要表达的内容表现出来。

2. "为了实现给客人提供更加人性化服务的目标，我们将继续努力。"：这是一句表达意志的句子，一般情况下应译成「～しようと思っております」。然而在比较正式的文体中，特别是书面文体中，则用「～所存であります」、「～所存です」来表达。即「今後も最高のホスピタリティー・サービス提供を目指し、一層の努力を続ける所存であります」。

原文：

为鼓励大家学习汉语，天津人民广播电台将举办作文朗读比赛，参赛者可将自己的录音磁带寄来，评选出的优胜者，可免收学费来台里培训两周。

参加费用为 100 元，其中包括报名费、评审费。报名办法，请填好报名表，连同录制好的磁带、照片 2 张及参加费用 100 元，一同邮寄到"天津市卫津路天津广播电台传达室"。

评审结果我们将于 3 月 31 日前通知您。

訳文：

中国語学習を激励するために、天津人民放送局で作文朗読大会を開催いたします。参加者はご自分の書いた作文をテープに吹き込み郵送していただきます。審査の結果、優秀な方は、放送局へ来て学費免除で二週間の強化訓練を受けることができます。

参加費用は 100 元で、その中に申し込み手続き料、審査費が含まれております。

申し込み方法：申込書に必要事項を記入して、吹き込んだテープ、写真二枚と 100 元の費用を添えて、「天津市衛津路天津放送局受付」宛に郵送してください。審査結果については 3 月31 日までにお知らせいたします。

語句：

1. 举办：開催する。　●举办文艺演出会／演芸大会を開催する。
2. 作文朗读比赛：作文朗読大会。
3. 报名费：申し込み手続き料。
4. 评审费：審査費。
5. 报名办法：申し込み方法。

ポイント：

1. "参赛者可将自己的录音磁带寄来"：这里的"自己的录音磁带"不能简单地译成「自分の録

音テープ」、要加译，明确地译成「自分の書いた作文をテープに吹き込んで」，这样才能把意思完整地翻译过去。

2. "报名办法，请填好报名表，连同录制好的磁带、照片 2 张及参加费用 100 元，一同邮寄到'天津市卫津路天津广播电台传达室'"："报名办法"要按照日语的表达习惯这样处理，即「申し込み方法：～」。

原文：

　　"三浦"牌电子针灸按摩器是中国传统的针灸和按摩医疗技术与现代电子技术相结合的电子医疗器械。运用刺激穴位的原理，调节人体的经络，使人的气血循环变得正常，促使阴阳相对平衡，以此来达到增强抗病能力、预防疾病及治疗疾病的目的。经天津市中医学院附属三家医院的临床试验证明，对肩膀酸痛、牙痛、头痛等都有显著疗效。

訳文：

　　「三浦」印の電子針灸按摩器は中国の伝統的針灸と按摩医療技術を現代の電子技術と結びつけた電子医療器械です。これがツボ刺激の原理によって、人体の経絡を調節し、気と血のめぐりを正常にし、陰陽を相対的に均衡させます。これによって病気に対する抵抗力を増強し、病気を予防し、治療する目的を達します。天津市中医医学院所属三つの病院で臨床実験した結果、肩こり、歯痛、頭痛などに効き目がありました。

語句：

1. 电子针灸按摩器：電子針灸按摩器。
2. 穴位：ツボ。
3. 循环：めぐり。
4. 疗效：効き目。

ポイント：

1. "中国传统的针灸和按摩医疗技术与现代电子技术相结合的电子医疗器械。"：这句话的中文表达结构为"A 与 B 相结合后的 C"，但是译成日文时为了突出人为的效果，需要把它译成"使 A 与 B 相结合后而产生的 C"。既"中国传统的针灸和按摩医疗技术"不能译成主语，要译成宾语。既「中国の伝統的針灸と按摩医療技術を現代の電子技術と結びつけた電子医療器械です」。

2. "经天津市中医学院附属三家医院的临床试验证明，对肩膀酸痛、牙痛、头痛等都有显著疗效。"："……证明，……" 一般译成「裏付ける」「証拠立てる」。例如：● 事实证明这个判断是正确的／事実がこの判断の正しいことを裏付けている。 ●谁能证明你的身份？／だれがあなたの身分を証明することができますか。而 "经……证明，……" 一般译成「～した結果、～」「～によって、～証明される」。例如：●经确认证明你的答案是错误的／チェックした結果、あなたの答えは間違えたのです。 ●经多次调查证明此结论是正确的／何回も調べたことによって、この結論が正しいことを証明された。

原文：

　　隆重推出本公司的新产品--- "醒酒茶"

　　"醒酒茶" 是精选优质的茶叶，配上数种天然草药加工而成。经河南医科大学药效试验证明，在大量饮酒后，服用此茶可使血液中的酒精度减少约 50%，醒酒时间也缩短了一半。长期服用可以有效地防治或减轻由于酒精引起的肝病和肾病。

訳文：

　　ここに当公司取り扱いの新しい製品——二日酔いに「解酒茶」をご案内します。

　　良質のお茶の葉と数種の天然の薬草を混ぜて、加工したこの「解酒茶」は河南医科大学の薬効試験によって、大量飲酒家がお酒を飲んだあと服用した場合、血液中のアルコール濃度は約 50%低下し、酔いがさめる時間も従来の半分ほど早まることが証明されました。長期間服用すれば、酒飲みによる肝臓や腎臓の障害の防止、軽減に効くことができます。

語句：

1. 优质：良質だ。優良だ。　　●优质的燃料／良質の燃料。
2. 酒精度：アルコール濃度。

ポイント：

1. "隆重推出本公司的新产品--- '醒酒茶'"：中文表达中，特别是广告词语中渲染的词汇比较常见，在译成日文时可适当简译，如 "隆重" 在这里可忽略不译。而 "醒酒茶" 一词，为了使译文更加明确，需要加译「二日酔い」。

2. "'醒酒茶' 是精选优质的茶叶，配上数种天然草药加工而成。经河南医科大学药效试验证明，在大量饮酒后，服用此茶可使血液中的酒精度减少约 50%，醒酒时间也缩短了一半。"："精选" 在这里可以省略不译，因为这句话重点要突出的是 "优质的茶叶"。"配上" 则要根据这个词在整个句中的含义，译成「混ぜる」更加贴切。另外，利用日语的表达特点，可以把两个句子合译成一句，既 "精选优质茶叶、配上数种天然草药加工而成的 '醒酒茶' 经河南医科大学药效试验证明，……"（「良質のお茶の葉と数種の天然の薬草を混ぜて、加工したこの「解酒茶」は河南医科大学の薬効試験によって、大量飲酒家がお酒を飲んだあと服用した場合、血液中のアルコール濃度は約 50%低下し、酔いがさめる時間も従来の半分ほど早まることが証明されました」），这样可以把这句话的重点更突出地表达出来。

_____

練習問題：

次の文章をよく読んだあと、日本語に翻訳しなさい。

　　1. 针灸减肥

　　中国过去一直采用中草药帮助人们减肥。如今，中草药生产厂家却面临着一种新的挑战—针灸。

　　我医院医生万明发明了一种用针灸帮助人们减肥的办法。针灸健美减肥一个疗程为 25 天，一般不需要进入第二个疗程就能达到减肥 7—20 公斤的效果。

目前我院已采用针灸的办法，治疗类似上述病例，欢迎到本院来针灸治疗。

2．"知恩"醒酒剂

"知恩"醒酒剂由○○天然食品有限公司使用云南天然植物为原料生产。

酒后，服用此醒酒剂可以防止或减少对身体有害的乙醛的产生。可以醒酒，使乙醛转化成其它物质，达到保护身体的作用。饮酒前服用此醒酒剂，可以防止酒精中毒。平时饮用可以对长期饮酒造成的肝脏损坏有治疗作用。除此之外，对消除炎症、湿疹以及治疗神经性头痛也有疗效。

"知恩"醒酒剂获 1999 年中国昆明世界园艺博览会推荐观光产品。

3．敬请光临天津离合器公司

天津离合器公司位于天津市南郊区，交通方便、通讯便捷。本公司以先进的技术生产各种汽车、摩托车、柴油机用启动器点火线圈，质量优良，品种齐全，为全国最大的启动器生产厂家 X 电机公司提供产品。并向全国 20 多个省、市、自治区

本公司以"今天的质量，明天的市场"为目标，不断以先进的生产工艺和新的技术开发新产品，提高产品质量，满足用户的需求。

欢迎各界人士与本公司合作。

4．浅水湾别墅区位于天津市东丽区东丽湖河畔，北有东丽湖度假村，东有著名的万盛小区，绿地环绕，风景独秀。浅水湾别墅区地处外环线与津塘公路的交汇处，有多条公共汽车线路穿梭其间，交通通畅，出行方便。

浅水湾别墅区为双路供水设施，二十四小时供应热水。室内配有直播程控电话及传真；有卫星接收天线及有线电视。小区内配有物业管理中心、商业娱乐中心、健身房等设施。区内建筑均为西式园林建筑风格，建筑面积为 180-300 ㎡不等。室内装修高档，均选用上等材料。

小区现已正式开工，2005 年 9 月全部竣工，现场设有样板间，欢迎参观惠顾。

5．金姬松茸原产于巴西。随着环境的变化，野生的金姬松茸几乎没有了，巴西产的金姬松茸也是人工培植的。在巴西，其干货产量大约每年十几吨，几乎都在本地消费，只有极少部分出口。金姬松茸是由美国科学家研究发明，在美国最先出现的。其后，日本抗癌学会和日本药理学会也对金姬松茸进行了研究。研究成果证明金姬松茸中的多糖类成分具有产生和激活干扰素的作用，防病毒侵入能力很强。因为可以促进体内酸性毒素的排出，对美容、减肥、慢性病也很有疗效，可以调节全身平衡。目前，由于化学疗法等所导致的副作用已成为问题，今后蘑菇等天然食品的替代疗法将越来越引起人们的关注。

第七课　说明书

（数码相机使用说明书）

原文：

基本拍摄方法

拍照的正确姿势

请用双手握住相机拍摄。单手握时，有可能手颤。

・横握

请加紧双臂，用双手紧握。

・竖握

竖着握相机时，请按照【闪光灯】在上，【镜头】在下的方向握住。

・请注意手指和相机上的挂绳儿不要遮挡住【闪光灯】【麦克风】或【镜头】。

・按【快门】时如果相机抖动，拍出来的照片会模糊，因此要持稳相机，轻轻地按下【快门】，在按下快门的一瞬间手不要抖动。特别是在光线暗的地方拍摄时，这时快门的速度变慢，因此更要注意。

訳文：

デジタルカメラ　取扱説明書
基本的な撮影のしかた

・カメラの正しい構え方

カメラは両手でしっかりと持って、撮影してください。片手で持つと、手ぶれを起こす恐れがあります。

・横に持つ場合

両手でカメラをしっかり持ち、脇をしっかり締めてください。

・縦に持つ場合

縦に持つ場合は、【レンズ】より「フラッシュ」が上にくるようにして、カメラをしっかり持ってください。

・指やストラップが、「フラッシュ」「マイク」「レンズ」にかからないように注意してください。

・【シャッター】を押し切った瞬間にカメラがぶれると、きれいな画像が撮れませんので、正しく構えて、【シャッター】を静かに押し、【シャッター】を押し切った瞬間にカメラが動かないようにしてください。特に暗い場所で撮影するときは、シャッター速度が遅くなるので、注意してください。

148

語句:

1. 手顫:手ぶれ。
2. 闪光灯:フラッシュ。フラッシュ・ランプ。フォトフラッシュ。
3. 镜头:レンズ。
4. 挂绳儿:ストラップ。
5. 快门:シャッター。

ポイント:

1. "拍照的正确姿势":"姿势"在日语中分「体の構え」和「事に構えて、ある姿勢・態度を
とる」。例如: ●立正的姿势/直立不動の姿勢。 ●(剑术)举剑过顶准备攻击的姿势/
上段に構える。此句中的"姿势"是拍照时采取的姿势,因此译成「カメラの正しい構え方」。
2. "手指和相机上的系绳儿不要遮挡住【闪光灯】【麦克风】或【镜头】":"遮挡"可以译成「覆
う」「さえぎる」等,但是这些词表示的是「露出するところがないように、全体にかぶせ
てしまう意」或者「間を隔てて見えなくする」,与本句的意思不符。例如: ●用布帘把窗
户遮挡起来/カーテンを掛けて窓を覆う。 ●遮挡寒风/寒風をさえぎり止める。本句中
的"遮挡"意为「上に覆いかかる」。例如: ●头发遮挡住眼睛/髪が目にかかる。遮挡的
方式不同,而且是非意志的行为,翻译时一定要注意。

原文:

拍摄

　　本相机可以根据拍摄物的明暗程度自动调节快门速度。拍摄的照片依序保存在内藏式闪
存里。

・也可以保存在市场上销售的记忆卡里(SD记忆卡或者是MMC多媒体存卡)

1. 按下【电源开关】,接通电源。

・【液晶屏】显示画面。

・选择拍摄模式,进入拍摄状态。

2. 将显示在【液晶屏】上的【对焦框】对准拍摄物。

・拍摄范围自动调焦时约为40cm～∞。

・也可以使用【直接取景器】来拍摄。

・当使用【直接取景器】时,可以按下【DISP】健,这时【液晶屏】关闭,以减少电池消耗。

訳文:

撮影する

　　本機では被写体の明るさに応じてカメラがシャッター速度を自動的に調整します。撮影さ
れた画像は、順次内臓フラッシュメモリーに保存されます。

　・市販のメモリーカードー(SDメモリーカードーまたはMMC<マルチメディアカード>)
に保存することもできます。

　1.【電源ボタン】を押して、電源を入れます。

　・【液晶モニター】に画像が表示されます。

・REC モードにして、撮影できる状態になります。

2.【液晶モニター】に表示されている【フォーカスフレーム】を被写体に合わせます。

・撮影できる範囲は、オートフォーカスモードでは約 40cm～∞です。

・【ファインダー】から被写体を見て撮影することもできます。

・【ファインダー】から被写体を見るときは【DISP】を押して、【液晶モニター】を消すことで、電力の消費を減らすことができます。

語句：

1. 拍摄物：被写体。
2. 内藏式闪存：内臓フラッシュメモリー。
3. 液晶屏：液晶モニター。
4. 对焦框：フォーカスフレーム。
5. 直接取景器：ファインダー。

ポイント：

1. "【液晶屏】显示画面"：这是一个对眼前情景的描写句，翻译成日文需要用「～に～が～」句型来表示。即「【液晶モニター】に画像が表示されます」。
2. "选择拍摄模式，进入拍摄状态"："进入"在这里是自动态，可译成「に入る」或者「になる」。根据本句的含义及前后搭配，译成「状态になる」更加贴切。

═══

原文：

3. 在【快门】按到一半时对焦。

・【快门】按下一半时，自动调焦功能将自动对焦，这时显示快门速度和光圈。

・焦点可以通过【对焦框】和绿色【功能显示灯】的闪亮情况来确认。

・这时手指不要挡住【镜头】和【闪光灯】。

4. 在确认焦点对好后，将【快门】完全按下。

・照片尺寸、画面质量不同，保存照片的张数也不同。

・为了不使手颤抖，请轻轻地按下【快门】。

訳文：

3.【シャッター】を半押しし、ピントを合わせます。

・【シャッター】を中押しすると、オートフォーカス機能により自動的にピントが合い、シャッター速度と絞り値が表示されます。

・ピントは【フォーカスフレーム】や緑の【動作確認用ランプ】の点灯のしかたで知ることができます。

・【レンズ】や【フラッシュ】を指でふさがないでください。

4. ピントが合っていることを確認して【シャッター】を全押しします。

・サイズ、画質によって保存できる枚数が異なります。

・手ぶれを起こさないために、【シャッター】は静かに押してください。

語句：

1. 对焦：ピントを合わせる。焦点合わせ。
2. 光圈：絞り値。絞り。アイリス（iris）。
3. 功能显示灯：動作確認用ランプ。

ポイント：

1. "自动调焦功能将自动对焦"：这句话不要一上来就按照中文的语法结构译成「オートフォーカス機能は自動的にピントが合う」。仔细分析一下，这句话的含义应该是"由于自动调焦功能的存在，（此照相机）自动调焦"，即「オートフォーカス機能により自動的にピントが合う」。
2. "焦点可以通过【对焦框】和绿色【功能显示灯】的闪亮情况来确认"："情况"译成日文时，要根据前后文的关系来选择。在没有前后语境的情况下，"情况"对应的日文有「事情」「状況」「事態」「様子」「異状」等。具体使用哪一个，需要根据句子内容来选择。例如：●他对农村的情况不太了解／かれは農村の事情にあまり通じていない。●思想情况／思想の動き。●熟悉情况／事態を知る。●情况可疑／様子が怪しい。●这两天前线没有什么情况／この二、三日、前線には異状がない。此句中的"情况"表示的是功能显示灯闪烁的明暗程度，是一种很形象具体、动感的样子，因此使用「しかた」更能把原文意思转达过去。

═══

原文：

拍摄时需要注意的几点：

・【功能显示灯】绿灯闪烁时，请一定不要打开【电池盒盖】，不要将照相机与 USB 端口连接。因为这样不仅不能记录下刚刚拍摄到的内容，而且还会把以前拍摄的内容破坏掉，使照相机不能正常拍摄。

・当存储卡正在纪录时，请不要拔出存储卡。

・在荧光灯照明的房间内拍摄时，本相机对荧光灯的光（人眼睛感觉不到的微弱的闪烁）有所感应，根据拍摄时机不同，拍出来的画面明亮度和色彩会有一些变化。

・感光度为自动时，根据拍摄物的明亮程度，感光度会自动调节。拍摄物如果很暗，画面上有时会出现雪花。

・当不需要的光线打到镜头上时，请用手遮一下光后再拍摄。

訳文：

撮影時のご注意

・ 【動作確認用ランプ】が緑色に点滅している間に【電池ブタ】を開けたり、カメラを USB クレードルにセットすることは、絶対にお止めください。今撮影した内容が記録されないばかりでなく、撮影済みの内容が破壊されたり、カメラが正常に動作しなくなるおそれがあります。

- メモリーカードに記録中は、メモリーカードを抜かないでください。
- 蛍光灯照明の室内で撮影する場合、本機は蛍光灯のフリッカー（人の目では感じられない、ごく微妙なちらつき）を感知してしまい、撮影するタイミングによって、微妙に撮影画像の明るさや色合いが変わる場合があります。
- ISO感度が"オート"の場合被写体の明るさに応じて感度が自動的に変化します。被写体が暗いと画像にノイズがのる場合があります。
- 不要な光がレンズに当たる場合は、手で遮光してから撮影してください。

語句：

1. 电池盒盖：電池ブタ。
2. USB 端口：USB クレードル。
3. 时机：タイミング。チャンス。時機。ころあい。折り。しおどき。 ●掌握时机／チャンスをつかむ。 ●寻找有利时机／有利なころあいをねらう。 ●不要错过时机／好い潮時を逃すな。
4. 感光度：ISO 感度。
5. 自动：オート。オートマッチ。自動的な。 ●自动售货／自動販売。 ●自动计量器／自動ばかり。
6. 快门速度：シャッタースピード。
7. 雪花：ノイズ。

ポイント：

1. "拍摄时需要注意的几点"：因为是标题，译成日文时一般要省略谓语动词。即「撮影時のご注意」。
2. "不要将照相机与 USB 端口连接。"：这里所讲的"连接"不仅仅停留在「切れ、または離れているものを続け合わせる」，它要表示的是「機械・道具などを利用できる状態にとりつけ、または組み立てること」，因此不能译成「つなげる」，应该译成「セットする」。
3. "因为这样不仅不能记录下刚刚拍摄到的内容"："不仅……"可以译成「～ばかりでなく」或者「～だけでなく」。例如： ●不仅自己努力，还肯帮助别人／自分で努力するだけでなく、進んで人を助ける。 ●看电视太多，不仅减弱孩子的视力，还会使孩子丧失自己思考问题的能力／テレビの見すぎは子供の目を弱めるばかりでなく、自分で考える力を失わせる。 ●不仅中国人，全世界都很关心这个事件／中国人だけでなく、全世界が今度の事件に関心を持っている。本句中的"不仅不……"即在「ばかりでなく」「だけでなく」前面加上「ない」即可。即「今撮影した内容が記録されないばかりでなく」。

原文：

使用自动对焦时需要注意的几点：

· 拍摄下列物体时，有时会对不上焦距。

—拍摄没有反差的墙体等对比度小的物体时

—拍摄在强逆光下的物体时

152

—拍摄有光泽的金属等反光度强的物体时

—拍摄像百叶窗那样水平方向折叠式样的物体时

—拍摄距相机远近不一的几个物体时

—拍摄物在很暗的地方时

—手颤抖时

—拍摄物为运动速度很快的物体时

訳文:

オートフォーカスのご注意

・次のような被写体に対しては、ピントが合わないことがあります。

—階調の無い壁などコントラストが少ない被写体

—強い逆光のもとにある被写体

—光沢のある金属など明るく反射している被写体

—ブラインドなど、水平方向に繰り返しパターンのある被写体

—カメラからの距離が異なる被写体がいくつもあるとき

—くらい場所にある被写体

—手ぶれをしているとき

—動きの速い被写体

・緑の【動作確認用ランプ】が点灯していたり、【フォーカスフレーム】が緑で表示されていてもピントが正しく合わない場合があります。

・ピントが合わない場合は、フォーカスロックやマニュアルフォーカスをご利用ください。

語句:

1. 反差: 階調。

2. 対比度: コントラスト。

3. 百叶窗: ブラインド。

4. 折叠式样: 繰り返しパターン。

ポイント:

1. "使用自动对焦时需要注意的几点": 作为一个标题，这句话需要简译。即「オートフォーカスのご注意」。注意这里一定要使用「ご」，正是因为使用了「ご」才能把如此长的中文句子简译成很短。

2. "拍摄下列物体时，有时会对不上焦距": 在这里"拍摄"可以省略不译，用「に対しては」来突出"对于下列物体时"会出现的情况。另外，还要注意"对不上焦距"要使用自动词，因为这里要表现的是结果。

原文：

拍摄画面需要注意的几点：

·拍摄时，【液晶屏】显示的拍摄物的图像，是为确认取景画面的简易图像。实际拍摄的才是按照你选择的画质记录下来的，可以确保照片成像时的画素质量。你所保存下的应该是画质精细的照片。

·拍摄物体的明暗程度会影响拍摄时【液晶屏】的显像速度，有时画面上还会出现雪花。

訳文：

撮影時の画面のご注意

·　撮影時、【液晶モニター】に表示される被写体の映像は、フレーム確認のための簡易画像です。撮影した内容は、選択した画質で記録されており、出力画素数は確保されています。メモリーには精細な画像で記録されています。

·　被写体の明るさにより、撮影時の【液晶モニター】の表示速度が遅くなったり、ノイズが出る場合があります。

語句：

1. 取景画面: フレーム。

ポイント：

1. "可以确保照片成像时的画素质量"：这是一个可能句式，但是在译成日文时需要译成被动句式。即「出力画素数は確保されています」。因为这是关于产品说明的文章，要强调的重点是产品及产品性能，确保产品性能不是能不能做到的问题，而是产品性能就是如此。

練習問題：

次の文章をよく読んだあと、日本語に翻訳しなさい。

1. 闪光灯

有关闪光灯的状态，可以轻按【快门】，用【液晶监视器】和红色的【动作确认灯】来确认。
使用闪光灯时须注意的事项

请不要用手遮住【闪光灯】。遮住【闪光灯】的话，其功能就不能正常发挥了。

·用闪光灯拍摄时，距拍摄物的距离不确定，远了或者近了，都不能拍出理想的效果。

·闪光灯的充电时间，要根据使用环境（电池的状态和温度等）来定。

几秒～10秒（电很充足时）

2. 安全使用说明书

本产品是在充分考虑安全的基础上设计的。然而，所有的电器产品如果使用不当都会由于火灾或触电导致人身安全事件的发生。为了防止事故请务必严格遵守下面的提示。

要做定期检查　要一年检查一次电源线是否有破裂，充电器的接口与插头部是否堆积了灰尘，是否相机出了毛病还在继续使用。

3. 如果出了故障请不要使用

当发现相机以及充电器等功能出现问题，有破损时请立即与售后技术受理中心联系。万一出现异常情况，如：发生异常声音、有气味或有烟雾冒出，请①切断电源。②取出电池。③与售后技术受理中心联系。

驾驶时不要使用

• 在驾驶汽车、摩托车时严禁使用耳机、拍摄、播放、看液晶画面。因为这些都是引发交通事故的隐患。

• 相机放在车内时，请注意摆放位置，不要因为急刹车导致相机摔落，或影响刹车操作。

4. 拍照时要注意周围状况

请不要在不了解周围环境的情况下拍照

因为这是导致事故或受伤的隐患。

请不要拆卸及改装

随便拆装是导致火灾和触电的隐患，特别是由于闪光灯及液晶画面内装有高压电路，非常危险。严禁自己拆装。当机体内装有激光器时，还有可能伤害眼睛。机体内部的检查及修理请委托售后技术受理中心。

5. 机体内部不要有水或异物进入

水和异物的进入是导致火灾和漏电的原因。本机体不是防水结构，因此在有水的地方及雨天不能使用。万一有水和异物进入了，请立即关闭开关，取出电池。拔掉交流电源及充电器等，并向售后技术受理中心咨询。

6. 打雷时请不要触摸机体

远处有雷声传来时，为了避免触电，请不要触摸机体。

带着相机行走时，请不要来回甩动机体

在机体上系上手绳或挂绳后，请注意不要拿着栓绳来回甩动机体。因为这样有可能使机体磕碰、被门夹住，从而产生故障和受伤。带着相机行走时，为了使机体固定请用手护着或放进口袋里。

7. 测量体重和步幅：

为了准确测出步数，请先测定一下您的体重与步幅。

步幅的测定方法：

脚尖到脚尖之间的距离为正确步幅。用 10 步的合计距离除以 10（步数）得出的就是平均步幅。计算公式如下：

例：假设 10 步走了 5.5 米

那么步幅的计算公式为：5.5÷10=0.55m(55cm)

8. 安装电池：

请您在使用前，先把电池放入计步器内。

① 用记步器附带的简易螺丝刀或市场上卖的螺丝刀拧下电池盖上面的螺丝。

② 取下电池盖。

③ 把本计步器附带的电池（CR2032）按箭头方面正极朝上放入。

④ 按箭头所指方向插入电池盖。

⑤ 拧紧电池盖上的螺丝。

⑥ 按记步器背面的系统复位键。

9. 煎藕夹儿

●材料（四个人的量）

莲藕……300 克

葱……～少许

肉馅……150 克

盐……～适量

胡椒粉……少许

淀粉……2 大匙

色拉油……3 大匙

高汤……少许

● 做法

① 将 150 克莲藕擦成碎末放到竹篦子上控水。剩下的莲藕切成 3mm 厚的片，放到掺有少量食醋的水中浸泡。

② 在小盆里放入剁细的葱末、肉馅、盐、胡椒粉、淀粉、擦好的莲藕碎末搅拌。

③ 将切好的莲藕片儿去掉外面的水，两个一组，中间夹上搅拌好的肉馅。在平底锅中放入色拉油，加热后把做好的莲藕片放入，中火两面各煎 1 分钟。之后放入高汤，盖上锅盖，煎 5 分钟。掀开锅盖，把水分烤干，即可出锅。

第八课　指　南

（天津经济技术开发区）

原文：

　　泰达是由 "天津经济技术开发区" 英文字头 "T-E-D-A" 的发音起的名字。天津开发区位于距天津市 45 公里的滨海新区，距中国的首都北京 140 公里，走高速公路一个小时左右就可以抵达。天津国际机场是中国最大的货物运输港口，距泰达 38 公里。距泰达仅 4 公里的天津港是中国北方最大的港口，是中国第二大集装箱专用码头，与各国的重要港口有着密切的联系。

訳文：

　　泰達は天津経済開発区の英語の綴りの頭文字、T-E-D-A の発音に因んで付けられた名前です。天津開発区は天津市から 45 キロの海浜新区にあり、中国の首都北京までは 140 キロ、高速道路で一時間ぐらいで到着できます。天津国際空港は中国最大の貨物輸送の空港で、泰達までは 38 キロです。泰達まで僅か 4 キロの天津新港は中国北部最大の港で、中国第二のコンテナー専用埠頭、各国の重要な港と結ばれています。

語句：

1.　拼写：綴る。　●拼写法／つづり方。
2.　位于：〜にある。〜に位する。　●我国位于亚洲大陆东南部／わが国はアジア大陸の東南部に位している。
3.　集装箱：コンテナー。　●集装箱船／コンテナー船。コンテナー・シップ。
4.　专用码头：専用埠頭。　●专用电话／専用電話。　●专用线／専用線。

ポイント：

1.　"泰达是由 "天津经济技术开发区" 英文字头 "T-E-D-A" 的发音而命名的"："由……命名"译为「〜に因んで名づけられる」、「〜に因んで命名される」。例如：　●由出生年命名／生まれた年に因んで名をつける。
2.　"走高速公路一个小时左右就可以抵达"："走高速公路" 在这里表示的是交通方式，因此译为「高速道路で」。例如：　●坐飞机半小时就能到／飛行機で三十分でつける。

原文：

　　泰达的发展是中国改革开放政策的产物。1984 年中国政府决定在 14 个沿海城市设立经济技术开发区，天津市是其中之一。拥有 1000 多万人口的天津市，与北京、上海一样是中国政府直接管辖的直辖市，是中国北方的传统工业基地和经济中心。泰达以其坚固的基础和无限的可能性，开创了创业的先河。此外，对于进驻泰达的企业来讲，中国北部的边远地区也成了他们极好的大有潜力的市场。泰达还拥有便利的交通和有利的地理条件，是外国投资者打入中国、特别是中国北方的理想场所。

――― 。

訳文：

　　泰達の発展は中国の改革開放政策の賜物です。1984 年中国政府は 14 の沿海都市に経済技術開発区の設立を決定しました。天津市はそのうちの一つです。1000 万以上の人口を持つ天津市は、北京、上海と同じく、中国政府の直接管轄下の特別直轄市で、中国北部における伝統ある工業基地と経済の中心です。そこで、泰達はしっかりした基礎を無限な可能性をもっていて、創業のスタートを切りました。また中国北部の奥地も泰達に進出する企業にとって、素晴らしい有望な市場となっています。泰達はまた便利な交通と有利な地理条件に恵まれ、外国投資家が中国、特に中国北部に進出する、理想な場所となっています。

――

語句：

1．产物：賜物。所産。産物。　●时代的产物／時代の産物。　●多年努力的产物／長年の努力の産物。

2．沿海城市：沿海都市。　●沿海渔区／沿海漁業水域。

3．设立：設立する。設ける。創立する。　●设立学校／学校を創立する。　●设立公司／会社を設立する。

4．拥有：持つ。保有する。擁する。　●拥有水电资源／水力発電資源を擁する。　●拥有核武器的国家／核兵器保有国。

5．直辖市：直轄市。

6．传统工业基地：伝統ある工業基地。

7．坚固的基础：しっかりした基礎。　●坚固的阵地／堅固な陣地。　●这布料坚固耐用／この生地は丈夫で長持ちする。

8．进驻（打入）市场：市場に進出する。

9．边远地区：奥地。辺境の地。辺ぴな地区。

10．有潜力的市场：有望な市場。　●挖掘潜力／潜在力を掘り起こす。

ポイント：

1．"开创了创业的先河"："开创"译为「創始する」「切り開く」。　●开创了新局面／新しい局面を切り開いた。　●开创科学的新纪元／科学の一新紀元を画した（切り開いた）。"先河"的意思为「さきがけ」「物事の最初」，在这里译为「スタート」，比较形象逼真。

2．"对于进驻泰达的企业来讲，中国北部的边远地区也成了他们极好的大有潜力的市场。"：此句在译成日文时，把"对于进驻泰达的企业来讲"和"中国北部的边远地区"调换一下位

置，以达到突出"中国北部的边远地区"的目的。

3. "泰达还拥有便利的交通和有利的地理条件"：这里的"拥有"突出的是「よい物事・状態・環境などが与えられる」，因此译成「～に恵まれる」更加贴切。例如： ●拥有资源／资源に恵まれる。

原文：

　　可以肯定地说来天津开发区的人们一定会到泰达的最佳企业、飘扬着一百面旗帜的广场参观。这里的一切仿佛在向那些想在中国投资的外国投资家述说这里是最佳的投资地区。已进驻泰达的外资企业已经遍及 69 个国家的 3216 家企业，投资总额达 122 亿美元以上。美国的"福布斯"杂志评选的世界 500 强企业中有 29 家已进驻泰达，有 48 家企业在这里投资。

訳文：

　　天津開発区においでの方々は必ずと言っていいほど、泰達のベスト企業、百社の旗がはためく旗広場に訪れます。これは中国に投資しようとする外国投資家にとって、ここは一番理想な投資地域だということを物語っているようです。泰達に進出した外資企業はすでに 69 の国と地域の 3216 社となり、投資総額は 122 億ドル以上に上っています。アメリカの「フォーチュン」という雑誌に現れた世界ベスト企業 500 社のうち、29 社が泰達に進出し、48 の企業が投資しています。

語句：

1. 最佳：ベスト。一番理想だ。一番いい。
2. 飘扬：はためく。ひるがえる。 ●广场上飘扬着国旗／広場には国旗がひるがえっている。
3. 参观：訪れる。見学する。参観する。 ●参观出土文物／出土品を参観する。 ●参观工厂／工場を見学する。
4. 地区：地域。地方。地区。 ●西北地区／西北地方。 ●多山地区／山の多い地域。 ●地区差价／地域別価格差。
5. "福布斯"杂志：「フォーチュン」雑誌。
6. 世界 500 强：世界ベスト企業 500 社。

ポイント：

1. "这里的一切仿佛在向那些想在中国投资的外国投资家述说这里是最佳的投资地区。"：这句话既可以译成「これは中国に投資しようとする外国投資家に、ここは一番理想な投資地域だということを物語っているようです」，也可以译成「これは中国に投資しようとする外国投資家にとって、ここは一番理想な投資地域だということを物語っているようです」。然而，仔细体味一下，后者更加符合逻辑。因为前者是「投資家」与「物語っている」相呼应的，而后者是「投資家」与「ここは一番理想な投資地域だ」相呼应的。因为这句话最想表达的是"对于想在中国投资的外国投资家来说这里是最佳的投资地区"。
2. "外资企业已经遍及 69 个国家的 3216 家企业"："遍及"一般译成「～まで及んでいる」、「ゆ

きわたる」。例如： ●遍及全国／全国に行きわたる。 ●遍及各个角落／すみずみまで及んでいる。此句的"遍及"前面是具体数字，因此可以用「〜となる」来表示。用「〜となる」表示时，侧重于强调达到的数量。

3. "美国的"福布斯"杂志评选的世界 500 强企业中有 29 家已进驻泰达，有 48 家企业在这里投资"：这里的"评选"实际上是"评选后登载杂志上"的含义。因此把"评选"译成「現れた」更加形象逼真。

原文:

　　让我们探访一下在泰达成功的企业，找寻一下投资者取得惊人发展的原因吧。投资额已达 12 亿以上的摩托罗拉中国电子有限公司是在中国取得最佳效益的成功企业之一。半导体芯片、手机、袖珍无线电传呼机等产品是人们熟知的知名品牌，这些产品占据了中国市场的三分之一。现在摩托罗拉公司为保持在中国的长期发展，对半导体芯片的生产又追加了 19 亿美元的投资，决定将其最新、最先进的技术和产品推向中国市场。

訳文:

　　では、泰達で成功した企業を訪ね、投資家が目覚しい発展を遂げた原因を探って見ましょう。投資額 12 億ドル以上にのぼるモトローラ、中国エレクトロニクス有限会社は、中国国内における最も利益上げに成功した企業の一つです。製品の半導体チップ、携帯電話、ポケットベルなどは良く知られる製品で、中国市場の三分の一を占めています。現在、モトローラ社は中国での長期的な発展を維持できるように、半導体チップの生産に、さらに 19 億ドルを追加投資し、その最新最先端の技術と製品を中国市場に出すことを決定しました。

語句:

1. 寻找：探ってみる。捜す。狙う。見付け出す。 ●寻找失物／遺失物を捜す。 ●寻找机会／機会を狙う。 ●寻找出路／活路を見付け出す。 ●寻找借口／口実を設ける。
2. 摩托罗拉：モトローラ。
3. 电子有限公司：エレクトロニクス有限会社。
4. 半导体芯片：半導体チップ。
5. 手机：携帯電話。
6. 袖珍无线电传呼机：ポケットベル。
7. 知名品牌：よく知られる製品。ブランド品。
8. 追加投资：追加投資。
9. 推向中国市场：中国市場に出す。

ポイント:

1. "投资额已达 12 亿以上的摩托罗拉"："达到"除了译成「〜にのぼる」还可以译成「〜に達する」或「〜に及ぶ」。例如： ●不达目的决不罢休／目的を達するまでは決して手を引かない。 ●亩产达两千斤／ムーあたりの出来高 1000 キロに達した。 ●观众达十万人／観衆が 10 万人にものぼった。 ●灌溉面积达两万公顷／灌漑面積が 2 万ヘクタールにも

及んでいる。

2. "中国电子有限公司是在中国取得最佳效益的成功企业之一"："取得最佳效益的成功企业"如果译成定语句，即「最もすばらしい利益を上げた成功企業」，不如译成「最も利益上げに成功した企業」，既简洁又符合日语的表达习惯。在某方面取得成功，可译成「～に成功する」。如： ●实验成功／実験に成功する。

原文：

　　Tay.E.L 副总裁说，在泰达得到了最高水平的服务，其中一揽子服务最值得肯定。丹麦的诺和诺得公司是世界生物产品的最大公司之一，其主要产品是工业用氧制剂。进入中国前，这个公司花费了好几年时间到中国各地进行考察和调研，最后选择了天津开发区。据说是对天津开发区的服务做出很高评价后的选择。克罗斯厂长说很高兴选择了泰达，对其服务非常满意。比如说：水、电的供应是工作中非常重要的，而他们从筹划到办理各种手续都得到了极大的帮助。

訳文：

　　Tay.E.L 副総裁は泰達でハイレベルのサービスを受けている。一括方式のサービスは特に評価すべきだ、とこのように話しました。デンマークのノボノド社は世界最大の生物製品を生産する会社の一つです。工業用酸素製剤はその主な製品です。中国進出前、この会社は何年間も中国各地で視察やリサーチを行った後、天津開発区を選択しました。天津開発区のサービスを高く評価しての選択だということです。クロス工場長は泰達を選択したことを嬉しく思う、そのサービスに満足している。例えば、水や電力の供給は仕事上大変重要なもので、また立案から各種手続きまで多大な援助を受けたといっています。

語句：

1. 最高水平：ハイレベル。
2. 一揽子服务：一括方式のサービス。 ●一揽子建议／かきまぜ式提案。
3. 筹划：立案する。企画する。調達する。 ●细致周到地筹划／綿密に立案する。 ●筹划建设水力发电站／水力発電所の建設を企画する。
4. 帮助：援助する。助ける。 ●财政上的帮助／財政的な援助。

ポイント：

1. "其中一揽子服务最值得肯定"：在这里如果把"肯定"译成「肯定する」，则原文的意思不能很明确地表达过来，因为「肯定する」表示「同意すること。認めること。価値があると判断すること」。而「評価する」表示「善悪・美醜・優劣などの価値を判じ定めること。特に、高く価値を定めること」。相比较而言，「評価する」更能体现原文中"肯定"的含义。

原文：

　　顶新国际集团是来自台湾的食品公司。1991 年在泰达起家时还是一个不怎么知名的公司，可现如今已成为中国最大的方便面生产厂家。顶新集团的负责人说成为中国乃至世界最大的方

便面生产厂家是我们的目标，开发区使我们做到了。顶新集团愿意伴随开发区发展、成长。正如以上投资者所反映的那样，天津开发区优美的外部环境不过是为企业提供了发展的基础，而泰达的服务才可称为其成功的重要保证。泰达的服务吸引了越来越多的投资者，丰田汽车株式会社就是其中之一。丰田汽车株式会社一直试图扩大在中国的市场开发。最后决定在泰达实现其梦想。现在丰田已与天津夏利汽车株式有限公司签订了生产最新型汽车的协议。泰达真诚的服务吸引了丰田，同时丰田的进驻又为泰达的汽车行业，创造出了新的投资机会。

訳文：

　頂新国際グループは台湾からの食品会社です。1991 年泰達で事業を起こす時は、なんの知らない会社でしたが、今は中国最大のインスタントラーメンのメーカとなっています。その責任者は、中国また世界の最大のラーメンのメーカになるのが我々の目標だ。開発区は果している。頂新グループは開発区と伴に発展し、成長していきたいと述べました。以上の投資家が反映しましたように、天津開発区の素晴らしい外部環境は企業発展の基礎を提供したに過ぎず、泰達のサービスこそがその成功の重要な保障だといえるでしょう。泰達のサービスはますます多くの投資家を引き付けています。トヨタ自動車株式会社はそのうちの一つです。トヨタ自動車株式会社はずっと中国での市場開発の拡大を図っています。そして泰達でその夢を果たすことに決めました。現在トヨタは天津シャレード自動車株式有限会社と最新型の自動車を生産する契約を結びました。泰達の真心込めたサービスがトヨタを引き付け、またトヨタの泰達の進出は自動車関係の新しい投資のためのチャンスを作り出しています。

語句：

1. 方便面生产厂家：インスタントラーメンのメーカー。
2. 吸引：引き付ける。吸い寄せる。　●乒乓球比赛吸引了很多观众／ピンポンの試合にたくさんの観衆が吸い寄せられた。　●这个故事很吸引人／この物語はよく人を引きつける。
3. 真诚的服务：真心込めたサービス。　●真诚的友谊／誠意あふれる友情。　●真诚的劝告／真心を込めた忠告。

ポイント：

1. "天津开发区优美的外部环境不过是为企业提供了发展的基础，而泰达的服务才可称为其成功的重要保证。"：这句话不要忽略"才……"的翻译，即「こそ」的使用。"才……"的译法很多，这要根据它在句子中的实际意思来决定。例如：　●比赛才开始／試合はいま始まったばかりだ。　●会议开始了，他才赶到／会議が始まってから、彼はやっと駆けつけた。　●只有用功才能学好／勉強して始めて身につけることができる。　●这才是解决问题的办法／これこそ問題を解決する方法だ。　●我才不上这个当呢！／そんな手にのるものか　等，因此翻译时一定要认真领会原文的意思。

2. "泰达的服务吸引了越来越多的投资者"："越来越多的"在中文中是定语成分，译成日文时需要打破原来的语法结构，通过「ますます」修饰「引き付ける」来完成。"越来越……"的句子，这样处理得很多。例如：　●科学技术正在成为越来越重要的生产力／科学技術は

ますます重要な生産力となりつつある。

原文：

　　接下来介绍一下泰达的投资服务中心。那里的工作人员视投资者为上帝、视项目为生命线，以此作为座右铭，致力于一流基础设施的建设，对投资企业给予最优厚的待遇。并在重视提高服务质量和效率上竭尽全力。中心还配备了海关、商品检验、银行、税务等一系列服务设施。在这里投资者可以办齐一切商务手续。这种一揽子服务打消了外国投资者对中国服务及效率的疑问。为投资者提供一流的服务并让利于投资者已成为泰达人的理念。泰达人考虑到外国投资者可能会由于文化冲击以及社会环境和生活环境的不同会有种种烦恼，为消除这些烦恼，他们依照国际惯例为投资者创造出了决不逊色于先进国家的投资环境及生活环境，并将其定为泰达特色。

訳文：

　　泰達の投資サービスサポートセンタです。従業員たちは投資家は神様、プロジェクトは生命線ということをモットーに、一流のインフラ施設の整備に努め、投資企業に優遇政策を与えると同時に、サービスの質や能率の向上を重視し、力を入れています。センタには、税関、商品検査、銀行、税務など一連のサービス施設が備えらています。投資者がここで取引関係のすべての手続きを纏うすることができます。この一括方式のサービスは中国のサービスや能率に対する外国投資家の疑問を打ち消しました。投資家に一流のサービスを提供し、また利益を与えることは泰達人の理念となっています。泰達人は外国投資家がカルチャー・ショックや、社会体制と生活環境の違いなどの悩みを持つだろうとすでに考えています。そこで、彼らが持つこうした悩みをなくすように、泰達人は国際慣例に従って、投資家に先進国に負けないような投資環境と、生活環境を作り上げ、泰達ならではの特色を定性させています。

語句：

1. 服务中心：サービスサポートセンター。

2. 上帝：神様。上帝。天主。

3. 座右铭：モットー。座右銘（ざゆうめい）。

4. 基础设施：インフラ施設。

5. 竭尽全力：力を尽くす。全力をあげる。

6. 一系列服务设施：一連のサービス施設。

7. 文化冲击：カルチャー・ショック。

8. 不逊色于……：～に負けない。　●并不逊色／別に見劣りしない。　●稍有逊色／やや遜色がある。

ポイント

1. "这种一揽子服务打消了外国投资者对中国服务及效率的疑问。"：鉴于日文定语句排列顺序

的习惯，其中"外国投资者对中国服务及效率的疑问"的语序可以适当调整一下，即把"外国投资者"和"对中国服务及效率"颠倒一下，这样译成的日文比较符合日语的表达习惯。类似这样的情况很多，例如：●日本驻华使馆／駐中国日本大使館。

2. "并将其定为泰达特色"："泰达特色"要表达的是"只有泰达才具有的特色"，因此此句译成「泰達ならではの特色」比译成「泰達の特色」更能把原文的意思传达过去。比较下面两句话，"这是他的作品"与"这是具有艺术才能的王先生的作品"。前句可以译成「これは彼の作品だ」，后句则译成「これは芸術才能のある王先生ならではの作品だと思います」更为准确。

原文：

现在居住在泰达的不仅有身居高级管理职位的外国人，也有普通外国员工、工作人员以及他们的家属。泰达除了拥有别墅、高级公寓、购物中心、医疗设施、各公司的休闲设施、各国特色的餐厅之外，还提供着高水平的生活设施。为海外投资者提供周到的服务还可以从设立泰达国际学校这一点看出。在为投资者子女设立的这所学校，目前有来自 8 个国家和地区的孩子们在这里就读，教员也都来自国外。加拿大籍的玛玛丽校长这样评价："教材是美国的，可以适应北美的教育体系。从这所学校毕业的学生无论到世界各国的哪所学校上学，都不会有任何困难。"今天的泰达已经不再是一般意义上的工业住宅区，它已经成了外向型现代化工业的新型居住区。这意味着在这里除了工作，还可以享受到现代化的都市生活，可以谋求全面的发展。

訳文：

現在、泰達の住民の中には、高級管理職の外国人だけじゃなく、外国人職員と従業員、またその家族もいます。泰達は別荘、高級マンション、ショッピングセンター、医療施設、各社レジャー施設、各国特色を持つレストランのほか、ハイレベルの生活施設を提供しています。海外の投資家に周到なサービスを提供することは泰達国際学校の設立から伺いすることができます。投資家の子供のために設立したこの学校では、八つの国や地域の子供たちが勉強しており、教員も海外から来ています。カナダ籍のママリ校長は、テキストはアメリカのものなので、北米の教育システムに順応でき、この学校を出た学生は世界各国の学校へ入学するには、何の障害もないとこのように評価しています。今日の泰達はすでに一般の意味での工業団地ではなくなり、外向型の近代化した工業ニュー団地となっています。これはここで仕事をする以外に近代的な都市生活を楽しみ、全面的な発展を図ることもできることを意味しています。

語句：

1. 购物中心：ショッピングセンター。
2. 休闲设施：レジャー施設。
3. 外向型：外向型。
4. 新型居住区：ニュー団地。

1. "现在居住在泰达的不仅有身居高级管理职位的外国人"："居住在泰达的"这句话，一般会译成「泰達に住んでいる」，但是因为"泰达"本身是开发区的名称，如果译成「泰達に住んでいる」则意思不明确，不如译成「泰達の住民の中には」更能体现这句话要表达的意思。
2. "教材是美国的，可以适应北美的教育体系。"：虽然这句中文中没有出现"因为""所以"之类的词语，但是从整个句子的逻辑看，这是一个因果句。因此要用「ので」把两句连接起来。类似这样的情况很多，反过来日译汉时，需要省略"因为""所以"的情况也很多。

原文：

　　泰达已经走过了十几年漫长的创业历程，已从昔日的荒碱地发展成为现如今的出色工业园地。而且，现在泰达人又燃起了新的希望。为扩展其功能，泰达又在天津周边地区建立了泰达微电子工业基地、泰达化学工业基地、泰达逸仙化学技术工业基地三个新的工业基地。天津开发区在不断引进国内外资本的同时，今后还会努力将重点放在高科技产业的开发上。泰达打出了 E-TEDA，即数字化开发区的构想，这个构想将致力于各种信息研究项目的开发。此构想将会为高科技产业的发展打下良好的基础。

訳文：

　泰達はすでに十数年という長い創業の道程を歩んできました。昔の荒地は今日立派な工業団地となっています。そして、今、泰達人はまた新しい夢に燃えています。機能拡大のため、泰達は天津の周辺地域に、さらに泰達マイクロエレクトロニクス工業団地、泰達化学工業団地と、泰達逸仙化学技術工業団地という三つの新しい工業団地を作りました。天津開発区は、国内外の資本を引き続き導入すると同時に、今後ハイテク産業の開発に重点をおき、努力しています。まず、泰達は E-TEDA、即ちデジタル化開発区という構想を打ち出し、各種情報プロジェクトの開発に力を入れています。これはハイテク産業の発展に素晴らしい基礎を作ることになるでしょう。

語句：
1. 漫长的创业历程：長い創業の道程。　●漫长的岁月／長たらしい年月。　●回顾战斗的历程／戦いの歴程（れきてい）を回顧する。
2. 功能：機能。職能。効用。功能。
3. 微电子：マイクロエレクトロニクス。
4. 工业基地：工業団地。
5. 数字化：デジタル化。
6. 信息研究项目：情報プロジェクト。

ポイント：
1. "现在泰达人又燃起了新的希望"："希望"表达的意思很多，例如：　●消灭战争，维护世界和平是全人类的希望／戦争をなくし、世界平和を維持することは全人類の願望である。　●

青年是国家的希望／青年は国家のホープである。　●他从小就希望做一个医生／彼は小さい時から医者になりたいと思っていた。　●希望你好好想一想／よくよく考えてほしい 等。此句中的"希望"表达的是泰达人「将来実現したい願い」「理想」，因此可以译成「夢」。

2. "泰达打出了 E-TEDA，即数字化开发区的构想，这个构想将致力于各种信息研究项目的开发"："这个构想"在译成日文时要省略不译。"这个构想将致力于……"在中文中成立，但是在日文中不成立，既不能译成「この構想は～に力を入れている」。「力を入れている」的主语应该是「泰達」。

原文：

　　天津开发区与南开大学合作建设的泰达学院，将成为培养高科技产业人才的基地。泰达国际创业中心是泰达高科技产业发展不可缺少的场所，致力于开发高科技产业的软件和硬件环境。泰达和天津大学共同创造的天津大学科技园不久即将完成，它将成为高科技产业的集中规划区。在中国有着成本最低、效率最高的投资区之美誉的泰达并不满足其现有的业绩，他们正在不断地努力着。在拥有悠久历史的中国这片广阔土地上，泰达一定会率先奏响现代化新的乐章。

訳文：

　　天津開発区と南開大学との協力によって建設された泰達学院は、ハイテク産業のための人材を養成する基地になるでしょう。泰達国際創業センターは、泰達ハイテク産業の開発には欠かせないもので、ハイテク産業のソフトとハードの環境づくりに努めています。泰達と天津大学が共同で作り上げた天津大学科学技術パークは間もなく完成し、ハイテク産業の集中的な企画区域となります。中国でコストが最も低く、能率が最も高い投資地域とされる泰達は、その実績に満足せず、努力を続けています。古い歴史を持つ中国の、この広い大地で泰達は必ず先駆けて近代化の新しい楽章を奏でるでしょう。

語句：

1. 高科技产业：ハイテク産業。
2. 科技园：科学技術パーク。
3. 规划区：企画区域。　●城市规划／都市計画。
4. 业绩：実績。業績。　●创造了伟大的业绩／偉大な業績を作り上げた。
5. 奏响：奏でる。演奏する。奏する。　●奏响国歌／国歌を奏する。

ポイント：

1. "致力于开发高科技产业的软件和硬件环境"："致力于……"可译为「～に力を尽くす」「～に努力する」「～に努める」「～に力を注ぐ」。例如：　●致力于革命／革命のために力を尽くす。　●致力于和平事业／平和事業に力をそそぐ。
2. "泰达一定会率先奏响现代化新的乐章"："率先"一般译为「先駆ける」，或者「まっさきに」「第一着に」。例如：　●梅花在春季到来之前率先开放／梅は春に先駆けて咲く。

練習問題：
次の文章をよく読んだあと、日本語に翻訳しなさい。

1. 天津市位于华北平原东北部，东临渤海，北靠燕山山脉。北面与首都北京相连，东、西、南部分别于河北省的唐山、承德、廊坊以及沧州地区交界。海岸线长约 133 公里，面积 1 万 1305 平方公里。

2. 天津位于海河下游，市内贯穿海河、子牙新河、独流碱河、永定新河、潮白新河、蓟运河等河流，然后流向大海。市中心离海岸 50 公里，距首都北京 120 公里，是海上通向北京的要道。天津还是连接华北、东北、西北三地的交通枢纽。天津还是通向中国北部十几个省、直辖市的海上要道，有中国北部最大的人工港口——天津港。三十多条海上航道通往世界 300 多个国家和地区的港口，是太平洋通向欧洲和亚洲内陆的主要航道，是一个在地理位置和战略地位上得天独厚的重要城市。

3. 天津市位于中纬度亚欧大陆东海岸，面向太平洋。受季风的影响很大，冬天受来自蒙古的冷高压的影响，常刮北风。夏天受西太平洋副热高压的影响，常刮南风。天津的气候属温带半湿性大陆季风气候，具有明显的由大陆向海洋过度的气候特征。即春、夏、秋、冬四季分明，季节长短不同，降雨少、雨量不均衡、季风大、日照充分，离海很近但却具有较强的大陆性气候特征。年平均气温为 12.3℃，七月最热，月平均气温达到 26℃。一月最冷，月平均气温达到零下 4℃。年平均降雨量为 550～680 毫米，夏季降雨量约占年降雨量的 80%左右。

4. 天津有很多历史古迹，出土文物也很丰富，拥有四十所国家级及市级重点保护文物。其中，隋朝市兴建的木结构大寺——独乐寺，有 1000 多年的历史。蓟县黄崖关长城全长 41 公里，造型各异的烽火台 1000 多个。被称为"北京东部第一山"的蓟县盘山地势宏大，群山叠嶂，建筑物和山水浑然一体。此外，还有天后宫、文庙、大悲院、大沽口炮台、望海楼教堂、广东会馆以及周恩来青年时期在天津的革命活动纪念馆等。

5. 天津的建筑物拥有古建筑与现代建筑共存的特点，被称为"万国建筑博物馆"。因为开放比较早，并且有九个国家的租借地，因此风格各异的西方建筑成了天津的特点。19 世纪末到 20 世纪初东方以及欧美各国的各式建筑物共有 1000 多栋。

6. 天津现在拥有 20 所大学，230 个专业学科，在校学生人数 7 万余人，在校研究生 5800 人。其中攻读博士课程的研究生 1500 人。普通中学 732 所，在校学生 50 多万人。中等职业技校近年来有了突破性的发展，中等专业学校 64 所，职业学校 140 所，技工学校 120 所，成人大学 532 所，在校学生为 5 万多人。自然科学研究机构 150 所，各个领域的科学家、技术人员共 30 多万人，其中还有不少取得显著成果，在国内外享有盛名的专家和学者。

7. 天津经济的发展始于 1992 年邓小平的南巡讲话以后。94 年三月，当时的张立昌市长（现中共政治局委员）提出了"三五八十"的发展目标。这是一个通过引进外资、进行大中型国有企业改造、平房拆迁改造等措施，短期内实现 GDP 翻一番的大胆计划。

天津的经济发展势头犹如长时间积蓄的能量一下子吐出一样。2002 年底天津的 GDP 达到了 2051 亿元。与 1993 年的 GDP 536 亿相比，十年大约增长了四倍。十年的经济发展大大超过了全国的平均值。

城市居民平均每人的可支配收入从 1993 年的 2769 元增加到了十年后的 1 万元。农民平均每人的年纯收入也从 1593 元增加到了 5315 元。

引进外资累计达到 73 亿美元以上。有 1220 家国有企业利用这个外资进行了技术改造项目。曾经的盐碱滩上建起了天津技术开发区，摩托罗拉、可口可乐、大冢制药等世界知名大企业相

继开始投资。

丰田公司 2000 年来到天津，与中国一汽（第一汽车）合资生产威驰轿车。录用了 2000 名本地员工，平均年龄 21 岁。丰田在开发区建设了总面积为 155 万平方米的第二厂房，2005 年开始生产皇冠轿车。

8．松下、本田、雅马哈、佳能、三洋电机、阿尔普斯、日商岩井、田边制药……。罗列日本代表性的制造业厂商名，它们几乎与在天津经济技术开发区注册的日资企业名单重叠。

到今年一月为止进入天津开发区的日资企业数目达到了 324 家。投资总额为 21.37 亿美元，占开发区总投资额的 9.9%，仅次于美国、香港地区和韩国。这些日资企业主要集中在汽车产业和电子通讯产业。仅丰田汽车与其相关整车组装以及零部件厂家就达四十家。

决定日资企业地位的乃是 2000 年后依次落实的丰田汽车的正式进入。

丰田集团与天津汽车集团的关系始于大发工业 1986 年向天汽公司提供"夏利"生产技术。此次丰田公司借助天津汽车公司与中国一汽合资的契机，在与天津夏利合作的天津丰田生产小型轿车的同时，还和一汽合作生产皇冠轿车。即丰田公司在天津建立了两个轿车生产基地。

9．天津市是直辖市，1984 年与其它十三个城市被中央确定为沿海开放城市。同年 12 月经国务院批准建立了天津经济开发区。同时被确立为开发区的还有大连、秦皇岛、烟台、青岛、连云港、南通、上海、宁波、温州、福州、广州、湛江、北海等城市。现在距设立开发区已经经过 20 个年头了，天津开发区的发展情况远远高于其他开发区，"一直处于第一的地位"。

94 年以来，开发区一直以年均 26% 的惊人速度发展着。这期间，工业生产总值增加了八倍，区域内 GDP 增长了 9 倍，出口额增加了 11 倍。

进入开发区的三资企业现在达到了 3679 家。其中合资为 1514 家，合作 88 家，独资为 2077 家。投资总额为 213.8 亿美元，其中外资为 183.7 亿美元，已经注册的基础资本为 114.6 亿美元。

第九课　商务信函

原文：

敬启者　阳春时节，恭贺贵公司日益兴旺。素蒙特别关照，谨致深厚谢意。

此次弊公司办公地点已迁至华苑新产业园区，办公室设在天财大厦 B 座 6 楼。上月已经搬迁完毕，4 月 15 日开始营业。搬到新办公室后，全体职员精神面貌焕然一新，正在为公司事业之发展努力工作。衷心希望诸位客户今后更加关照为盼。

特此致意，幸恕不周。

谨启

訳文：

拝啓　陽春の候、貴社ますますご繁栄のこととお喜び申し上げます。平素は格別のお引き立てを賜り、厚く御礼申し上げます。

さて、このたび弊社では華苑新産業園区に社屋を移転いたしまして、天財ビル B 座 6 階にオフィスを構えることになりました。

先月末に移転を済ませまして、この 4 月 15 日より、さっそく営業を開始いたしております。新しいオフィスに移ってから社員一同も心機一転いたしまして、社業に邁進すべく励んでいるところでございます。

お取引先の皆様にも、なにとぞ従来にも増してお引き立てくださいますよう、衷心よりお願い申し上げます。

まずは、略儀ながら書中をもってご挨拶申し上げます。

敬具

語句：

1. 敬启者：拝啓、謹啓。
2. 阳春时节：陽春の候。 ●晚秋时节／晚秋の候。 ●严冬时节／厳冬の候。 ●初夏时节／初夏の候。
3. 恭贺：お喜びもう上げる。 ●恭贺新禧／謹賀新年・新年おめでとう。
4. 兴旺：繁栄。 ●兴旺发达／盛んになる。
5. 弊公司：弊社、当社、当方。
6. 办公室：オフィス、事務所。
7. 搬迁：移転、引っ越す。転居する。
8. 全体职员：社員一同。

9. 謹启：敬具、敬白。

ポイント：

1. "办公室设在天财大厦 B 座 6 楼"：此句中"设在"一词要表示的不是「～に設けられる」，而是告诉对方新办公地点。因此用「～になりました」能更准确地表示要表达的意思。即「天财ビル B 座 6 階にオフィスを構えることになりました」。

2. "全体职员精神面貌焕然一新"：因为"精神面貌焕然一新"指的是精神上、心理上的状态发生根本性的转变，译成日文时要从那些描写心理状态变化的词汇中寻找。「心機一転」表达的是「ある動機からすっかり心持の変わること」，因此选择这个次比较贴切。

3. "衷心希望诸位客户今后更加关照为盼"："希望……"的译法很多。例如： ●希望上大学／大学に入りたい。 ●希望你好好想一想／よくよく考えてほしい。 ●消灭战争，维护世界和平是全人类的希望／戦争をなくし、世界平和を維持することは全人類の願望である。 ●青年是国家的希望／青年は国家のホープである。本句中的"希望"与"希望你好好想一想"中的"希望"所表达的意思相同，不过由于本句希望的对象是客户，需要使用敬语，因此要用「～に、～ようお願いする」来表达。即「お取引先の皆様にも、なにとぞ従来にも増してお引き立てくださいますよう、衷心よりお願い申し上げます」。

原文：

　　弊公司系中国天津市主要进出口公司之一，经营各种纺织用品。在这里请允许将我公司情况做一介绍。

　　弊公司一贯固守质量第一、信誉第一、用户第一的原则，服务于各国的用户。现随函附上出口产品目录一份，相信其中必有令贵方感兴趣的产品。

　　如能收到贵方对各种产品的询价单，弊公司将寄去包括包装费在内，以美元结算，天津港离岸价格的报价单。有关付款条件我们将另行洽谈。

　　谨此致意。

訳文：

　　当社は中国天津の主要輸出入公司の一つであり、各種の紡績製品を取り扱っております。ここもと書信をしたため、自己紹介させていただきます。

　　当社は一貫して品質第一、信用第一、ユーザー第一の原則を守り、各国の需要家のみなさまにサービスしております。ここに輸出製品リストを一部同封いたしますが、その中に必ずや貴方が興味を持たれるものがあるものと確信しております。

　　各種の製品に対しお引き合い状をいただければドル建て FOB 天津港、包装費込みのオファー・シートをご送付いたします。支払い条件については、別途で相談させていただきます。

　　まずは御礼まで。

語句：

1. 纺织用品：紡績製品。 ●纺织品／テキスタイル。繊維製品。織物。

2. 信誉：信用。信用と名誉。　●信誉卓著／信用があるので評判だ。

3. 用户：ユーザー。使用者。　●电话用户／電話使用者。

4. 感兴趣：興味を持つ。

5. 相信：確信する。信じる。信用する。　●我相信他／私は彼を信用する。　●相信同志们会把工作做好／かれらは仕事をうまくやるに違いないと思う。

6. 询价单：引き合い状。

7. 报价单：オファーシート。

8. 付款条件：支払条件。

10. 另行洽淡：別途で相談する。

11. 谨此致意：まずは御礼まで。

ポイント：

1. "弊公司系中国天津市主要进出口公司之一，经营各种纺织用品"：日语中没有「公司」一词，但是随着中日贸易往来的频繁，有人把中国的"公司"直接译成「公司」。特别是改革开放初期，因为中国的公司与日本的「会社」还存在着一些差异，似乎把中文的"公司"译成「公司」更能体现中国公司的特点，因此「公司」一词被沿用了下来。

2. "在这里请允许将我公司情况做一介绍"："在这里"忽略不译。另外，因为是书信，"我"一词使用略带文言文性质的自谦语「ここもと」更显得庄重。

3. "服务于各国的用户"："服务"的译法要根据在句子中的意思来翻译。例如：　●科学为生产力服务／科学は生産のために奉仕する。　●服务周到／サービスが行き届いている。　●服务年限／勤務年限。本文中的"服务于……"译成「～にサービスする」较贴切。

原文：

阳春时节，恭贺贵店繁荣兴隆。素蒙格外关照，深表谢忱。

贵函6月30日订购之上述商品，由于弊公司的差错，拖延了交货期十分抱歉。该货物已于今日由天津船运公司发出，给贵店带来很大的麻烦，在此深表歉意。

出现上述情况的原因是，负责贵店订货的业务员因病住院，由于疏忽没有向接替业务员交待。这都是因为我们管理不严，才出现此差错，非常惭愧。

如此疏忽职守之事当不再发生，敬请见谅，并希望今后继续关照为盼。

特此通知，并致以歉意。

訳文：

陽春の候、ますますご繁栄のこととお喜び申し上げます。平素は格別のお引き立てを賜り、厚く御礼申し上げます。

さて、貴信６月３０日付にてご注文いただきました標記商品につきましては、当方の手違いにより納期遅延と相成りまして、誠に申し訳なく存じます。本日天津船会社にて発送申し上げましたが、ご迷惑をかけました段、深くお詫び申し上げます。

じつは、貴店からのご注文を受けました担当の営業員が、病気で入院しまして、その際、交代の社員に申し送りを怠ってしまったような次第でございます。誠にお恥ずかしいミスに

て、監督不行き届きを痛感いたしております。

　このような不始末は今回限りと思いまして、なにとぞご容赦のうえ、今後ともお引き立てのほどお願い申し上げます。

　まずはお詫びかたがたご通知まで。

語句：

1. 貴函：貴信。
2. 订购：注文する。発注する。　●这批工作机床是从国外订购的／これらの工作機械は国外からの発注品です。
3. 差错：手違い。　●一不小心，就会出差错／ちょっとでも油断すると間違いを起こす恐れがある。　●发现重大差错／重大なミステークを発見する。　●万一出了差错怎么办？／もしもの事でも起きたらどうする。
4. 业务员：営業員。
5. 疏忽：怠る。　●疏忽职守／職責をおろそかにする。　●一时疏忽，铸成大错／ちょっとした粗忽が大きな誤りを引き起こす。
6. 玩忽职守：不始末。勤めを疎かにする。職責を軽んずる。
7. 见谅：容赦する。
8. 歉意：お詫びする。　●深致歉意／深く遺憾の意を表す。　●表示歉意／恐縮です。

ポイント：

1. "拖延了交货期十分抱歉"：因为"拖延了交货期"表达的是事情结果，因此译成「納期遅延となる」比译成「納期が遅延する」更能体现"造成如此结果"的含义。因为是书信，故使用「なる」郑重的表现「相成る」。
2. "由于疏忽没有向接替业务员交待"：这句话是向对方解释事故发生缘由的，因此在句子的末尾不要忘记使用「～次第です」。
3. "这都是因为我们管理不严，才出现此差错，非常惭愧。"：译成「誠にお恥ずかしいミスにて、監督不行き届きを痛感いたしております」。此句不论是从语序上还是从数量上都与原文不很对应。这是因为像书信这样的文章，与其说是严格按照原文的字义翻译过去不如按照日文的表达习惯套用。因为如若不然，书信的味道就没有了。
4. "特此通知，并致以歉意。"：这是书信的惯用语句，根据意思按照习惯套译即可。例如：　●谨此冒昧致歉并通知／まずは取り急ぎお詫びかたがたお知らせまで。　●特此匆匆告知／まずは取り急ぎ、ご通知まで。　●只此匆匆要事／取りあえず、用件のみ。

原文：

　9月2日贵函已拜读。获悉此次发送的20箱毛巾被其中一箱被水浸渍，对此深表歉意。

　弊公司一直以来都在致力于改善出厂产品的包装质量，最近又内衬防潮纸。不过还是发生了这种预期不到的事情，实在抱歉。根据合同，运输中出现的问题由弊公司负责，被水浸渍的商品我方负责调换。从贵函获悉被渍货品已经由燕京号寄出，只要该货品一到，即将发送调换品。贵公司寄送调换品的运费，待贵方请款通知一到立即汇出。

仅此匆匆致歉并奉复。

訳文：

　さっそくながら、9月2日付お手紙ありがたく拝見いたしました。このたびお送り申し上げました「タオルケット 20 箱」には1箱が水をかぶっているとの由、まことに申し訳なく、心から陳謝申し上げます。

　弊社におきましては、平素から出荷品の荷造りについては、その改善に力をいれつつあり、最近はまたターポリン紙も内張りしてありますが、また、こんな不測なことが起こって、誠に申し訳ございません。

　ご契約により、輸送中の事故責任は弊社にありますので、濡れ荷は完全品とお取替えさせていただきます。返品はもう燕京号にてご返送いただきましたとおっしゃいましたが、返品が着荷次第、完全品をお送りいたします。なお、右の返送料は、ご請求あり次第、ご送金申し上げます。

　まずは、取り急ぎお詫びかたがたご返事まで。

語句：

1.　拝読：拝見する。拝読する。　●拝読来信／お手紙を拝読する。

2.　预期不到：不測だ。　●获得预期的效果／予期した効果を得る。

3.　被水浸渍：水をかぶる。

4.　被水浸泡的商品：濡れ荷。

5.　调换：取り替える。交換する。　●调换着用／取り替えて使う。

6.　运费：送料。運賃。●运费在内／運賃こみ・運賃当方払い。　●运费在外／運賃先方払い。

7.　请款通知：請求書。

ポイント：

1.　"9月2日贵函已拜读"：在书信中，如果是紧急事情往往省略前面的寒暄。这时按照习惯要先说一句「さっそくながら」，再开门见山地叙述要说的事情。因此，在翻译时也要按照日文书信表达习惯加译上「さっそくながら」。

2.　"获悉此次发送的 20 箱毛巾被其中一箱被水浸渍，对此深表歉意。"："获悉"是书信用语，与之相对应的日文书信用语为「～の由」「～との由」。例如：　●获悉您很健康，太好了／お元気の由、何よりです。

3.　"致力于改善出厂产品的包装质量"："致力于……""致力……" 译成日文为「～に力を尽くす」「～に力を注ぐ」　●致力革命／革命のために力を尽くす。　●致力于和平事业／平和事业に力を注ぐ。

4.　"只要该货品一到，即将发送调换品"："一……即……"、"一……就……" 句型，译成日文为「～するとすぐ～」「～したかと思うとすぐ～」「～次第」等。选择哪一个需要根据句子的内容。例如：　●一学就会／習うとすぐ覚える。　●一着凉就发烧／冷えるとすぐ病気になる。　●日程安排一定马上就通知您／スケジュールが決まり次第、すぐお知らせします。本句选择了「～次第」，因为「～次第」表示「(～) が起こったら、すぐ後のことをすると

いう意志を伝えたい時によく使う」。另外，"调换品"可以译成「完全品」，也可以译成「取替え品」，但前者是针对被水浸渍后的残次品来讲的，更能给对方一种安全感。

原文：

初秋时节，恭贺贵公司生意日益繁荣。

此次弊公司开发部门研制出划时代的新产品"○○"银行自动取款机，今特此发布该项成果。该产品系与美国 L 公司技术合作开发出来的，以具有以往机种不具备的优秀性和质量而取胜。

在发售产品之前，拟请为销售弊公司产品予以诸多协助的诸位参观，并聆听诸位的宝贵意见和批评，谨按下列所述事项召开展览发布会。请于百忙之中光临为盼。谨此奉告。

訳文：

初秋の候、貴社ますますご清栄のこととお喜び申し上げます。

さて、このたび弊社につきましては、開発部門では画期的な新製品「○○」ATM 機器を完成いたしましたので、成果を発表することになりました。当製品はアメリカの L 社と技術提携して開発に至ったものですが、従来の機種にない優れた性能と品質を備えたものであると自負いたしております。

つきましては、製品の発売に先立って、弊社製品の販売方に多大なご協力をいただいております皆様方へご高覧に供したうえで、ご意見やご批判などを承りたいと存じまして、下記のとおり展示発表会を開催いたすことになりました。

ご多忙中のところ恐縮ですが、ぜひご来場くださいますよう、ご案内申し上げます。

語句：

1. 初秋时节：初秋の候。
2. 研制：開発する。研究して製造する。完成する。
3. 划时代：画期的だ。 ●划时代的作品／画期的な作品。
4. 自动取款机：ATM 機器。
5. 发布成果：成果を発表する。 ●发布新闻／ニュースを公表する。 ●发布命令／命令を公布する。
6. 技术合作：技術提携。
7. 展览发布会：展示発表会。

ポイント：

1. "此次弊公司开发部门研制出划时代的新产品"○○"银行自动取款机"：按照日文书信的书写习惯，这句话要加译「さて」。另外，"弊公司开发部门研制出……"一般情况下译成「弊社の開発部門では～」，但是因为此句是书信用语，因此要按照书信的书写习惯译成「弊社につきましては、開発部門では」。

2. "以具有以往机种不具备的优秀性和质量而取胜"："……而取胜"在这里不是谁战胜了谁的含义，因此不能译成「勝ち取る」「勝利する」。这里的"取胜"相当于"以……而出众""以

174

……而自信（而自豪）"，因此可以译成「～と自負する」。　●四川菜以调味品取胜／四川
料理は調味料を自負する。

3. "在发售产品之前"："在……之前"可以译成「～する前に」。例如：　●在吃饭之前要洗手
／ご飯を食べる前に、手を洗うものです。　●在实行计划之前，需要得到周围人们的认可
／計画実行に先立って、周りの人たちの許可を求める必要がある。比较而言，「～に先立
って」更侧重于「～の前に準備として」。本句正包含这个含义，因此译为「製品の発売に
先立って」更贴切。另外，根据日文书信书写习惯，要在「製品の発売に先立って」加译「つ
きましては」。

練習問題：

次の文章をよく読んだあと、日本語に翻訳しなさい。

1. 初春时节，恭贺事业日益昌盛繁荣。素蒙特别惠顾，谨致深厚谢意。

　弊公司此次决定在天津开设分店。很久之前就曾拟订了进入天津的计划，今日终得实现，
拟于 5 月 10 日开始营业。此次开设分店全系诸位支援和厚谊之结果，衷心表示感谢。今后也可
通过天津分店直接订购商品，故恳切希望今后更多订货，充分利用是荷。

　分店经理由弊公司营业部的张腾担任，尚请惠予指导、关照为盼。

2. 此次弊公司新产品"○○"销售活动中，贵公司给予了大力的协助，实在感谢。多亏贵
公司的大力协作，以天津为中心的华北地区销售态势才得以如此稳定，且销售业绩急剧增长。
这都是贵公司细致的销售计划得以实现的结果，为此我公司表示衷心感谢。

　今后还请多多大力协助。

　另外，在质量以及销售服务等方面如有问题，请直接与我或者与天津分店销售促进部联系。

　仅此致谢。

3. 实在不好意思，此前承蒙隆情厚谊周转的借款，已经过了约定的还款期限，却未能如期
奉还，深感抱歉。

　本人虽尽全力遵守约定，但无奈上月发生了意外的支票事故，因此导致借您的款项不能如期
奉还。给您添了如此大的麻烦，实在抱歉。支票事件现在终于有望解决了，可否准予延迟到本
月 28 日？承蒙您的厚意，本人也于心不安，还是恳请您能应允为盼。

　仅此道歉并再次拜托。

4. 前略　10 月 15 日给贵社寄上空调货款请求书之后，我方又再三催促，但迄今为止仍没有
收到付款。

　每次与贵方联络，贵方都答应一定妥善处理此事。但是我方至今仍未收到货款，这足以让我
方怀疑贵方的诚意。

　务请贵方于 12 月之内把货款寄到，如果贵方仍不具体落实，非常遗憾，到那时我方将不得
不采取法律手段，望理解。

　恳切地盼望妥善处理此事。

5. 十月二十七日订购的彩色电视机，已经过了 31 日交货期，但是仍没有到货，我方甚感为
难。正如上次向贵方告知的那样，本公司已经没有库存，并给客户带来了很大的麻烦。由于季
节的关系，预计今后的销售量还会增长，目前商场还在不断有客户预订此产品。

　如果贵方因为库存不够等原因延误交货的话，烦请告知确切的交货日期为盼。

特此函询

6. 承蒙 3 月 10 日贵函订购弊公司产品，甚为感谢。贵店在订货单中要求将交货期"5 月 10 日"改为"4 月 10 日"。关于交货期，在提供报价单时已经蒙贵店同意，现在又突然提出变更交货期，实在让弊公司为难。空调是季节性商品，进入 2 月份以来，订货接踵而至，照目前的情况看，无论如何也不能满足贵方所希望的交货日期。

难得贵店的订货，怎奈无法满足所期望的交货日期，故不得不谢绝贵店的此次订货，实在抱歉。

现将贵店订货单寄还，望研究后，重新订货为盼。

特此奉复，并致歉意。

第十课　劳动合同

原文:

　　天津○○有限公司（以下简称 "甲"）为中外合资企业。此次聘请乙为甲的合同制职员。

　　甲乙双方按照国务院《中外合资经营企业劳动管理规定》以及天津市人民政府的相关规定，本着平等自愿的原则，同意签署本合同。

訳文:

労働契約書

　　天津○○有限公司（以下甲という）は、中外合弁経営企業である。この度、乙を甲の労働契約制従業員として招聘する。

　　甲、乙両方は 国務院の『中外合弁経営企業労働管理規定』及び天津市人民政府のそれに関する規定にしたがい、平等自主の原則に基づき、本契約を締結することに同意した。

語句:

1. 中外合资企业：中外合弁経営企業。　●独资企业／独資企業。
2. 聘请：招聘する。　●成立研究小组，聘请专家指导／研究班を設け、専門家を招聘して指導に当たらせる。
3. 合同制职员：労働契約性従業員。
4. 签署：締結する。調印する。

ポイント:

1. "甲乙双方按照国务院《中外合资经营企业劳动管理规定》以及天津市人民政府的相关规定"："相关规定" 本身一般译成「関係規定」。当 "相关规定" 前面有很长的定语句时，译成「～のそれに関する規定」则更加明确。
2. "本着平等自愿的原则"：这里的 "本着" 即 "按照" 的含义，因此译成「～に基づく」。例如：　●本着政策办事／政策に基づいて事を処理する。
3. "同意签署本合同"："同意……" 译成「～に同意する」。　●我同意这个提议／わたしはこの提案に同意する。　●举手表示同意／手をあげて賛意を表す。

原文:

第一条 合同期限

1. 本合同期限自 1995 年至 2000 年共五年。其中○到○为试用期。
2. 试用期内，当甲认为乙不符合录用条件时，可以立即解除本合同。同时要付给乙当月出勤

的工资。

3. 本合同在上述合同期限内有效。根据工作和生产的需要，在经乙的认可下，甲可以延长合同期限。合同有效期满的前一个月，甲书面通知乙是继续合同还是终止合同。

訳文：

第一条　契約期間

1. 本契約は 1995 年から 2000 年までの 5 年間とする。その内〇〇から〇〇までは試用期間とする。

2. 試用期間内において、甲は乙が採用条件に符合しないと判断した場合、本契約を直ちに解除することができ、かつ、乙に対して、当月出勤した分の給料を支払う。

3. 本契約は上記期間内有効とする。甲は業務の行動の需要により、乙の同意を得て、契約期間を延ばすことができる。契約の有効期間が満了する一ヶ月前までに、甲は書面にて乙に契約を継続するかしないかを通知する。

語句：

1. 录用条件：採用条件。

2. 符合：符合する。一致する。ぴったり合う。合致する。かなう。　●与事实完全符合／事実と完全に一致する。　●符合要求／要求にかなっている。

3. 立即：直ちに。たちどころに。すぐ。即座に。みるみるうちに。　●立即转移／ただちに移転する。　●通知一到，立即出发／知らせがくればすぐ出発する。　●立即拒绝了／たちどころにはねつけた。

4. 解除合同：契約を解除する。　●解除武装／武装解除する。　●解除顾虑／懸念をなくす。

ポイント：

1. "本合同期限自 1995 年至 2000 年共五年。"：因为「本契約は 1995 年から 2000 年までの 5 年間とする」已经体现出了"期限"的含义，因此可以省略不译。另外，因为是合同，在这里强调人为的规定，因此不能译成「5 年間となる」。

2. "当甲认为乙不符合录用条件时"："认为"一般译成「思う」「考える」「認める」。例如：　●我认为他不合格／私は、かれは資格がないと思う。　●大家都认为这是必要的／みんなはこれがぜひ必要であることを認める。但是本句是合同语言，句中的"认为"表达的是「考え定めること、ある物事について自分の考えをこうだと決めること」，因此此时的"认为"应译成「判断する」。

3. "根据工作和生产的需要"：这里的"工作和生产"是一个综合概念，代表的是生产活动全部，因此译成「業務の行動」即简洁又明了。

原文：

第二条　工种和工作时间

1. 甲根据工种和经营情况，经测试后，为乙分配工作。

2. 甲可根据工种以及工作需要并根据乙的工作表现，调整乙的工作内容。

3. 甲每周五天工作日，每天八小时工作制。
4. 乙可以享受中国政府规定的法定节假日以及探亲假、婚假、产假、丧葬假以及公司规定的假期。
5. 根据工作，需要乙加班时，甲要根据加班的相关制度发给乙加班费。

訳文:

第二条 職場と勤務時間

1. 甲は現場及び経営の状況に基づいて、テストした上で、乙の仕事を配置する。
2. 甲は、現場及び業務の需要及び乙の仕事ぶりに応じ、乙の業務内容を調整することができる。
3. 甲は週五間勤務制度を実施する。勤務時間は一日八時間とする。
4. 乙は国家の規定に定めた法定休暇及び親族訪問休暇、結婚休暇、出産休暇、葬祭休暇、公司が規定する休暇などを享受することができる。
5. 業務の需要で残業が必要となる場合、甲の残業に関する制度に従って乙に残業手当を支払う。

語句:

1. 測試：テスト。 ●智力測試／知能テスト。 ●測試汽车性能／自動車の性能を調べる。
2. 分配工作：仕事を配置する。 ●分配住宅／住宅を割り当てる。 ●服从组织分配／組織の配属に従う。 ●分配适当的工作／適当な仕事をあたえる。 ●分配角色／配役。
3. 工作表现：仕事振り。 ●他在工作中的表现怎么样？／彼の仕事振りはどうですか。 ●通过实际表现来证明／実際の行動を通じて証明する。 ●他就爱表现自己／彼はよく自分のことをひけらかす。
4. 享受：享受する。受ける。 ●享受公费医疗／無料医療を受ける。
5. 法定节假日：法定休暇。
6. 探亲假：親族訪問休暇。
7. 婚假：結婚休暇。
8. 产假：出産休暇。
9. 丧葬假：葬祭休暇。
10. 加班：残業する。超過勤務。 ●加班费／残業手当。 ●加夜班／夜間残業をする。

ポイント:

1. "工种和工作时间"："工作"的译法很多，例如： ●积极工作／積極的に仕事をする。 ●认真工作／まじめに勤務する。 ●找工作／職をさがす・職を求める。 ●改变工作／職業をかえる。 ●工作部门／活動部門。 ●工作岗位／職場。 ●工作量／仕事の量。 ●文艺工作者／文芸専門家。 ●医疗工作者／医療業務従事者。这其中有表达意思的不同，也有表达习惯的不同。根据意思，本句采用「勤務」最恰当。
2. "甲可根据工种以及工作需要并根据乙的工作表现，调整乙的工作内容。"："根据"可以译成「～に応じて」「～にしたがい」「～により」「～に基づき」等。例如： ●打工费用要根据

労动时间来计算／アルバイト料は労働時間に応じて計算される（前のことがらが変われば、それに対応して後のことがらも変わる場合）。　●根据多数人的意见表决／多数決にしたがい（慣例・法規などに違反しないようにする場合）。　●根据我们的经验……／われらの経験によれば～（根拠とする場合）。　●这本小说是根据史实编写的／この小説は歴史的事実に基づいて書かれたものです（よりどころ、基礎にする場合）。本句中的"根据"表示的是"乙的工作表现变了，那么乙的工作内容也需调整"，因此译成「～に応じて」。

3. "甲每周五天工作日，每天八小时工作制"：这句话说完整了应该是"甲实施每周五天工作日，每天八小时工作制"，因此翻译时需要加译「実施する」。即「甲は週五間勤務制度を実施する」。

原文：

第三条　工资、保险及福利待遇

1. 甲根据相关规定决定乙的工资（可以根据乙的工种，调整乙的工资）。并根据相关规定、乙的工作表现，为乙发放各种补助、加班费以及奖金。
2. 每月 10 日为工资发放日。
3. 甲根据规定，定期为乙上养老保险和失业保险。
4. 乙在合同期内有生病、受伤、死亡等情况发生时，甲要根据中国政府以及天津市的相关规定，办理相关手续。
5. 乙生病需要治疗时，甲要根据公司职员出勤管理制度，给予相应的治疗时间。
6. 甲根据中国政府的规定，给乙发放独生子女补助金及其它福利费用。

訳文：

第三条　労働報酬・保険と福祉待遇

1. 甲は、甲の関係規定に基づき、乙の給料を定める（乙の職場に応じ、その給料を調整することができる）。関係規定及び乙の職場、仕事ぶりに基づき乙に対する各種補助金、手当て、奨励金を定める。
2. 甲は毎月の１０日を給料日と定めている。
3. 甲は規定にしたがい、定期的に乙のために養老保険金、失業保険を納付する。
4. 甲は乙の在職期間中の病気、怪我、死亡などについて、国家及び天津市の関係規定に従って関連の手続きを行う。
5. 乙が病気のため治療が必要とする場合、甲は公司職員の出欠管理制度に基づき、相応な医療期間を与える。
6. 甲は、国家の規定に基づき、乙に対して一人っ子手当及びその他の福利費用を支払う。

語句：

1. 工资：労働報酬、給料
2. 保险：保険。　●人寿保险／生命保険。　●航空保险／航空保険。　●保险公司／保険会社。
3. 福利待遇：福祉待遇。　●最惠国待遇／最恵国待遇。　●优厚的待遇／十分な待遇。　●周

到的待遇／手厚い待遇。　●非人的待遇／人間並みに扱わない。

4. 补助：補助金。　●工会补助了他很多钱／労働組合は彼に補助金をたくさん与えた。

5. 奖金：奨励金。賞金。割増金。プレミアム（premium）。ボーナス（bonus）。　●诺贝尔奖金／ノーベル賞金。

6. 工资发放日：給料日。

7. 养老保险：養老保険金。

8. 失业保险：失業保険。

9. 相关手续：関連手続き。　●体育事业和人民健康密切相关／体育事業と人民の健康とは密接に関連している。

10. 办理：行う。取り扱う。処理する。　●这个邮局不办理电报／この郵便局では電報を取り扱わない。　●请斟酌处理／しかるべく処理されたい。

11. 出勤管理制度：出欠管理制度。

12. 独生子女补助金：一人っ子手当。

ポイント：

1. "甲根据规定，定期为乙上养老保险和失业保险"："上……"要根据后面的词语搭配来翻译。例如：　●上五楼／五階にあがる。　●上树／木にのぼる。　●上街／町へ行く。　●他上哪儿去了？／あの人どこへ行ったの。　●小王快上，投篮！／王君前へ、シュート！。　●上货／商品を仕入れる。　●上螺丝／ネジをつける。　●上药／薬をぬる（つける）。　●这个消息已经上了报／このニュースはもう新聞に載った。　●上弦／ぜんまいを巻く。　●上班了／出勤時間になった。　●上课了／授業が始まった。　●上百人／100人にのぼる。而本句中的"上保险"应该译成「保険を納付する」。

2. "甲根据中国政府的规定，给乙发放独生子女补助金及其它福利费用"："发放"可以译成「放出する」「給与する」「交付する」「支払う」等。选择哪一个，需要根据"发放"的内容来决定。例如：　●发放救济金／救済金を放出する（貯え持っている物質などを手放して外部に出す場合）。　●发放工作服／作業服を給与する（金品をあてがい与える場合）。　●发放贷款／貸付金を交付する（国や役所などが金銭や書類を渡す場合）。本句中发放的是"独生子女补助金及其它福利费用"，是劳动报酬的一部分，因此可以用「～を支払う」。例如：　●发放工资／賃金を支払う。

原文：

第四条　劳动条件及劳动保护

1. 甲必须遵守国家有关劳动保护的相关规定，对乙进行安全生产和操作训练教育，保证乙能够在人身安全及身体不受到伤害的环境中从事工作。

2. 甲要根据乙的工作需要，按照国家的相关规定，为乙提供劳动保护用品。

訳文：

第四条　労働条件

1. 甲はかならず、国家の労働保護などの関連規定にしたがい、乙に安全生産と操作の教育

訓練をし、乙が人身安全及び身体が危険にさらされない環境の中で仕事に従事できることを保証する。

2. 甲は業務の需要に応じ、国家の関係規定に基づき、乙に労働保護用品を提供する。

語句：

1. 必須：かならず。かならず～しなければならない。どうしても～しなければ ならない。 ● 必须完成预定的指标／どうしても予定の目標額を達成しなければならない。

2. 相关规定：関連規定。

3. 从事工作：仕事に従事する。 ●从事教育工作／教育に従事する（携わる）。 ●从事创作／創作に従事する。

4. 劳动保护用品：労働保護用品。

ポイント：

1. "保证乙能够在人身安全及身体不受到伤害的环境中从事工作"："身体不受到伤害"这里的"伤害"指的是什么一定要明确，不能只译成「傷害される」。因为是关于劳动条件的条款，这里的"伤害"应该是危险的伤害，因此要明确地译成「身体が危険にさらされない」。

2. "甲要根据乙的工作需要，按照国家的相关规定，为乙提供劳动保护用品"：这里可以把"乙的"省略不译，因为后面的「乙に労働保護用品を提供する」，已经很明确了，不需要重复出现。

_____

原文：

第五条 劳动纪律

1. 乙必须遵守国家法律及法规。

2. 甲根据国家相关规定，制定各种规定。乙必须严格遵守甲制定的各种规定、制度以及劳动纪律。必须严守甲制定的保守技术工艺、技术专利等秘密的制度。

3. 当乙违反甲制定的规定和制度，以及违反劳动纪律时，甲可以根据公司制定的规定制度，对乙进行处罚。

4. 当乙触犯国家法律被判刑或者受到除名等处分时，本合同自动解除。

訳文：

第五条　労働規律

1. 乙は国家の法律や法規を遵守しなければならない。

2. 甲は国家の関連規定にしたがって、諸規則を制定する。乙は甲が規定した各種規則と制度及び労働規律を厳守しなければならない。甲の指定する技術プロセス、技術特許などの秘密保護制度を厳守しなければならない。

3. 乙が甲の規則と制度に違反したときや労働規律に違反した場合、甲は公司の規定制度に基づき、乙に対して処罰する。

4. 乙が国家の法律を犯し、徒刑に処される、あるいは除名などの処分を受けた場合、本契約が自動的に解除される。

語句：

1. 劳动纪律：労働規律。労働紀律。
2. 严格遵守：厳守する。守る。　●遵守时间／時間を守る。　●遵守劳动纪律／労働紀律を守る。
3. 技术工艺：技術プロセス。
4. 技术专利：技術特許。
5. 处罚：処罰する。　●给以轻微的处罚／軽く処罰する。　●加重处罚／一層厳重に処罰する。
6. 触犯法律：法律を犯す。　●触犯尊严／尊厳を犯す。　●触犯人民利益／人民の利益に違反する。　●触犯忌讳／忌いに触れる。
7. 判刑：徒刑に処する。
8. 除名：除名する。

ポイント：

1. "乙必须严格遵守甲制定的各种规定、制度以及劳动纪律"："必须"的译法很多，这要根据在句子中的实际含义来选择译法。例如：　●任何开支都必须遵守节约精神／いかなる支出を問わず、すべて倹約を旨とするべきである。　●必须完成预定的指标／どうしても予定の目標額を達成しなければならない。　●必须留神／是非とも気をつけなさい。　●不喜欢化学，但是因为是必修课，因此必须选这门课／化学は好きではないが、必修だから取らざるを得ない。　●看到小王忙得又要上班，又要照顾孩子，还要看护生病的父亲，我必须帮着做点什么／仕事と子供の世話と、お父さんの看病という王さんの忙しさを見たら、何か手伝わずにはいられない。　●今天有点发烧，但是会上因为有我发言，因此必须出席会议／今日は熱も少しあるけれども、会議で私が発表することになっているので、出席しないわけにはいかなかった。本文中的"必须"是合同制定者表达双方责任、义务含义的，因此都译成了「～しなければならない」。

2. "甲可以根据公司制定的规定制度，对乙进行处罚"："对乙进行处罚"既可以译成「乙に対して処罰する」也可以译成「乙を処罰する」。例如：　●处罚违反校规的人／校則違反者を処罰する。

練習問題：

次の文章をよく読んだあと、日本語に翻訳しなさい。

一、（上の労働契約書の続き）

第六条　有关解除合同以及禁止解除合同的相关规定

1. 符合下面情况的任何一种，甲可以解除劳动合同，解雇乙。
　　①乙在试用期内不符合录用条件时。
　　②乙因生病或非工作原因受伤后，在规定的治疗期满后，仍不能从事原来的工作，并且也不能调换别的工种时。
　　③乙违反劳动纪律，不执行分配的工作，按照公司的规章制度必须解雇时。
　　④由于甲的生产经营条件的变化，人员富裕时。

2. 符合以下情况的任何一种，乙可以解除劳动合同

①经国家相关部门确认，认为甲的劳动安全及卫生条件恶劣，严重危害乙的身体健康时。

②甲没有按照合同支付给乙劳动报酬时。

③甲不遵守本合同，或者违反国家相关法律和规定侵害乙的权益时。

④乙因本人特殊原因需要辞职，并争得甲的同意时。

3. 属于下面情况下的任何一种，甲都不能解除合同，不可以解雇乙。

①乙在生病或受伤规定治疗期间内

②乙因公负伤或因职业病，治疗及疗养期间。治疗结束后，经劳动鉴定委员会认定丧失部分或全部劳动能力时

③属计划生育内的女性职员在妊娠、生产以及哺乳期间

④合同期未满，并不符合本合同的第六条的第一条款时

⑤甲乙双方在合同期内希望解除合同时，须在一个月前书面通知对方，方可办理解除手续。提出书面辞呈，未满一个月就擅自不出勤时，必须赔偿相当于本人一个月基本工资的经济损失。不过，解雇违纪者时除外。

⑥乙接受由甲出资的研修和国内外培训或到国外视察、实习时，甲乙双方可协议重新签署合同延长协议。乙若在合同期内提出辞职或者擅自离职时，一定要赔偿甲的经济损失（按合同年限比例赔偿）。经济损失包括培训费用、往返旅费、住宿费等。

⑦乙接受甲出资的住宅分配时，要重新签署延长的合同协议。乙在合同期内提出辞职或擅自离职时，要负责赔偿甲的经济损失（按合同年限比例赔偿）。

4. 下面情况下，甲乙双方可以在协商的前提下变更合同

①签署本合同时的法律、规则、政策发生变化了。

②由于不可抗拒原因，本合同无法执行时。

③甲乙双方均认为有必要修改本合同的某些条款时。但是，变更劳动合同时需要经天津市劳动局的认可。

5. 甲在合同结束，或解除合同时，应该按照规定支付给乙补偿金。

第七条 违约

1. 甲乙双方的任何一方违约，给对方带来经济损失时，一定要负违约责任。

2. 甲乙双方由于违约所带来的经济损失，一定要视其情况给予赔偿。

第八条 劳动争议

合同实施时，当意见不统一时，首先应由公司工会与甲乙双方协商解决。当协商不能解决时，甲乙任何一方或双方都可以向天津市劳动争议仲裁委员会提出申诉。若对仲裁不服时，可在拿到仲裁书 15 日内，向甲所在地的人民法院提出诉讼。

第九条 其它

1. 本合同一式两份，甲乙双方各持一份，经甲乙双方签字后方能生效。

2. 本合同条款如有与国家法律、法规及政策相抵触情况，以国家法律和政策为准。

二、（商品売買の契約書）

买卖双方同意按照下述条款签订本合同。

第一条 付款办法：买方应于本合同规定装运月份开始的 15 天以前，通过卖方同意的银行开出不可撤销的、可转让的、可分割的即期信用证，议付有效期应为装货期后 15 天在中国

到期。如遇船只原因，卖方不能按时装出，买方同意原证可再自动展延 15 天有效。信用证中应规定数量和金额允许有 5%的增减。同样，可允许分批装运和转运。

第二条　包装和唛头：均按卖方一般出口包装和出口标记刷唛。

第三条　装船条件：（1）卖方于出口货物装妥后 48 小时内，将合同号码、品名、数量、发票金额和船名以电报通知买方。（2）卖方有权多交或少交相当于每批准备装船数量的 5%，其差额按合同价格结算。（3）载运船只由卖方安排，如买方未按本合同规定开来信用证，卖方可拒绝装船或相应地展延装船期限，因此所造成的一切费用和损失该由买方负担。

第四条　保险条件：FOB 和 C&F 价由买方保险。CIF 价由卖方保险，按照中国人民保险公司条款（不包括罢工险），由卖方按发票总金额的 110%投保综合险及战争险。

第五条　商品检验：(A)以中国商品检验局出具的品质检验、重量鉴定证明书，为交货依据，但买方有权在货物到达目的口岸后予以复验，复验费用由买方负担。(B)无中国商品检验局的证明书(按合同第九条规定办理)

第六条　单据：卖方应向议付银行提供下列单据：发票正本一份，副本二分；清洁的装船提单正本三分，副本四份；保险单正本一份，副本二份；输出商品品质检验证明书及重量鉴定证明书各正本一份，副本二份。

第七条　买方如未按本合同规定期限内开来信用证以致本合同不能执行，卖方有权撤销合同，卖方因此遭受之损失，应由买方负责赔偿；反之，如卖方未能履约交货，除人力不可抗拒外，亦应赔偿买方损失。

第八条　人力不可抗拒：如因人力不可抗拒的事故不能按时交货，卖方得延期交货或部分延期交货或全部取消本合同，但卖方应向买方提交由中国国际贸易促进委员会开具的发生事故情由的证明文件。

第九条　异议索赔：货到目的口岸后，如果买方对货物品质、重量或数量有异议时，可以凭日本商品检验机构出具的检验报告(检验费用由买方负担)在货到目的口岸后 90 天内向卖方提出。一切凡由于自然原因或属于船方或保险公司责任范围内损失不在向卖方索赔之例。

第十条　商事仲裁：因执行本合同所发生的或者与本合同有关的一切争议，首先应由签订合同双方友好协商解决。如经协商不能解决，应提交仲裁。不向一般法院申诉。

仲裁在被诉人所在国进行。

在中国，由中国国际贸易促进委员会对外贸易仲裁委员会根据该委员会的仲裁程序规则进行仲裁。

在日本，由日本国际商事仲裁协会根据给协会的仲裁程序规则进行仲裁。

仲裁裁决是终局裁决，签订合同双方都应执行。

本合同正本二份，双方各执一份。中日两国文字有同等效力。

第十一课　法　规

（天津经济技术开发区项目引荐奖励办法节选）

原文：

第一条　为加大招商力度，广开引资渠道，鼓励社会各界为天津经济技术开发区引荐项目，制定本办法。

第二条　本办法所称项目是指投资者在开发区注册设立的新的投资项目；项目引荐人是指将具有明确投资意向的投资者引荐到开发区，并对其投资行为直接履行联系、介绍、咨询等职责的中间人，包括国内外的个人和组织。

訳文：　　　　　　　　天津経済開発区プロジェクト推薦奨励規定

第一条　商業誘致を加速し、投資導入のルートを拡大し、かつ社会の各界の天津経済技術開発区に対するプロジェクトの推薦を奨励するため、本規定を制定する。

第二条　本規定において「プロジェクト」とは、投資者が開発区において登記設立する新しい投資プロジェクトをいう。「プロジェクト推薦人」とは、投資の意志を表明している投資者を開発区において推薦し、かつ、その投資行為に対し連絡、紹介及びコンサルティング等の職責を直接履行する仲介人をいい、これには国内外の個人及び組織が含まれる。

語句：

1. 招商：商業誘致。
2. 广开：拡大する。
3. 引资：投資導入する。
4. 引荐：推薦する。
5. 项目：プロジェクト。
6. 注册：登記する。登録する。　●注册商标／登録商標。
7. 咨询：コンサルティング。
8. 中间人：仲介人。

ポイント：

1. "加大招商力度，广开引资渠道"：像这样没有相对应表现形式的词句，要在充分理解原文的基础上，把实际意思翻译过去即可。此句可译成「商業誘致を加速し、投資導入のルートを

拡大し」。

2. "项目引荐人是指将具有明确投资意向的投资者引荐到开发区，并对其投资行为直接履行联系、介绍、咨询等职责的中间人，包括国内外的个人和组织"："……是指……，包括……" 这是个较长的句子，是对"项目引荐人"进行的解释。解释分两部分，由于前一部分叙述的内容太多了，在进行第二部分解释时需要先加译一个「これには」。这样能使前后两部分衔接得更紧密。即「プロジェクト推薦人」とは、投資の意志を表明している投資者を開発区において推薦し、かつ、その投資行為に対し連絡、紹介及びコンサルティング等の職責を直接履行する仲介人をいい、これには国内外の個人及び組織が含まれる。

原文：

第三条 开发区设立"项目引荐专项奖金"（以下简称奖金），用于奖励项目引荐人。资金预算根据开发区吸收投资的情况做出计划，经管委会批准，从财政列支。

第四条 对引荐者的奖励以项目注册资本实际到位额为计奖依据，以人民币形式支付。外币与人民币的汇率按资金解缴当日中国人民银行公布的外汇牌价折算。具体奖励标准如下：

工业生产型项目按注册资本实际到位额的5‰予以奖励；

房地产业、商业、物流业、旅游业等其他产业项目按注册资本实际到位额的3‰予以奖励；

对于高新技术项目或世界500强企业投资的项目，在上述奖励的基础上提高0.5‰。

訳文：

第三条 開発区は、「プロジェクト推薦専用賞金」（以下「賞金」という）を設立し、プロジェクト推薦人を報奨するのに用いる。資金予算は、開発区の投資受入状況に基づき計画をし、管理員会の認可を経て、財務から支出する。

第四条 推薦者に対する報奨は、プロジェクト登録資本の実際の達成額を賞金計算の根拠とし、人民幣形式で支払う。外国為替と人民幣の為替レートは、資金解約・支払当日に中国人民銀行が公布する外国為替レートに従い換算する。具体的な報奨基準は、次の各項に掲げるとおりである。

工業生産性プロジェクトは、登録資本の実際達成額の5パーミルに従い報奨を与える。

不動産業、商業、物流業、旅行業等その他の産業のプロジェクトは、登録資本の実際の到達額の3パーミルに相当する報奨金を与える。

ハイテクプロジェクト又は世界ベスト500の企業が投資するプロジェクトは、上記報奨金に0.5パーミル分を上積みする。

語句：

1. 奖励：報奨する。奨励する。　●物质奖励／物質的報奨。　●奖励努力学习的学生／よく勉強している学生を報奨する。

2. 实际到位额：実際の達成額。

3. 外币：外国為替。

4. 汇率: 為替レート。　　●提高汇率/為替レートを引き上げる。
5. 折算: 換算する。　　●把日元折算成美元/円をドルに換算する。
6. 房地产业: 不動産業。
7. 物流业: 物流業。
8. 高新技术项目: ハイテクプロジェクト。

ポイント:

1. "资金预算根据开发区吸收投资的情况做出计划，经管委会批准，从财政列支": "经"的译法很多，例如: ●经人指点，恍然大悟/他人から指摘されて大いに悟るところがあった。●经此次教训，决心痛改前非/今度の教訓によって、すっかり前非を改めようと決意した。●经与客户联系……/得意先に連絡したところ〜。此句中的"经……批准"要表达的是手续顺序，因此可以译成「〜を経て」。

2. "具体奖励标准如下": "标准"的译法有两个，一个是「基準」，另一个是「標準」。表示衡量事物的准则时，译成「基準」；而表示供同类事物比较核对的事物时，译成「標準」。此句应该是前者，因此译为「基準」。"如下"一般译成「次の通りだ」「次のようだ」，但是此句是非常正式的法规性文件，因此译成「次の各項に掲げるとおりである」。

3. "对于高新技术项目或世界500强企业投资的项目，在上述奖励的基础上提高0.5‰。": "提高"在这里不是单纯的「高める」「引き上げる」「あげる」，是"在……基础上提高……"，因此译成「〜に〜を上積みする」更准确。例如: ●在二百万的基础再加上五十万/二百万元に五十万元を上積みする。

原文:

第五条　开发区项目引荐奖励认证工作由开发区经济发展局（以下简称经发局）负责。经发局自接触项目开始，即应办理项目引荐登记，同时确认项目引荐人及其作用，并负责项目引荐奖励的呈报审批及奖金发放工作。

开发区各有关单位有义务告知项目引荐人到经发局进行登记。

第六条　项目引荐成功后，项目引荐人持身份证证件、引荐项目到位资金的验资报告、税务登记证、土地使用证、购（租）房证明、投资者出具的引荐者确认书等材料向经发局进行项目引荐奖励申报。

经发局根据引荐登记情况，填写"项目引荐奖励审批表"，报管委会领导批准并经财政局核审后向引荐人发放奖金。

对经发局的确认和奖励工作有不同意见，可以要求复审，或直接向管委会申诉。

- -

訳文:

第五条　開発区のプロジェクト推薦報奨認証業務は、開発区経済発展局（以下「経発局」という）が責任を負う。経発局は、プロジェクトの接触に始まり、プロジェクト推薦登録の手続きをし、同時にプロジェクト推薦人及びその役割を確認し、かつ、プロジェクト推薦報奨の審査認可の上申及び賞金発給業務を担当しなければならない。

開発区の各関係部門は、プロジェクト推薦人に経発局において登録を行うよう告知

する義務を有する。

第六条　プロジェクト推薦の成功後、プロジェクト推薦人は、身分証明書、推薦プロジェクト
　　　　達成資金の出資検査報告、税務登記証、土地使用証、建物購入（賃借）証明及び投資
　　　　者の発行する推薦者確認書等の資料を持参し、経発局に対しプロジェクト推薦報奨の
　　　　申告をする。

　　　　　経発局は、推薦登録状況に基づき、「プロジェクト推薦報奨審査認可表」を記入し、
　　　　管委会幹部に報告し認可を受け、かつ、財政局の審査を経た後に、推薦人に対し奨金
　　　　を支給する。

　　　　　経発局の確認及び報奨業務に対し異議がある場合には、再審査を要求、又は直接管
　　　　委会に対し申し立てをすることができる。

語句：

1. 认证工作：認証業務。
2. 验资报告：出資検査報告。
3. 审批表：審査認可表。　●建厂经费已经审批下来了／工場創立の経費はもう認可された。
4. 复审：再審査する。
5. 申诉：申し立てをする。訴える。　●申诉理由／理由を申し立てる。　●向上级机关提出申
   诉／上級の機関に訴える。　●向最高法院提出申诉／最高裁判所に上訴する。

ポイント：

1. "并负责项目引荐奖励的呈报审批及奖金发放工作。"："负责"可以译成「責任を持つ」「担
   当する」也可以译成「責任を果たす」「責任感がある」。例如：　●这边的事由你负责／こ
   ちらの仕事はきみに責任をもってもらう。　●负责对外关系／渉外関係を担当する。　●负
   责人／責任者・係りの者。　●他对工作很负责／彼は仕事に対して強い責任感を持ってい
   る。本句中的"负责"相当于「うけもつこと。ひきうけること。担任」、因此译成「担当
   する」。

2. "报管委会领导批准并经财政局核审后向引荐人发放奖金"："报……批准"在法规、合同类
   文件中常常出现。这个句式看似简单，实际上"报"和"批准"为两个不同主语的行为，且
   不是同一语态，即"报"为送审者行为，"审批"为上级主管部门行为。翻译时一定仔细表
   达清楚。即「管委会幹部に報告し認可を受け」。

===

原文：

第七条　项目合同或章程规定分期出资的，奖金根据实际资金到位情况分批兑现。但对于在开发
　　　　区购买土地或厂房的项目，奖金可在投资者交纳完场地费或购房款后一次兑现。

第八条　项目引荐人取得的奖金，按国家规定需要缴纳个人所得税。税款在奖金发放时从项目引
　　　　荐奖金中代扣代缴。

第九条　开发区工委、管委会、财政拨款的事业单位及其工作人员和泰达投资控股公司机关管理
　　　　人员不是本办法所称的项目引荐人。

第十条　本办法由天津经济技术开发区管理委员会负责解释。

第十一条 本办法自二零零二年七月一日起施行，原《天津经济技术开发区项目引荐奖励试行办法》同时废止。

訳文：

第七条 プロジェクトの契約又は定款が分割出資することを規定している場合には、奨金は、実際の資金達成状況に基づき、分割して支給する。ただし、開発区において土地又は工場建物を購入するプロジェクトに対しては、賞金は、投資者が用地費用又は建物購入代金を納付し終えた後に、一括して支給することができる。

第八条 プロジェクト推薦人が取得した奨金については、国の規定に従い、個人所得税を納付する必要がある。税金は、奨金支給時にプロジェクト推薦奨金からこれを控除し、もって納付に代える。

第九条 開発区工委、管委会及び財政が資金を割り当てる事業単位及びその業務人員並びに泰達投資控股公司の機関管理人員は、この規定におけるプロジェクト推薦人とはならない。

第十条 この規定は、天津経済開発区管理委員会により、解釈される。

第十一条 この規定は、2002年7月1日より施行する。元「プロジェクト推薦を報奨することについての天津経済技術開発区の試行規定」は、同時にこれを廃止する。

語句：

1. 章程：定款。規約。規則。規程。
2. 分期出資：分割出資する。
3. 分批兑现：分割して支給する。　●一次兑现／一括して支給する。　●／手形を現金に引き換える。　●／彼の保証したことは何一つ果たさなかったものはない。
4. 厂房：工場建物。
5. 场地费：用地費用。　●施工场地／施工用地。　●场地有限／場所がせまい。　●比赛场地／試合場。
6. 财政拨款：財政が資金を割り当てる。財政支出。　●军事拨款／軍事支出。　●这是国家的教育拨款，不准挪用／これは国家からの教育支出金で、転用してはならない。

ポイント：

1. "项目引荐人取得的奖金，按国家规定需要缴纳个人所得税"：这句话实际上讲的是"有关项目引荐人取得的奖金，……（该如此这般处理）"，因此翻译时须加译「については」则更能体现法规叙述的口气。
2. "税款在奖金发放时从项目引荐奖金中代扣代缴。"："代扣代缴"实际上是两个步骤，即代扣后，用此款代缴。因此在翻译时要把"用此款"译出来比较明确。即「それによって」「もって」。相比之下「もって」更加郑重，在法规类文件中用「もって」更加贴切。

練習問題：

次の文章をよく読んだあと、日本語に翻訳しなさい。

1.

天津经济技术开发区鼓励风险（创业）投资的暂行规定（节选）

第一条　本规定适用于在天津经济技术开发区（以下简称开发区）内注册经营，经开发区管理委员会认定的风险（创业）投资机构，包括风险（创业）投资基金、风险（创业）投资公司和相应的管理公司。

第二条　本规定所称风险（创业）投资是指向科技型或高成长型创业企业进行股权投资，或为其提供投资管理和咨询服务，并在被投资企业发展成熟后，主要通过股权转让来获取收益的投资行为。

第三条　本规定中所涉及的各项税收优惠，均由开发区"泰达科技发展金"给予相当于该项优惠额度开发区留成部分的财政扶持。对既适用于国家和天津市的优惠政策，又适用于本规定的风险（创业）投资机构，一律先执行国家和天津市的优惠政策，执行后与本规定相比不足的部分再补充执行本规定。

第四条　开发区鼓励境内外各种投资主体在开发区设立风险（创业）投资机构，开展风险投资业务。

第五条　开发区每年拨出可支配财政收入的 1%，在预算支出中设立"泰达科技风险金"，用于引导和鼓励开发区内风险（创业）投资机构的发展。

第六条　设立风险（创业）投资机构，可以登记注册为股份有限公司、有限责任公司或者有限合伙。其它组织形式的风险（创业）投资机构从其相干规定。

第七条　风险（创业）投资管理公司，注册资本的最低限额为 1000 万元人民币。

中外合资、外商独资的风险投资机构注册资本遵照国家相关规定。

第八条　风险（创业）投资机构可以通过企业购并、股权回购、证券市场上市以及其他方式，回收其风险投资。

第九条　风险（创业）投资机构应从事下列业务：

（一）投资与高新技术产业或其它高成长型的企业；

（二）受托经营管理其它投资性公司的创业资本；

（三）投资咨询；

（四）法律、法规允许的其他业务。

第十条　设立在开发区内的风险（创业）投资机构，对开发区认定的高新技术企业进行的投资，对其股权分利所获纳的企业所得税开发区留成部分，"泰达科技发展金"给予 100%的财政扶持，对其他计税利润所获纳的企业所得税开发区留成部分，"泰达科技发展金"五年内给予 50%的财政扶持。

第十一条　设立在开发区内的风险（创业）投资机构，对高新技术企业和项目的投资额占其总投资额的比重不低于 70%的，可享受开发区鼓励高新技术企业的优惠政策。

第十二条　风险（创业）投资公司可以运用全额资本金进行投资。

第十三条　本规定由天津开发区管理委员会负责解释。

第十四条　本规定自发布之日起施行。

2.

引进外资优惠政策

1. 建立合资、合作企业

a. 由中方合作者起草项目提案，并向主管部门提交合作双方的法律证明书和资产信用证明书。

b. 合作双方拟定可行性报告，并向主管部门汇报。

c. 合作双方在合同和公司章程上签字，提交董事会候选人名单以及委任书，已备审查批准。

d. 持合作协议批准证明，接受主管部门审批。

e. 持上述批准文件，到所在地工商管理局办理登记手续，并领取营业许可证。

2. 办理全额外资企业

a 提交外国投资者法律证明和资产信用证明，拟定投资申请书和公司章程，向所属主管部门申请。

b 持主管部门批准证明，在拟建立企业所在地的管理部门，办理选地、用地及其他相关事项的手续。

c 持申请书、对公司章程批准回执以及建设管理部门的证明，接受主管部门审批。

d 持批准证明等文件，到所在地工商管理局办理注册手续，领取营业许可证。

（政策及规定）

3. 奖励投资领域

a 基础设施建设。

b 土地开发及地产经营。

c 老企业重组。

d 石油化工、海洋化学工业。

e 冶金工业。

f 机械工业

g 新兴电子工业

h 农业及相关加工业

i 旅游资源的开发

4. 投资优惠政策

a 位于滨海开发区生产性外国投资企业的所得税，按 15% 的税率征收。经营期间在 10 年以上时，在赢利后的第一和第二年免征所得税，第三年到第五年征收一半所得税。

b 对机场、港口、铁路、公路、发电所等从事能源、交通事业的外国投资企业，在赢利的第一年到第五年，免除所得税。第五年以后到第十年征收一半所得税。

c 奖励外国投资者在滨海开发区设立外资银行或其他金融机构。同时国内金融部门在本区域内设立银行、金融公司以及其他的金融服务机构也给与奖励。

d 在滨海开发区进行大规模土地开发的外国投资者，在地价、能源供给上享受特别优惠。

e 在滨海开发区内设立中资企业，如果对本地区开发和开放有促进作用，在相关部门的认定下，可以根据情况给予优惠。

5. 其他税收优惠政策

对于区域内外国投资企业，除了按照优惠政策的规定征收企业所得税外，先进技术型企业

减免期限满后的 3 年内其所得税减免到 10%，出口型商品企业其年出口总额达到生产总额的 70% 以上时，企业所得说减免到 10%收取。其他附加税、消费税、营业税、城市住宅房地产税、车船税、个人所得税等，均实行新的优惠政策。

6. 海关登记说明

a. 外国投资企业提交文件

Ⅰ. 营业许可证书的复印件

Ⅱ. 天津市人民政府批准证明的复印件

Ⅲ. 企业章程、合同（办理全额外资企业时不需要）的复印件

Ⅳ. 购买土地、房屋或者租赁房屋合同以及支付支票的复印件和原件

Ⅴ. 企业法人代表的身份证复印件

Ⅵ. 银行账户证明的原件

Ⅶ. 验资报告原件一份

b. 中方企业应提交的文件

Ⅰ. 营业许可证书的复印件

Ⅱ. 企业章程、合同（办理全额外资企业时不需要）的复印件

Ⅲ. 购买土地、房屋或者租赁房屋合同以及支付支票的复印件和原件

Ⅳ. 企业法人代表的身份证复印件

Ⅴ. 银行账户证明原件

Ⅵ. 资本监察报告书原件一份

练习题参考答案

日译汉部分

第一课

1　能够应邀到民主主义的阵营、象征着法律并肩负重任的贵国会进行讲演，甚感荣幸。在当今相互依存的时代，国会比以往更加突出地担负起核心作用。感谢此时贵国会的邀请，以下谨就贵国、联合国、以及我们必须共同面对的重大挑战问题发表一些看法。

2　每个联合国成员国都有着令人感动的故事、向往的目标和斗争的历史，而日本的故事尤为动人心弦。贵国是一个从战争的废墟中建立起来的充满活力、繁荣的民主主义国家，他给全世界人们以希望。日本在参与国际社会方面亦堪称楷模，在过去 10 年间，日本几乎一直都在致力于以援助非洲和亚洲为中心，不断从事着世界上最大的经济援助国的工作。同时在维和方面，日本也是值得信赖的协作国。作为唯一体验过核武器破坏之恐怖性的国家，日本是和平与核裁军的最忠实的支持者之一。不仅是我，包括联合国所有成员国，都对日本作为强有力的世界性公民所开展的活动表示赞赏。正是这些活动明确了日本在国际社会中现有的地位。

3　正如信奉多边主义的各位所知，我此次是在具有决定性意义的时刻来访日本的。去年是联合国历史上最困难的年份之一。和日本一样，联合国也在伊拉克发生的暴力冲突中失去了宝贵的同事和朋友。我和各位以及其他很多人一样，不但为伊拉克长期的动荡及其给整个地区可能造成的影响而苦恼，而且也为伊拉克战争对于联合国更广泛地追求维护国际和平与安全所产生的影响而不安。

4　不管战争之前意见如何，而今我们大家都从让和平的伊拉克重新拥有在其地区及联合国的适当地位方面发现了共同利益之所在。主权的恢复对于保持稳定是必不可少的。联合国承诺为使伊拉克人民重新掌握自己的命运，维护自身的统一及领土完整，通过法治建立一个能够给予所有伊拉克人以自由、平等权利及正义的真正的民主政府，而提供一切可能的援助。

（节选自联合国秘书长安南在日本国会的讲话）

1　今天，日中两国各个领域的民间友好团体代表欢聚一堂，在回顾过去 30 年间日中双方的前辈们共同构筑的友好成果的同时，为了日中友好关系的进一步发展而举行此次交流活动，是极其适宜且非常有意义的事情。

2　在推进两国关系进一步深化与发展的进程中，另一方面我们不应回避在各个领域所产生的摩擦。但是我们双方应共同努力，在进一步加强国民层次信赖关系的基础之上，继续维护宝贵的日中友好大局，这是非常重要的。我相信从这个意义上来说，今天的两国友好团体的聚会将会成为面向未来的极为重要的契机。

3　日中关系在最近一段时期内处于低迷状态，但以去年 10 月小泉首相的 两次访华为契机，得到了迅速的改善。现在正不断掀起与今年我们要迎来的日中邦交正常化 30 周年相适应的高

涨气氛。众所周知为了举办为数众多的纪念活动，双方还成立了执行委员会。我们将以各自的执行委员会为中心，开展多方交流活动。以各种人员的交流，特别要开展以肩负新世纪重任的年轻一代为主的交流活动以及以日中两国许多人员参加的"共同创造事业"为重点的各项事业，衷心期望由此能够进一步深化日中间的相互交流和相互理解。

4 无疑在推进这些活动的进程中，我们不能够缺少今天在座的日中双方民间团体诸位的努力与合作。我相信今天的这个聚会，定会为今年的"日本年""中国年"的一系列活动进一步增添活力，成为重要的契机，结出丰硕的成果。

　　最后，祝愿在座的各位身体健康、事业兴旺的同时，我也衷心祝愿日中友好能够得到进一步的发展。我的讲话到此结束。（选自 2002.1.28 阿南大使在"日中民间友好团体聚会"上的演讲）

第二课

1

　　1854 年英国物理学家廷德尔从木桶流动的水中，发现了光纤原理。这是怎么回事呢？

　　你是否曾经历过想从浴池上方捞取向下沉的物品时，却发现它所处的位置与你实际所见并不相同的情况呢？这就是光遇到水后改变了方向的缘故。我们把它称为折射现象。

　　光一遇到水，一部分就会反射到水的表面，剩下的就会进入水中。同样，水中的光要传到空气中，也会出现一部分反射到水的表面后又回到水中的情况。而且达到一定的角度，光就会完全不能从水面传到空气中来了。我们把它称为全反射。

　　廷德尔从木桶流动的水中发现了光在全反射的同时向前推进的情况。而且发现如果是透明物体的话，哪怕有些弯曲也能够传导光的原理，这就是光纤原理。然而，虽然发现了原理，但要生产出能够传导光的东西却是很困难的。直到 20 世纪，也一直没能实现此项技术的实际应用。

2

　　抢在电子纸的硬件技术之前，在软件方面率先掀起了用电子仪器取代纸质印刷品的运动。其代表就是将书中的内容进行数字数据化处理，然后将其下载到个人电脑、PDA（掌上电脑）等之后即可阅读的《电子书籍》。

　　电子书籍源于 1995 年的个人电脑通信，1996 年实现了用因特网发送信息之后，陆续开通了有 12 家大公司加盟的网上书店。包括经营从文学作品到写真集、滑稽剧等广泛体裁作品的站点；可免费提供著作权已过期的文艺作品等的站点。近几年来，作品的体裁及发行数量迅猛增长，可用于阅览电子书籍的专用阅览器也不断涌现。

　　电子书籍的好处在于即使是附近书店没有的书或已售完的书也可以随时找到并购买下来。此外，由于它还可调整文字大小及对比度（明暗）、字体等，所以诸如像上了年纪等看不清小字体的人也能够轻松地进行阅读。而且还在于即使是大量的书籍也能够很方便地进行携带的其方便性上。

　　如果电子纸出台的话，相信使用电子书籍的人肯定会进一步增加吧。

3

　　自 1987 年首次出现手机以来，仅仅经过了 15 年，手机就从被称为第一代的模拟方式向第 2 代的数字方式，然后又向第 3 代的"FOMA"方式，以惊人的速度不断向前推进开来。而且以 2010 年的服务开始为目标，NTT 现在正在进行开发的是被称为"第 4 代"的新型手机方式。

关于使用的波段及系统配置技术等详细内容，目前还处在多方探讨阶段。不过根据日本总务省的规划，预计其通信速度为每秒 50~100Mbps。不仅能高清晰度、高品质地接受到电影及电视节目等大容量的动画信号，而且作为能与其它媒体诸如预计到 2010 年才会出现的车站内的高速无线 LAN 以及地面数字波广播等相互自由通信的移动式媒体播放器而受到人们的期待。此外，手机的外形也会根据不同的使用目的，更改为手表式、头顶固定式（固定在头部，用一只眼睛看画面）、磁卡式等。

连接因特网及广播的移动通信工具——第 4 代手机，它的出现定会为人们创造出无须考虑网络终端，任何人都能够随时随地使用的网络环境，也就是实现"无限畅通的网络"。

第三课

1 那么，在此背景下，在进一步推动日中韩三国经济合作方面，现在具体发生了怎样的变化呢？ 首先可以指出的是，日中韩三国正朝着加强合作方面迈出坚实的步伐。 去年，日中韩首脑在巴厘岛发表的《日中韩首脑联合宣言》上，一致同意启动"有关日中韩能够采取的投资协议形式的非正式联合研究"。为此，现在正开展着对三国投资协定签署的可能性和进一步完善投资环境方案的研究。此外，三国研究机构也正开展有关日中韩自由贸易协定的共同研究。

2 我国已与新加坡签订了经济合作协议（ EPA ），并正与韩国、菲律宾、马来西亚、泰国进行 EPA 磋商。而且在前不久的日本·ASEAN 经济部长会议上，各方一致同意向首脑们建议于明年 4 月开始就与整个 ASEAN 的 EPA 问题进行磋商。从更广阔的角度来看，中国、韩国、 ASEAN 、澳洲、新西兰、印度等国也正就签订相互间的 EPA 协议采取积极的行动，许多这样的活动在同时进行。可以说，经济结构正在发生历史性的变化。各国在双边和多边两个方面的努力如网眼般交错进行，人们正试图极大地改变亚洲经济的结构形式。

我相信，通过相互竞争，这种努力将进一步促进各国的机构调整，并对各自的经济产生良好的影响。

3 第二方面是创建能够推动这一合作的政治框架。今年 6 月，我作为会议主席，在青岛主持召开了以进一步推动日中韩首脑联合宣言为主要任务的日中韩三方外长会议。此前日中韩三国的对话仅限于召开 ASEAN 相关会议时在 ASEAN 内部进行，但是此次三方外长会议是作为日中韩三国的某一方举办的独立进程，进一步推动了三国间的对话。此外，日中韩之间已有经贸、环境、信息通信、财务、能源等 5 个部长会议，并且还将于明年启动科技部长会议。我们希望通过这些会议，积极扩大和深化日中韩的合作。今后，三国在解决环境、能源等跨国性问题方面，应充分认识我们所肩负的以实现与周围协调的经济增长为目标的责任，并积极推进它，这是很重要的。

4 在此我想说一些题外话。关于作为东北亚不稳定因素之一的北朝鲜问题，大家都知道各方正努力通过六方会谈进程实现北朝鲜的无核化。包括日中韩在内的相关国家正为第 4 次会谈的召开进行协商。说起来日、中、韩、美、俄罗斯、北朝鲜等 6 国就设立东北亚安全保障会谈的场地想法本身，就是 1998 年由当时的小渊总理提出的。现在，六方会谈本身已成为和平解决北朝鲜核问题等的基本构架。不过我认为，今后如果上述六国能就更广泛的安全保障深入地开展讨论的话，将更有利于亚洲地区的和平与稳定。

5　作为加强三国合作的第三个要素，应该说是实现民间商务活动的发展。正如我在上面已经指出的那样，在这方面已经有了很大的发展。我确信今后在商务活动中，将会进一步扩大实质性的合作关系。

第四点，也是最重要的一点，就是加强地区合作的政治意图。2002 年，小泉总理曾倡议在东亚地区构筑"携手共进"的共同体。即东亚地区各国应在保持历史、文化、民族、传统等多样性的基础上，组成和谐的、共同发挥作用的集团，应将目标确定在创建开放性共同体上。这种创建东亚共同体的政治意图在去年 12 月召开的日本·ASEAN 特别首脑会议上得到了各国首脑的首肯。而且对整个地区的未来起着重要作用的日中韩三国首脑在去年的联合宣言中也明确表达了要以透明的对外开放以及不排他、无差别的形式，积极向前推进的强烈愿望。我相信这种政治意图是非常重要的，在此基础上推动 EPA 等的各种合作功能，定会促进东亚共同体的建立，这是为实现日中韩三国对其的领导而不可缺少的。

第四课

1

抑制活性氧

富山医学院药科大学和汉医药研究所原研究员药学博士松繁克道先生（天然物药理学）解释说："预防癌症的根本在于抑制活性氧的产生。"

据说活性氧是氧化能力极强的臭氧，人们摄入体内的氧气当中有 1.2%会变成活性氧。摄入了有害的化学物质，或受到紫外线照射，就会产生活性氧，使细胞的遗传因子受到伤害。这时一旦有致癌物质袭来，就会引发突然变异，导致癌症的发生。

实际上精神压力也会产生活性氧。而休息和调整心情是抑制活性氧产生的特效药。

因此，松繁先生指出："要想不产生多余的活性氧，就要多吃具有抗氧化作用的绿色蔬菜，并要大量进食膳食纤维含量高、能够排出致癌物质等的食品，这是很重要的"。

2

运动过量会产生相反的效果

尽量不让身体靠近产生活性氧的电磁波也很重要。微波炉等家电产品会产生电磁波，建议放在有一定的距离（1 米以上）的地方使用。

运动会如何呢？松繁先生指出："适度地活动身体有好处，但最好不要进行过量运动。"因为过量运动会将多余的氧气吸进体内，产生过量的活性氧。所以他提议说："与其慢跑，不如散步。"

3

我想起了小时候玩的跳绳。乘势从转动的绳子间跳过去是很困难的。看到最近不断增加的大型旋转门，我有时也会产生类似的困惑感。这种感觉既像跳绳，又像刚跳上船头一样。

[乘势]失败了会怎么样？总不会跟东京六本木小山上发生的儿童事故一样会死掉吧。不过正因为是大型的，所以被夹住时的那种巨大压力肯定是超出人们想象的吧。生产和管理的人们对此应该是清楚的。而且小事故好像也不断发生。那么，为什么不尽快想出个完善的解决对策呢？

有个词语叫做"入口工艺学"，或者叫"入口工程学"。就是在考虑如何生产出与建筑物相符的门口的。有许多人出入的建筑物就显得尤为重要了。

[开了又关]的自动旋转门也许确实方便，因为一边旋转着人们就可以随时出入了，而且还保持了建筑物的密闭性，减少了户外空气的影响。不过，在开关转换的间隙有死角。

"海滨沙滩上孤零零地立着一扇门。看不到建筑物，只有一扇门。"。我想起了美国作家 S•金的小说中有过这样奇特场景的描写。那是通往另一个世界的大门。那扇连接内外同时又将内外隔开的大门的描写非常逼真。

也许死去的儿童以为那是与另一个愉快的世界相通的旋转门而跑过去的。 「他做梦也没有想到那是横穿生与死的大门。

4

据说她经常骑自行车去超市购物，是一个非常平易近人的人。她就是上周才离开人世的荷兰前女王尤利安娜。她生活了差不多一个世纪，她的逝世唤起了人们对那个经历了重重变故国家的历史性思索。

她的母亲威尔赫美娜女王，在纳粹德国侵占时逃亡到了英国。有一位在阿姆斯特丹的隐居处坚持写日记的犹太少女安娜•弗兰克倾听到了从英国发来的荷兰女王发表的广播演说。于是，1944 年 5 月 11 日她在日记中充满期待地写下了"敬爱的女王陛下"在广播中使用了"在即将归国之际""迅速取得解放"等词语。（《安娜日记》文艺春秋）

荷兰是一个多文化的民族。它既有风车、郁金香、运河等景物以及与活跃在世界舞台上的日本长期交往的历史，也有从伦勃朗（17 世纪荷兰画家）到梵高的美术传统。还有哲学家斯皮诺扎。

暗示了荷兰黑暗命运的或许是在瓦格纳的歌剧中为人熟知的"彷徨的荷兰人"吧。这是一个因诅咒神明而被判永远航海的幽灵船的传说。那里还是一个被强国包围、被霸权的波涛蹂躏的彷徨之地。

虽身处迫害之中安娜却还屡次写道："我爱荷兰人，我爱这个国家"。且不说纳粹时代，我一直强烈地认为自古以来我国就是能够接受流亡者和难民的开放国家。

已向伊拉克派兵的现政府，仿佛使我们看到了即将要限制难民的动向。我真心希望政府能够重视起"开放宽容"的这一优良传统。

第五课

1

和丈夫相比母亲要旗帜鲜明地多。

饭菜吃得也很香。西餐也好，日餐也好，从不挑食。每每用餐都是我、丈夫、母亲和女助手。偶尔也有一些朋友、出差来大阪借宿的女婿以及因公务来找我的编辑们与我们一起用餐。

母亲小巧玲珑、身体很轻。她好打扮，总是身着应季的服装。满头银发，每月到美容院剪一次头发，并喜欢把部分头发染成紫色的。

脸上虽有皱纹，但都长在靠近耳朵、额头、下巴和嘴角上。面颊到颧骨之间一点皱纹也没有，而且还透出淡淡的绯红。

虽已是我的母亲，但看上去比中年时还好看。当看到对面的丈夫自斟自饮，母亲总是要说点什么。

"今儿喝几瓶？"

"就这一瓶。"丈夫笑眯眯地说。不过丈夫对谁都不太讲话的。

"正好！"这是母亲每每必讲的话。

"我生在爱喝酒的人家里，嫁到大阪的婆家又是爱喝酒的人家。我现在已经是见酒就腻了。不过，一瓶正好。"

——母亲每天晚上都重复同样的话来夸奖丈夫。不过，母亲要是知道丈夫以前的酒量准会大吃一惊的。

2

母亲的兴趣是看报纸（戴上眼镜，还要用一个放大镜），偶尔也看书。现在正在看我写的川柳，因为里面写了在大阪的事情。还有一个兴趣就是吃。问过菜的材料后，会立即饶有兴趣地伸筷子。

当有新面孔出现在饭桌前时，马上会兴致勃勃地问这问那。比如和我的关系啦、年龄啦、父母亲是否健在啦、是否独身啦等等。母亲特别对年轻人感兴趣，并且不分男女。大概要和她的孙子相比较吧。

有比较正式的客人时，母亲的话也是滔滔不绝。一般都是些陈年旧事，偶尔也有一些新话题。比方说，有时母亲会突然停下筷子。

"凌晨我做了一个梦……"一改常态露出一幅忧愁的面孔。"从后面过来一个人，这个人拍着我的肩膀说'肩，不冷吗？'。啊，原来是你父亲。可当我环顾四周时，一个人影也没有。——奇怪，明明是你父亲。"

讲的是我父亲的事。母亲这时闭上了眼睛。

"'肩，不冷吗？'多么温柔呀。就是爱喝点酒，人还是蛮温柔的。"

母亲稍稍停顿了一下又说"就是有孩子和兄弟姐妹也不行。结了婚能依靠的还是夫妻呀，夫妻呀。最后……"说着说着竟然呜咽了起来。

早逝的父亲已经去世五十年了。

3

我们见状马上让菜，不知谁还打着拍子唱起"木曾节"和"东京音头"。这是"好了，大家高兴起来吧"的暗号，母亲也很喜欢打着拍子唱歌。于是，自己也跟着唱了起来。就这样在大家的歌声中，刚才的不愉快一下子烟消云散了。这似乎是每天晚上的定式。

然而，并不能说这样就万事大吉了。当我睡前到洗手间梳头发时，听见住在尽头那个房间的母亲又在用她那大嗓门，给她喜欢的弟弟打电话。

我给她准备了一个手机，她每天晚上都要给弟弟打电话。弟弟也拿她没办法。

"啊，是我。怎么了！……是的，吃过饭了。我一个人可寂寞了……什么，圣子她们呀，出去吃饭了。对，都没在家。就我一个人，太寂寞了……"我觉得很惊讶。母亲的演技太棒了。我瞧准时机给妹妹打电话报告了此事。每每拿着听筒笑得前仰后合。

"到底是小说家的母亲呀"这就是妹妹的感想。

"太会编瞎话了。"

昨晚，母亲又给我们讲了一件新鲜的事情。第一次怀孕时（大概是怀我的时候），由于孕娠反应厉害，什么都吃不下。于是，婆婆说：你想吃什么给你买去。好容易才想出一个"桃子"。母亲是冈山人，对桃子情有独钟。婆婆买回来的只是一个小小的桃子（在大阪算是比较珍贵的了）——这对于到了收桃季节在家里成筐吃个大且味美的桃子长大的母亲来说无疑是太惨了点儿。母亲哭了，心想早知不嫁到这么一个地方来。……这件事充满了现实主义色彩，有点不像是"小

说家的母亲"。……总之，每天晚上除了在饭桌上说这个好吃、那个好吃之外，就是为了换取弟弟的同情和关心撒个小谎什么的。这大概就是老老看护家庭的一种模式吧。

第六课

1

冬季快速供暖器

快速供暖+强力除臭，全年厕所都舒适。

带全自动传感器型的进一步降至 8800 日元！

买两台，更实惠！只需 16,800 日元

一机两用：即可供暖，又可除臭

只要人一走进房间，紫外线传感器就会马上自动开启供暖和除臭功能。经过除臭的舒适暖风就会从脚底使你暖合起来。当你离开房间以后，只需经过 8 分钟暖风和除臭功能就会自动停止，所以绝不会浪费电。（还可以连续运转）也可只运行除臭功能，所以一年四季都可用。同时它还带有翻倒时的自动关闭开关，尽可放心使用。

该机还适合下列人员使用

●对冰冷厕所吃不消的老年人

●经常长时间蹲坐厕所的老父亲

●来访客人较多的家庭

●有小孩的家庭

■不占用空间的薄型设计。

■也可只运行除臭功能。

■翻倒时会自动关闭，尽可放心使用。

■有可冲洗的预过滤器，便于维修。

2

咯吱咯吱地嚼，味道清香
方便、好吃、受欢迎

也许你体验过满员电车上的汗臭味、脱鞋时的脚臭味、吃饭及饮酒后的酸臭味、伴随年龄增长产生的体臭味等等……。这里向您推荐快速消除让人讨厌的恶臭味的食品。将从蘑菇中提取的香覃精华每 10 粒配成 320mg，即可彻底消除产生臭味的肠内有害恶臭成分。再大量配上有益于眼睛的蓝莓精及有调整肠胃作用的低聚糖、美白肌肤中不可缺少的维他命 C 等，无论是健康还是美容都会得到改善。每天 10 粒直接咯吱咯吱地嚼吧。老少咸宜，全家人都可以吃。

3

推荐给咖啡族
请用于除臭和减肥

这是推荐给咖啡族的具有除臭和减肥作用的咖啡。其主要成分为世界公认的除臭成分香覃。每一杯咖啡中除含有 320mg 的香覃精华之外，还含有对低胰岛素减肥有效的 3 种成分——水溶性植物纤维、森林匙羹藤、藤黄。其特点是由于将它们混合在了一起，不仅可消除臭味，而且对减肥也起到了一定的作用。它的热量仅为 7 千卡路里。你可采用与速溶咖啡相同的操作要领，

将一满勺（约 2g）咖啡用热水或凉水溶化后服用。还可根据自己的喜好，冬天喝热的，夏天喝凉的。

第七课

1

（3）适用方面的注意事项

　1）　使用部位

　　　只可用于含漱时。

　2）使用时

　　①　使用时稀释后再用。

　　②　拔牙后等口腔有创伤的情况下，在可预知会影响血块凝固期间，应避免猛烈漱口。

　*③　要注意不要使之流入眼内。万一流入的话，要用水彻底进行冲洗。

　　④　含有银的辅助成分等有时会变色。

2

　　[临床效果]

　　根据由医疗机构收集的病例报告，其消毒效果显示为 389 例病例中 342 例有效，占 87.9%。（重新评估结果）

　　[药理药效]

　　（1）抗菌效果（*in vitro*）

　　1）　聚烯吡酮碘含漱剂稀释 30 倍后液体的杀菌能力如下所示。

被驗菌	作用時間					
	30 秒	1 分	5 分	10 分	15 分	30 分
Staphylococcus aurers 209P	＋	－	－	－	－	－
Streptococcus viridans	＋	＋	＋	＋	－	－
Streptococcus pnermoniae	＋	－	－	－	－	－
Streptococcus hemolyticus	＋	－	－	－	－	－
Corynebacterium diphtyeriae	＋	＋	＋	＋	－	－

　　（＋表示菌仍存活，—表示菌已杀灭）

　　2）　出于检验本品含漱效果之目的，对无口腔疾患的人群 10 例、有口腔疾患的人群 10 例，分别用该液体进行了试验。在硫乙醇酸钠液中注入被实验者的含漱液，在 37 ℃培养 24 小时的情况下，证实了其阻止细菌生长的效果。

3

　　（2）抗病毒效果（*in vitro*）

　　聚烯吡酮碘含漱剂具有杀灭病毒的效果，如下所示。

病毒	聚烯吡酮碘含漱剂的稀释倍数	杀灭病毒时间
柯萨奇病毒	原液	30 秒
	10 倍	5 分
	100 倍	5 分

	原液	30 秒
埃可病毒	10 倍	1 分
	100 倍	5 分
肠道病毒 （ AHC)	原液	30 秒
	10 倍	30 秒
	100 倍	30 秒

此外，对于自身免疫不良病毒（HIV），使用聚烯吡酮碘含漱剂稀释 30 倍的液体，30 秒内就使之失去了活性，此外，还证实它对脊髓灰质炎病毒也有效。

4

[关于有效成分的理化分析]

特点：聚乙烯吡咯酮碘是暗红褐色粉末，稍微有一点儿特殊气味。本品易溶于水或酒精（95），几乎不能溶于二乙基乙醚。将 10g 本品溶于 100ML 水中的液体 PH 值为 1.5~3.5。

一般名称：聚乙烯吡咯酮碘 Povidone-Iodine

化学名称：Poly[(2-oxoopyrrolidin-1-yl)ethylene]iodine

分子式 ：$(C_6H_9NO)_n \cdot xI$

[操作方面的注意事项]

（1）使用时稀释，稀释后应尽快使用。

（2）沾到衣服上时可以用清水轻易地将其洗掉，而且用硫酸钠溶液也可以使其颜色脱落。

第八课

1

东京以皇宫为中心，山手线内侧一带绿色葱茏。因为这里大多是由从前的大诸侯官邸及皇家官邸变成的公园。请你务必在这东京独有的绿色世界中悠闲地散散步吧。在广尾的有栖川宫纪念公园里，由于附近有很多大使馆，外国的孩子们总爱在这高低不平的宽阔公园内游玩。在位于目黑的辽阔的自然教育园旁边有一座庭园美术馆，这座建筑物堪称是日本为数不多的真正的装饰艺术建筑。辽阔的草坪庭院中放上白色的椅子，使人难以置信这是在都市中。

坐在露天咖啡馆及开放式屋顶花园悠闲地眺望来往的行人，会犹如置身巴黎的咖啡馆，渡过充实的一刻。如果你是在银座青春百货商店旁边的五色咖啡馆或原宿的竹林等屋顶花园中休息的话，即使你并不想看行人那洒脱的身姿，但只要你坐在那，就会不经意间与其视线相碰，自然地就会感受到东京的气息。女孩子之所以会因为被注视而变得神采飞扬，就是因为成为崇拜的对象会变得越发漂亮的缘故。

下雨的日子坐在大楼的窗边可谓是最佳座位了。从黄昏到霓虹灯点亮时分，从高楼的餐厅或酒吧里眺望，其美景简直令人吃惊。雨水淋湿的大街上映衬上楼内的灯光及汽车的光亮，此种景象将我们引入梦幻般的世界。

2

1. 东京虽有着公害、物价高等各种各样的问题，但却是一个时时刻刻都在不断向前发展的世界上屈指可数的大城市。而且是一个充满无穷魅力的城市。

总之，到了明天又不知什么地方会发生着变化。这种情况就是这座城市蕴藏着无穷能量的

最好证明，而且它虽然多少会使人感到有些不安，但却能够给人以更大的期望。

从各方面来看，再没有像东京这样多彩的城市了。这里总给人一种不知在什么地方"会有什么好事发生"一样的感觉。所以现在生活在东京这个极其复杂的大城市的人们好像是"单是考虑如何使今天过得充实就已经精疲力尽了，再没有精力考虑明天的事情"，但还是对明天寄予期望，这是不争的事实。

2. 东京多彩的一面还表现在人上。自古就有"只有三代连续居住在神田，才可称得上是江户人"的说法，而现在大概则要说成"三代住此地，才为东京人"了吧。不过如此纯粹的东京人在有着1千万城市人口的居民中只占极少的一部分。因为历史比较短的东京大多是由来自各地的人们聚居而成的，正因为如此，没有排斥性，无论谁都可以接受的姿态成为了这座城市的一大特点。现在它甚至又显示出其向国际性扩展的情形。这种多彩的特点影响到这座城市的形成及日常生活、时装等，使东京成为了"不可思议的有趣的城市"。

3. 另一方面有时也有人感叹说"东京没有历史"。但实际情况并非如此。东京和京都·大阪相比，历史是短了一些，但是创始于德川幕府的"日本首都"却有着其特有的历史分量。这里既有以都市中心、居民区为中心的众多历史遗迹和名胜古迹，更有能使人忘记大城市的喧嚣，休养生息的绿地和公园。

3

驾车东京游

去东京的方法

从全国各地驾车去往东京，最普通的方式就是利用高速公路以及汽车专用道路。除了各个季节混乱的高峰时段，你都可以没有任何阻碍地来到东京。

去往东京的高速公路及汽车专用道路有：东名高速、中央汽车道、常盘汽车道、东关东汽车道、首都高速横羽线。1987年秋天东北汽车道与首都高速川口褐色线实现直通，上述道路除了第三京浜及关越汽车道之外，所有的道路都实现了与首都高速的直接相连。

驾车东京都内游

在快速驶入东京都内之前，首先来了解一下道路网的大概情况吧。东京都内的道路网大体说来是以皇宫为中心，由几条围成同心圆状的环形道路（从内侧依次为：首都高速环形线、明治大道、山手大道、环七道、环八道等）以及从市中心到郊外呈放射性延伸的大道（从去往横滨方面按顺时针方向依次为：第一、二京浜、246号国道、甲州街道、青梅街道、川越街道、中山道、日光街道、水户街道等等）组成。这些大道虽多为有着较大十字路口的立体交叉道路，但交通流量大、堵车多也是事实。不过对于还不习惯驾车东京都内游的人，不要抄近道、避开早晚的堵车时间、以大道为主行驶，应该是最保险的。

第九课

1

回复电子词典的库存情况

敬复者 素蒙惠顾，仅此致谢。

承蒙9月30日来函查询电子词典，十分感谢。很遗憾，贵店查询的XD-S8000型产品因销路好，现已无库存，预计下月底可以进货。只要一进货，即依照客户订购的先后顺序寄送，敬请早日订购为盼。

特此奉复。

谨启

2

关于棉制内衣的询盘

敬启者 春暖之际，恭贺贵公司日益昌盛。

　　本公司是当地一家大型百货商店。前些天从天津大地有限公司获悉，贵公司出口棉制内衣一事。如果价格合理，我们深信在本地区会打开良好的销路。

　　请邮寄包括尺寸、颜色、价格在内的各种棉制内衣的详细资料，以及布料样品。

谨此匆匆拜托。

谨启

3

新产品展示会的请帖

敬启者：时值秋高气爽，贵公司宏图大展，可喜可贺。

　　平日承蒙特别关爱，谨此深致谢意。

　　此次，敝公司已决定发售 OA 事务机器的新产品"〇〇〇〇"。

　　谨在公开发售之前，依下列事项举办说明展示会供各位参观，敬请批评指教。

　　恳请把握良机，光临会场参观，并协助推销。

特此奉邀。

敬启

二零零二年十月十五日
株式会社　〇〇〇〇
董事长　　小林清二郎
记
日期：十一月六日至九日
上午十时至下午五时
地点：弊公司　东京本部　五楼大厅
附记：光临会场时，请携带本函信封在会场接待处领取纪念品。

4

〇〇公司：

　　今年 3 月，我公司曾同贵公司就煤气管道的修理问题达成了协议。根据该协议，贵公司应每月都对煤气管道进行一次检修。可是，根据我公司调查，截止上个月底的半年内，贵公司只对协议检修的煤气管道检修过一次。也正因为如此，近来煤气管道时有小问题出现。所幸的是，到目前为止，尚未出现大的事故。

　　虽然如此，"千里之堤，溃于蚁穴"，所以我们希望贵公司认真履行有关协议，确保贵我双方能友好地合作下去。如果因贵公司不履行协议而出现重大问题的话，将由贵公司承担全部责任。

此致

敬礼

敬礼！

○○公司

2001 年 4 月 27 日

第十课

1

1. 本合同有效期为*年。自**年*月*日起至**年**月**日止，其中前*个月为试用期。
2. 这期间甲乙双方应各自承担起自己的职责

在试用期内，甲方如发现乙方不符合录用条件或不安心工作等情况时，可以立即解除本合同。对于乙方，甲方应支付当月工资和政府规定的补贴。另一方面，如果乙方不愿继续作为甲方劳动合同制职工工作时，也可以提前一个月向甲方提出终止合同的申请，并向甲方支付一定的培训费用后，即可解除本合同。

2

金钱消费借贷合同书

第 1 条　债权人太郎（以下称为债权人）于 1999 年 2 月 15 日向债务人次郎（以下称为债务人）借得用于金钱消费的借款共计 290 万日元，债务人次朗接受了此款项。

第 2 条　债务人将从 1999 年 6 月底至 2000 年 8 月底，每月的月末之前分别偿还本金 20 万日元（不过只有最后一次偿还 10 万日元），共分 15 次还清。

第 3 条　债务人将从 1999 年 2 月 15 日至 2000 年 8 月底按年息 10%的比例于 2000 年 8 月底支付对应于本金的利息。

第 4 条　债务人出现如下情况时，无需通知自然失去规定期限的权益，应当立即返还剩余债务。

　　1. 债务人有 2 次以上不履行支付分期付款的费用或利息时。

　　2. 债务人受到破产、和解契约的起诉时。

　　3. 债务人因其它债务受到查封或临时查封时。

　　4. 债务人违反本合同的条款时。

第 5 条　债务人不按时履行本合同规定债务的情况下，自不履行之日起至全部费用还清，按每年 18%的利息追加违约金。

第 6 条　保证人应与债务人一起共同负担债务人所负担的一切债务。

第 7 条　因本合同所发生的一切纠纷，一审受理法院由债权人所在地的地方法院承担。

　　为保证本合同的实施，特制定此证书，分别签名、盖章后，各执一份保存。

1999 年 2 月 15 日

住址

　　姓名（债权人）　○○　太郎　　盖章

住址

　　姓名（债务人）　○○　次郎　　盖章

住址

　　姓名（保证人）　○○　三郎　　盖章

205

3

销售合同书

（甲方）生产公司名称

（乙方）销售公司名称

上述甲乙双方就甲方生产的（商品名称）由乙方销售的权利问题达成了一致意见，签订如下合同。

第一条（宗旨）

甲方在日本国内生产的（商品名称）（以下称为"本商品"），甲方授权给乙方，由乙方进行销售，乙方应专心致力于扩大其销售范围。

第二条（表示）

本商品采用如下表示或标识。

① 显示甲为生产者的内容或标识。

② 显示乙为销售者的内容或标识。

第三条（流通组织）

1. 乙方可在与甲方协商的基础上，设立本商品的批发商店，此时应尽快确立流通组织。

2. 乙方在选择前项的批发商店时，应注意以下事项。

① 禁止销售有可能侵害甲方所拥有的企业财产权及著作权的相关类似商品。

② 禁止采用大甩卖、诱导销售等手段。

③ 禁止同伴交易。

④ 确保债权。

第四条（进口销售）

乙方在任何情况下都不能从海外进口、销售与本商品相同或相类似的商品。但如果是甲方与乙方经过协商同意的商品，则不在此限。

第十一课

第2章 科学技术基本规划

第9条 为寻求推进综合性且有计划地实施科技振兴的相关对策，政府必须要制定关于科技振兴的基本规划（以下称为"科学技术基本规划"）。

2 科学技术基本规划应规定出如下所述各种事项。

1. 有关推进研究开发（指基础研究、应用研究、以及开发研究，包括技术开发。以下同）的综合性方针。

2. 有关研究设施及研究设备（以下称为"研究设施等"）的整备、推动研究开发等的信息化以及推动其它研究开发等所需进行的环境整备，政府应采取的综合性且有计划的对策措施。

3. 其它有关科技振兴的必要事项。

3 政府在制定科学技术基本规划时，事先必须要经过综合科学技术会议的讨论。

4 政府必须要考虑科技进展情况、政府关于科技振兴采取的对策效果等，适时地增加对科学技术基本规划的研讨，在必要的时候，可对其进行修改。此时援用上一条的规定。

5 政府根据第一条规定制定科学技术基本规划，或者根据上一条规定对其修改时，必须要公示其主要内容。

6 为确保实施科学技术基本规划所需经费有足够的资金保障，政府每年应在财政许可的范

围内，采取必要的措施争取将其列入预算等，使其顺利实施。

第 3 章　推进研究开发等

（推动多种研究开发的均衡发展等）

第 10 条　国家在推动多领域多种研究开发均衡发展上采取必要措施的同时，还要为进一步推动
　　　　　国家特别要振兴的重要科技领域的研究开发，采取必要的措施保证其规划、实施等。

（确保研究人员等）

第 11 条　为推动与科技发展等相适应的研究开发，国家应在充实研究生院的教育研究、确保、
　　　　　培养以及提高其它研究人员等的素质方面采取必要的措施。

　　2　为使研究人员等的职务与其重要性具有相同的吸引力，国家应在确保研究人员等的适当
　　　　待遇方面采取必要的措施。

　　3　鉴于与研究开发有关的后援人材对研究开发的顺利推进也是必不可少的，为确保、培养
　　　　以及提高这些人材的素质以及确保其适当的待遇方面，国家应以前 2 条规定的对策
　　　　为基准采取相应的措施。

（研究设施等的整备等）

第 12 条　为推进适应科技发展等的研究开发，国家应采取必要的措施对研究开发机构（指国家
　　　　　试验研究机构、大学等以及民间等涉及研究开发的机构。以下同）的研究设施进行
　　　　　整备。

　　2　为寻求有效地推动研究开发，国家应在顺利提供研究材料等与研究开发有关的后援功能
　　　　的充实方面采取必要的措施。

（促进与研究开发有关的信息化）

第 13 条　为寻求有效地推动研究开发，国家应在促进有关科技信息处理的高度化、科技数据的
　　　　　充实、构筑研究开发机构等之间的信息网络等与研究开发相关的信息化方面采取必
　　　　　要的措施。

（促进与研究开发相关的交流）

第 14 条　通过研究开发机关或研究人员之间等的相互交流谋求研究人员等的多种知识的融合，
　　　　　会成为推动新的研究开发向前发展的源泉，而且其交流对于有效推动研究开发也是不
　　　　　可缺少的。鉴于此，国家应采取必要的措施，促进研究人员等的交流、促进研究开发
　　　　　机构进行共同研究开发、共同使用研究开发机构的研究设施等与研究开发相关的交
　　　　　流。

（有效地使用与研究开发有关的资金）

第 15 条　为顺利地推动研究开发，国家应根据研究开发的进展情况，在使其能够有效地使用与
　　　　　研究开发相关的资金等的灵活运用方面采取必要的措施。

（公开研究开发的成果等）

第 16 条　为有效地利用研究开发成果，国家应在促进研究开发成果的公开、提供与研究开发相
　　　　　关的信息等促进其普及所需的措施及真正的实用化方面采取必要的措施。

（促进民间的努力）

第 17 条　鉴于我国科技活动中民间所发挥作用的重要性，国家应在通过促进民间自身的努力推
　　　　　动其研究开发方面采取必要的措施。

第 4 章　推进国际性交流等

第 18 条　为使我国通过大力开展国际性科技活动，积极发挥在国际社会中的作用，同时促进我

国科技的进一步发展，国家应在促进研究人员等的国际交流、国际性的共同研究开发、有关科技信息的国际性流通等有关科技的国际性交流等方面采取必要的措施。

第5章　振兴有关科技的学习等

第19条　为使青少年及广大国民能够通过各种各样的机会，加深对科技的理解和关心，国家应在振兴学校教育以及社会教育中有关科技的学习以及有关科技的启蒙及知识的普及方面采取必要的措施。

汉译日部分

第一課

1. 本日私たちは、教育考察団の皆様がたをここにお迎えすることができまして、誠にうれしく存じます。うららかな春の日差しの下、百花繚乱として咲き誇るこの好い時節に、田中一郎先生を団長とする考察団の皆様方が、遠路はるばるこの私ども南開大学にお越しいただきご指導賜りますことに対し、私は南開大学を代表いたしまして、かつまた私個人といたしましても、諸先生がたに対し心からなる歓迎の意を表するものであります。

2. 橋本健一先生は有名な言語学者であり、日本語研究の面においても、たいへん造詣の深いお方であります。今回、人変お忙しい中で、講義くださいましたことは私たちにとりましてまたとないよい学習機会であり、光栄なことでもあります。ここに私は学部の教員および学生を代表いたしまして、橋本先生のご来学を心から歓迎申し上げます。講義を通じて、私たちの日本語教育ならびに学術研究は、大いに促進されることでありましょう。

3. この度の貿易促進会の開催は、わが市と貴市との技術協力や貿易関係の今後の発展にとって、重要な役割を果たすものと私は信じております。天津はいろいろな工業部門が比較的よくそろっていて、陸海空交通運輸が発達している港湾都市であります。したがいまして、わが市といたしましては、もっと多くの、そしていろんな分野の貴市の会社と経済、技術協力や貿易関係を結びたいと思っております。

4. ここで、まず公私なにかとご多忙にもかかわらず、かくも多数のご来賓のご臨席を賜りましたことに厚く御礼を申し上げます。また、各方面からいただきました並々ならぬご支援とご協力に深く感謝申し上げますとともに、今後とも、尚一層弊社に対して暖かいご支援、ご協力を賜りますようお願いいたします。

5. 日本大地株式会社はここ数年来、本社との間にきわめて良好な協力関係を築き上げてきて、良きパートナーとして、大きな収益をあげてきました。それではわれわれの技術協力、貿易関係の今後一層の発展のために、また皆様方のご健康のために乾杯したいと思います。では乾杯！

6. 友人のみなさん、天津滞在中は、どうぞできるだけ多くのところをごらんになり、できるだけ多くの人と交流をもたれますよう、そして見学の際、お気づきの点がございましたら、そのつどご指摘くださるようお願い申し上げます。

7. この度、神戸市のお招きによりまして、私ども天津市経済考察団一行はこの美しい都市にやって参りました。そして今また、情誼溢れるご主人側のお計らいにより、私どものため

にかくも盛大なる歓迎の宴（うたげ）を催していただき、誠に感激の至りでございます。私たち両市の間には、ずっと前からいろいろな面におきまして、たいへん密接な交流がございます。こうした交流は両市の相互理解を深め、また、両市の各方面にわたる協力に大きな役割を果たしたものと思います。

8．お国にまいりまして、私にとっての第一印象は、どこもかしこもすべてみな緑に包まれているということです。お国の皆さんは教養があり、礼儀正しく、お客に親切で、どこへ行っても忘れられない深い印象を受けました。また、お国の交通はきわめて発達しています。とくに全国を貫通する高速道路には全く感心させられました。経済を発展させようと思えば、古語にいいます「物は其の流れをのびやかにす」すなわち物流の大切なことを、事実を持って我々に教えてくれました。それから、生産を発展させているとともに、公害防止と環境保護にも力を入れ、しかも立派な成果を挙げていらっしゃいます。この点に私たちは際立った印象を受けました。この度の訪問で、私たちは昔馴染みのお友達と再会できたばかりではなく、更に新しいお友達ともお知り合いになれまして、その喜びは言葉では言い表しようがないほどであります。

第二課

1．ウィンドウズには、画面の表示を変えたり、マウスを使いやすく設定したりする機能が備わっています。今回は作業をより快適にしたり、楽しくしたりするため、これらを利用してウィンドウズの設定を自分好みに変える方法を紹介します。

まずは、デスクトップを使いやすくするための設定の仕方です。

「アイコンやスタートメニューの文字が小さくて見づらい」と思ったことはありませんか？そんなときは、文字の大きさを変えることができます。デスクトップの何もない場所で右クリックし、表示されたメニューの「プロパティ」をクリックします。「画面のプロパティ」が開くので（、「デザイン」（设定）をクリック。すると、デスクトップやウインドウの配色、表示する文字のサイズを設定する画面が現れます。「配色」の欄の右にある「▼」をクリックすると、様々な色と文字サイズを組み合わせて項目が一覧で表示されるので、この中から「Windows スタンダード（特大のフォント）」をクリックして選択します。「OK」をクリックすると画面が閉じ、デスクトップ上のアイコンの文字が大きくなりました。「スタート」をクリックしてスタートメニューを表示させると、その中の文字も大きくなっています。

2．USB は「Universal Serial Bus（ユニバーサル・シリアル・バス）」の略です。パソコンと周辺機器を結ぶインタフェース（接続方法）に関する規格の一つで、1996 年に策定され、ここ数年で急速に普及しています。

USB の第一の特徴は、他の接続方式と比べて接続や取扱いが容易であること。例えば USB 対応の周辺機器を使いたいときは、パソコンの電源を入れたまま、ケーブルでつなげばいいのです。これに対し他の規格では、いったんパソコンの電源を切ってからケーブルでつなぎ、再度電源を入れなければならないものが多いのです。

3．他の規格に比べ、対応している周辺機器が多いことも大きな特徴です。USB 対応の機器は、デジタルカメラ、キーボード、プリンター、スキャナーなど数多くありますが、どの周

辺機器も、パソコンの「USB端子」につなぐだけです。最近発売されているパソコンであれば、USB端子は必ず搭載されています。

　４．ここでは、ハードディスクにデータを書き込んだり読み出したりする仕組みを解説しましょう。この仕組みがわかれば、ソフトをすばやく起動したり、ハードディスクのデータの読み書きを速くして快適に使えるようにもできるのです。

　ハードディスクは、データを書き込むためにディスクを細かなブロックに区切っています。図①右上のようにディスクを同心円状に区切った領域を「トラック」といいます。真上から見るとちょうど木の年輪のようです。トラックは、外側から順番にトラック０、トラック１～と番号が振られています。現在のハードディスクは、直径が約九センチのディスクが数千本ものトラックに分かれています。トラックの幅は、わずか数ミクロン（一〇〇〇分の一ミリ）と髪の毛よりはるかに細かいのです。

　５．トラックはさらに図１右下のように扇形に区切られています。これを「セクター」といいます。一つのトラックはおよそ数十個のセクターに分割されています。このセクターがハードディスクでデータを保存するときの最小単位になります。

　つまり、ハードディスクにデータを読み書きするときは「×番目のトラックにある×番目のセクター」と指示すれば、ディスク上の一点を特定できるのです。ハードディスクにはマイクロコンピューターが内臓されていて、その指示に従いヘッドを目的の場所へ移動させて、データを読み書きしていきます。

　なおセクターの数はとても多いため、ウィンドウズでは、隣接するいくつかのセクターを一まとめにした「クラスター」という単位で管理しています。

　６．一つのセクターの容量は五一二バイトですが、クラスターの容量はディスクの容量によって異なり、四キロバイトから三二キロバイトとなっています。すなわち八～六四個のセクターを一つのクラスターとして扱うということになります。通常のファイルは容量が一クラスターより大きいので、複数のクラスターにまたがって記録されます。

　７．肝臓は腹腔の右上部にある大きな器官で、その重さは人では体重の３～４％に達し、血液を多く含んでいて暗赤色である。肝臓のはたらきはたいへん活発で、全身で発生するエネルギーのうち、およそ12％は肝臓で生ずる。また、肝臓には炭水化物・脂肪・たんぱく質・核酸などの合成および分解にはたらく酵素が、他の器官に比べて非常に豊富に含まれている。そのほか、いままでにわかっている酵素の大部分は肝臓に存在することが知られている。

　これらの事実から、肝臓は物質およびエネルギー交代のすべてにわたって重要な役割をしているものと考えられているが、まだわかっていない点も少なくない。おもなはたらきは、次のようである。

　物質の貯蔵　肝臓は炭水化物の一時的な貯蔵場所になっている。すなわち、小腸で吸収されたブドウ糖の一部は、肝臓の中でグリコーゲンとなって貯えられ、必要に応じて、再びブドウ糖に変わって血液中に送り出され、全身に供給される。同じように、脂肪も肝臓で一時的に貯えられる。

　解毒　有毒な物質が食物とともに体内に入ったり、あるいは腸の中で細菌のはたらきによって生じたりすると、それらを含んだ血液が肝臓を通るとき、毒物が無毒のものに変えられ

る。この場合に、毒物が分解されて無毒となることもあり、また硫酸やグルクロン酸と結合して毒性のなくなることもある。

　　尿素の生成　　たんぱく質が分解して生ずるアンモニアは、細胞に有毒な物質である。人ではアンモニアの大部分は肝臓の中で二酸化炭素と結合して無毒の尿素となり、腎臓を通して排出される。尿素はオルニシン回路で生ずる。肝臓には、オルニシンという物質が含まれている。アンモニアと呼吸の結果生じた二酸化炭素とは、オルニシンと結合してシトルリンを生ずる。つぎにシトルリンは、もう 1 分子のアンモニアと結合してアルギニンとなる。最後にアルギニンは加水分解されて尿素とオルニシンとになる。ここに生じたオルニシンはまた同じ反応をくりかえす。

第三課
1.

二、国際分野における協力

　　双方は、国連が来世紀に一層効果的な役割を果たすためには、国連の改革が必要であるとの認識を共有した。双方は、安保理改革、財政改革、開発分野の改革等を含む国連改革の実現に向け、協議を強化することで意見の一致をみた。

　　双方は、地域問題につき協調と協力を強化し、地域の平和と安定のために積極的な役割を果たすことで意見の一致をみた。両国は、朝鮮半島の平和と安定を維持することは、アジア太平洋地域の平和と安定にとり極めて重要であると認識し、関係各方面がこのために積極的な努力を払うことを支持する。

　　双方は、人権の普遍性を確認し、各国は相互交流を通じて共通認識を増進し、相違点を減らすべきであるとの認識で一致した。双方は、日中人権協議を積極的に評価し、平等と相互尊重の基礎の上に、人権問題について引き続き意見を交換していくこととした。

　　双方は、「核兵器不拡散条約」、「生物兵器禁止条約」及び「化学兵器禁止条約」の締約国として、これらの条約により負っている義務を遵守し続けていくこと、大量破壊兵器及びその運搬手段の拡散防止並びに関連する国際協力に尽力することを確認した。

　　双方は、多角的貿易体制の重要性を確認した。中国側は、ＷＴＯへの早期加盟に向けて引き続き努力していくことを重ねて表明した。日本側は、これに対し引き続き支持し協力していくことを表明した。

　　双方は、本年 9 月に実施された東アジア経済問題に関するハイレベル協議が有益であったことを確認し、今後、必要に応じ引き続き同様の協議を行っていくことで意見の一致をみた。

　　双方は、東アジアから中央アジアを経て欧州を結ぶユーラシア・ランド・ブリッジ構想が、ユーラシア大陸全体の平和と安定に対し積極的な意義を有すると考える。双方は、東アジアから中央アジアに至る交通・物流の整備を進めていくことの重要性を認識し、今後、この分野での協力を進めていくことで意見の一致をみた。

　　双方は、銃器、密航、マネー・ローンダリング、金融経済犯罪、ハイテク犯罪等の各種の国際犯罪対策の面で協力を強化することで意見の一致をみ、かつ、必要に応じてこれにつき関係部門間の協議及び人的交流を強化することで一致した。

　　双方は、薬物犯罪の取締りにつき引き続き協力し、国際的な薬物禁止のための協力に積極

的に参加し、国際的な薬物禁止の分野で積極的な役割を果たしていくことで意見の一致をみた。

2.

日本と中国の関係
第11回日中文化交流政府間協議（概要）

1月16日、中国文化部において本件協議が行われましたところ、右概要を以下の通り紹介いたします。

1．本件協議においては、日中間の過去2年間に亘る文化交流の評価及び今後の日中文化交流の展望及び人物交流、相互の語学学習、学術・知的交流、芸術交流、文化財保護、著作権等の個々の分野における交流のあり方につき意見交換が行われた。

2．特に、本年は、日中国交正常化30周年に当たり、日中双方においてそれぞれ「日本年」「中国年」として多くの記念行事が準備されているところ、それら行事が円滑に行われるよう、両国政府が積極的に取り組んでいくことで一致すると共に、以下の旨の紹介がなされた。

○　日中両国において実行委員会が組織され、各行事の実現に積極的に取り組みが行われていること。特に、中国においては、今月初旬文化部、外交部、新聞弁公室を中心とする16の政府部門からなる実行委員会が組織され、孫家正文化部長が主席となった。

○　中国側として4月に日本で開幕式を行い、右にあわせ孫家正文化部長が訪日するとともに民族楽団の公演、30周年記念写真展を行うこと。

○　日本側として若い世代の関心が高い、ポップカルチャー関係も含め、公演、展示、交流等の多くの行事を行いたいと考えていること。

3．人物交流については、98年に署名された「青少年交流の一層の発展のための枠組みに関する協力計画」で合意された、99年から5年間で1万5千人の規模の青年交流が順調に行われていることにつき、双方から歓迎の意が示されると共に引き続き右を効果的に実施していくことの重要性につき意見の一致を見た。

4．語学学習・研究の分野では、特に、日中共同で行われている日本学研究センターが順調に成果を収めていることを歓迎すると共に、日本政府の無償資金協力による新校舎施設建設計画が順調に進んでおり、今後とも同センターの一層の役割の発揮に期待することで意見の一致を見た。

5．文化財保存の分野では、我が国がユネスコ文化遺産保存日本信託基金、文化遺産無償等のスキームにより、大明宮含元殿、クムトラ千仏洞、龍門石窟の保存修復事業が行われていることにつき、中国側より感謝の意が表された。

6．中国のWTO加盟に伴い問題が指摘されている中国における著作権の保護に関し、日本側の高い関心を紹介すると共に、本件につき両国の担当当局間での政策協議を行うことにつき意見の一致を見た。

7．次回の本件協議を2004年以降の適当な時期に日本で行うことが合意された。

第四課

1. 初期の概算によると、今年上半期、中国のGDP（国内総生産）総額は5万8773億元で、前年比9.7%増、成長率が前年同期と比べ0.9ポイント増加した。

2. 中国インターネットネットワーク情報センター（CNNIC）の統計によると、2004年6月30日までに、中国のインタネットユーザーの総数は8700万人に達し、前年同期と比べ27.9%増加した。これは1997年10月に初めて行った調査結果（62万人）と比べ140.3倍である。

3. 今年上半期、都市・鎮（町）の住民の平均収入は4815元で、前年比11.9%増だが、物価変動の影響を差し引くと実質増加は8.7%で、増加幅は前年同期と比べ0.3ポイント増加した。

4. 2004年7月15日までに、人民元業務の経営が認可された在中国外資系銀行機構は100軒に達し、外資系銀行営業性機構総数の50%を占め、6月末までに、中国の外資系銀行の人民元資産総額は844億元で、前年同期と比べ49%増加した。

5.

上海はディンクスを勧めない

2004年下半期より、上海は「一人っ子政策」に関する新しい条例『上海市人口と計画生育条例』を実施している。ディンクス（子どもを作らない夫婦）の奨励をせず、第2子をもうける条件を緩和したのだ。

2003年、上海の人口自然増加率は、マイナス3.24%。高齢化も加速している。核家族が上海の主な家族形態となり、一戸あたりの人数は2.8人。こうした流れを食い止めるため、新条例では、従来あった「第2子をもうける場合の第1子との間隔規定」をとりやめた。また、ディンクスの男女が退職しても、従来どおり一回限りの奨励金を受けることはなくなった。なお、夫婦がともに一人っ子の場合と中年男女が再婚した場合に限り、第2子の出産が許されるという。

6.

日本が発展途上国の「2000年問題」解決に助力

西暦2000年に、世界で一部のコンピューターが誤作動を引き起こす可能性がある、いわゆる「2000年問題」をめぐり、発展途上国におけるこの問題の解決を助けるため、国際協力事業団（JICA）は、これらの国から関係者を日本に招き研修を行うことになりました。

西暦2000年に、コンピューターの誤作動が一つの国でも起これば、インターネットを通じてほかの国に波及する可能性があります。JICAは、まず今月の下旬に、ベトナム、パプア・ニューギニアとチリなどAPECの国々から担当者を日本に招き研修を行うことにしています。この研修では、政府とコンピューター業界の関係者が誤作動を防ぐための「プログラム修正」や2000年を想定した測定方法、それに危機管理の対策の作り方などについて、アドバイスをすることになっています。

7.

新疆で天然林　保護の新しい措置

　新疆ウイグル自治区は 2005 年から、毎年 8 万立方メートルの天然林の伐採を中止した。新疆には 177 万ヘクタールの天然林があり、それが新疆の 80％以上の水源を保っている。しかし、山地の森林の「高齢化」が日増しに激しくなり、人工林や幼木の生長保護などを進めることが求められていた。天然林資源を全面的に保護・回復させるため、新疆は今後 10 年間、天山山脈とアルタイ山脈のふもと一帯で、500 万ムー（1 ムーは 6.667 アール）の森林を取りもどすことを決めた。

8.

台湾中部で大地震が発生

　台湾の現地対策本部によると、今日未明台湾中部で起きた大地震で、日本時間の今日午後 2 時まで、少なくとも 657 人が死亡、900 人がけがをし、また、1200 人以上が行方不明となっていて、被災地では、懸命な救援活動が行われています。今回の地震は現地時間の今日午前 1 時 45 分ごろに起き、震源地は台北の南南西 145 キロにある南投県付近で、地震の強さを示すマグニチュードは 7.6 と推定されています。

　また、台湾当局によると、いままでに 3 万棟の建物が倒壊し、震源地付近の南投県より北にある台湾のほぼ半分の地域では、650 万世帯が停電し、かなり広い範囲にわたり、電話が不通のままとなっています。このため、各県や市の学校は休校し、企業は休業しています。最も深刻な被害を受けている南投県では、酒造メーカーが激しく炎上し、県の役所ビルや変電所など約 100 棟の建物が倒壊しました。いま、約 2000 人の兵士が瓦礫の下に埋められている人の救出活動を懸命に行っています。被災地では、地震発生後、すでに 1000 回を超える余震が起き、最も強かった余震は、マグニチュード 6.8 でした。現地対策本部のスポークスマンは「現時点では、今回の地震の被害状況を把握するのはとても難しい」と述べ、今後、死傷者の数はさらに増えると予想しています。

第五課

　1．それからというもの、来る日も来る日も新年が待ち遠しかった。新年になれば閏土がやって来る。待ちに待った年末になり、ある日のこと、母がわたしに、閏土が来たと知らせてくれた。とんでいってみると、彼は台所にいた。つやのいい丸顔で、小さな毛織りの帽子をかぶり、キラキラ光る銀の首輪をはめていた。それは父親の溺愛ぶりを示すもので、どうか息子が死なないようにと神仏に願をかけて、その首輪でつなぎ止めてあるのだ。彼は人見知りだったが、わたしにだけは平気で、そばにだれもいないとよく口をきいた。半日もせずにわたしたちは仲よくなった。

　2．まどろみかけたわたしの目に、海辺の広い緑の砂地が浮かんでくる。その上の紺碧の空には、金色の丸い月がかかっている。思うに希望とは、もともとあるものとも言えぬし、ないものとも言えない。それは地上の道のようなものである。もともと地上には道はない。歩く人が多くなれば、それが道になるのだ。

　3．柵の丸太からは緑の枝が伸びていた。柳の枝もある。はこやなぎの枝もある。腐って

しまって芽の出ない木には、黄色いきくらげや白くて小さいきのこが生えている。僕らはお粥を飲み終わると丸太の柵にしがみついて外の風景を見ながら、丸太に生えたきのこをむしっては食べながら、柵の外の街道を行き来するよそ者の言葉遣いをする民工たちを見ていた。だれもが頭はボサボサ顔は垢だらけで元気がない。僕らはその民工たちの中に家族を見つけようとしていたのだ。ワンワン大泣きしながら、僕らはたずねた。

「おじさん、僕の父ちゃんみなかった？」

「おじさん、僕の母ちゃんみなかった？」

民工たちは耳が聞こえぬかのように、てんで相手にもしてくれない。振り向く者もいたが、僕らを一目見ると首を振った。

4．二時限目の国語は『祝福』。今日は、師範大学中文学部を卒業したばかりの李先生が代講してくれる。生徒にとって、新米の、それも若い先生は興味ある存在で、観察もなかなかうるさい。地味な洋服、ぱさぱさのショートカット。張り切ってるって感じだ。明るいひとみにはあどけなさがすこし残っているけど、先生らしいでんとしたところもちゃんとある。

授業が始まった。先生は教壇に上がっても、緊張なんかしていないし、といってわざとらしいところもない。ぼくらは自然とその文章に夢中になった。授業はすばらしかった。内容をよく理解しているし、話し方がすごくうまいんだ。

5．「リリリーン——」終業のベルが鳴った。李先生は下唇をギュッとかみ、ちょっとためらった。彼女が胸におさめたのは、くやしさ、それとも怒りだったのだろうか。

「国語のクラス委員は職員室へいらっしゃい、王力もいっしょに」と言い残すと、彼女は教室を出て行った。教壇に上がった時に見えた元気は、もうない。クラスのみんなはガヤガヤ騒いでいる。ぼくは王力をつついて、教員室へ行った。ちょうど、先生や生徒がグランドにラジオ体操しに行くところだった。

教員室のドアの前で、「来ました」って大声で言って入ると、机の前に立っていた李先生はこっちを向いた。王力はぼくの後ろから、びっこを引き、よろけながらつらそうに入ってくる。彼女はポカンとしている。たまげたようだった。しばらくして、そそくさとこっちへやってきた。ぼくらの前に立っても、彼女は口をモゴモゴさせるだけで、なにも話せない。長い時間がたった。ようやく彼女は、王力に小さな声で話しかけた。　「ごめんなさい、あなたに質問すべきじゃなかったわ。ゆるしてくれる？」

王力はぼそっと突っ立っている。表情は教室の時とおんなじだ。だけど、涙が一粒彼のほおに流れていた。

6．あの日、なぜあんなにヒステリックに泣きわめいたのか、自分にもよくわからない。もちろん傷はすぐ治ったが、テレビ局のおばさんは、あれ以来二度と来なくなった。隣の人から聞いたのだが、父さんは急に年をとってしまった。朝、まだ夜が明けないうちに起きて、籠を提げておかずを買いに行き、わたしのために牛乳を取りに行く——それが一日として中断することのない父の日課であった。

7．父：銭先生！

銭：いらっしゃい。さあ、早くお入りなさい。

父：先生、娘の杜敏です。

敏：おじさま、こんにちは。

銭：さあ、さあ、おかけなさい。杜敏さん、今日は何の曲を弾いてくれるつもりかね？

敏：『エリーゼのために』です。

銭：ああ、それはいい。さあ、このピアノの椅子に腰掛けなさい。よし、始めなさい。

父：ミンミン、あがっちゃだめだよ。

銭：〜あ、悪いが、そこでちょっとやめて。お嬢さん、とても器用に弾いているんだが、心がこもっていないね。お嬢さんは作曲家のこのときの気持ちがわかりますか。

敏：わかります。父が話してくれました。

銭：おお、それはよかった。じゃあ、もう一回試してみよう。

……

銭：〜だめ、だめ。やっぱり味も素っ気もないね。

父：ミンミン、お前、どうしたんだ？

第六課

1．

減量の新方法——針灸

　これまでは漢方薬で減量を行ってきたが、今、針灸がそれにとってかわろうとしている。

　本病院の万明医師が針灸により、減量を行う方法を発明しました。第一段階は25日間、普通第二段階に入るまでに七〜二十キロ減量できる。

　本病院はすでにこの方法を採用している。ご来院をお待ちしております。

2．

「知恩」酔いざまし剤

　「知恩」酔いざまし剤は○○天然食品有限責任公司が雲南の天然植物を原料として生産したものです。

　酒を飲んだ後、この酔いざまし剤を服用すれば、体に有害なアセト・アルデヒドを生み出すのを阻止し、少なくし、アセト・アルデヒドをその他の物質に転化させ、酔いをさまし、体を保護する目的を達することができます。酒を飲む前にこの酔いざまし剤を服用すれば、アルコール中毒を予防することができます。普段服用すれば、長期の飲酒による肝臓の損傷に対しよい治療効果をあげることができます。このほか、炎症や湿疹を取り去り、神経性頭痛を治す働きがあります。

　「知恩」酔いざまし剤は'99中国昆明世界園芸博覧会の推薦する観光製品。

3．

天津市クラッチ工場へどうぞ

　天津市クラッチ工場は天津市の南郊外にあり、交通、通信が便利です。

　本工場は先進技術で各種の自動車、オートバイ、ディーゼル機関に用いるスターター・ワンウェイ器を生産し、品質がよい、品種が揃っており、全国最大のスターター・メーカー××電機工場に製品を提供しています。さらに全国の20余りの省、直轄市、自治区に出荷し、市場競争において不敗の地位に立っています。

本工場は「今日の品質、明日の市場」という目標を追求し、先進的な新しい生産プロセス、新技術でたえず新製品を開拓し、製品の質を高め、ユーザの需要を満たしています。

各界の人々が本工場と提携することを歓迎します。

4．浅水湾別荘区は天津市東麗区東麗湖のほとりに位置し、北には東麗湖公園があり、東には有名な万盛団地があります。周囲は緑地で、眺望絶佳です。浅水湾別荘区は外環線と津塘道路の交叉点に位置し、多くのバス路線が通っています。交通が非常に便利です。

浅水湾別荘区には二系統の給水施設があり、二十四時間お湯が使用できます。室内にはプログラム・コントロール直通電話とFAXが設置されています。衛星放送受信アンテナがあり、ケーブルテレビの設備があります。団地内の付属施設には、ビルメンテナンスセンター、ショッピング・レジャーセンター、スポーツセンターなどがあります。浅水湾別荘区は西洋式フラワーガーデン様式で建築されており、建築面積は180〜300㎡までいろいろな種類があります。室内はみな高級な資材を用いたゴージャスなインテリアです。

本物件はすでに着工しており、2005年9月にオープンします。現地にモデルルームを設けて見学をお待ちしております。

5．「アガリクス茸」の原産地は、ブラジルにあります。現在では、環境の変化などに伴い、ほとんど自生しておらず、ブラジルでも人工的な栽培によって収穫されてます。そして、その生産量は、乾燥品で年間十数トンといわれており、そのほとんどが現地で消費され、一部が輸出されているだけです。アガリクス茸は、アメリカの科学者による研究発表が行われ、まずアメリカで脚光を浴びました。その後、日本においてもアガリクス茸に関する研究発表が、日本癌学会や日本薬理学会で行われ、アガリクス茸の多糖類の中にはインターフェロンを産出し活性化する作用（いわゆるインデュース効果）があり、ウイルスの侵入を防ぐ力も強いことが証明されています。また、体内の酸性毒物を排出することが促進できるので、美容、減量、慢性病の改善、全身のバランスを調整できる。現在、化学療法などによる副作用が問題になっている折、きのこなどの天然物による代替療法は、今後ますます注目されています。

第七課

1.

フラッシュの状態について

フラッシュの状態については【シャッター】を中押ししたときに、【液晶モニター】や赤の【動作確認用ランプ】で確認できます。

フラッシュ使用時のご注意

【フラッシュ】が指で隠れないようにしてください。隠れてしまうとフラッシュ本来の効果が得られなくなります。

・フラッシュ撮影時の被写体までの距離が、遠かったり、近かったりする場合は適切な効果が得られません。

・フラッシュの充電時間は、そのときの使用条件（電池の状態や温度など）により異なります。

数秒〜10秒程度（フル充電の場合）

2.

安全のために取扱説明書

　本製品は安全に十分配慮して設計されています。しかし、電気製品はすべて、まちがった使い方をすると、火災や感電などにより人身事故になることがあり危険です。事故を防ぐために次のことを必ずお守りください。

定期的に点検する

　1年に1度は、電源コードに傷みがないか、充電器のプラグ部とコンセントの間にほこりがたまっていないか、故障したまま使用していないか、などを点検してください。

3.

故障したら使わない

　カメラ本体や充電器などの動作がおかしくなったり、破損しているのに気づいたら、すぐにテクニカルインフォメーションセンターまでご連絡ください。
　万一、異常が起きたら
　変な音・においがしたら、煙が出たら、
　① 電源を切る
　② バッテリーをはずす
　③ テクニカルインフォメーションセンターに連絡する

運転中に使用しない

・　自動車、オートバイなどの運転をしながらヘッドホンやイヤホンなどを使用したり、撮影／再生をしたり、液晶画面を見ることは絶対におやめください。交通事故の原因となります。
・　自動車内に置くときは、急ブレーキなどで本体が落下してブレーキ操作の妨げにならないように十分にご注意ください。

4.

撮影時は周囲の状況に注意をはらう

　周囲の状況を把握しないまま、撮影を行わないでください。
　事故やけがなどの原因となります。

分解や改造をしない

　火災や感電の原因となります。特にフラッシャや液晶画面には高電圧回路が内臓されており危険ですので、絶対に自分で分解しないでください。レザーが機器に内臓されている場合、目に障害をおよぼすことがあります。内部の点検や修理はテクニカルインフォメーションセンターにご依頼ください。

5.

内部に水や異物を入れない

　水や異物が入ると火災や感電の原因となります。この製品は防水構造にはなっていませんので、水中や雨天での使用はできません。万一、水や異物が入ったときは、すぐにスイッチを切り、バッテリーを取り出してください。AC パワーアダプターや充電器などもコンセントから抜いて、テクニカルインフォメーションセンターにご相談ください。

6.

雷が鳴り出したら、機器にふれない

　遠くで雷が鳴り出しとときは、感電を避けるため、機器にふれないでください。

持ち運びのときに振り回さない

　ショルダーベルトやハンドストラップ、ネックストラップをご使用の場合は、本体を振り回さないようにご注意ください。本体に衝撃を与えたり、ドアにはさまったりすると故障やけがの原因となります。持ち運ぶ際には手で押さえるか、ポケットに入れるなどして本体を固定してください。

7.

体重と歩幅を測る

　正確に測定するためにまず、あなたの体重と歩幅を測ってください。

歩幅の測り方

　つま先からつま先までが正しい歩幅です。正確に平均歩幅を知るには、１０歩歩いた合計距離を部数（10）で割ります。

　下の式のように計算してください。

　例：5.5m歩いた場合

　5.5m（合計距離）÷10歩（歩数）＝0.55m（55cm）

8.

電池を入れる

ご使用の前に、本体に電池を入れてください。

　① 電池カバーのネジを、付属の簡易ドライバーまたは、市販の小型ドライバーで外す。
　② 電池カバーを外す。
　③ 付属の電池（CR2032）の＋側を上にして矢印の方向から先に入れる。
　④ 電池カバーの凸部を先に差し込む。
　⑤ 電池カバーのネジを締める。
　⑥ 本体裏面のシステムリセットスイッチを押す。

9.

れんこんのはさみ焼き

● 材料（四人分）
　れんこん……300ｇ
　ねぎ……少量
　合いびき肉……150ｇ
　塩…………適当
　こしょう……少量
　片栗粉……大さじ2
　サラダ油……大さじ3
　ブイヨン……少量
● 作り方

① れんこん150gはすりおろし、ざるに入れて水気をきる。残りは3mm厚さの輪切りを作り、酢少量を入れた水に放す。

② ボウルにみじん切りにしたねぎと合いびき肉、塩、こしょう、片栗粉、おろしたれんこんを混ぜる。

③ 輪切りのれんこんの水気をふき、2枚一組にし、ひき肉をはさむ。これをサラダ油を熱したフライパンに入れて中火で両面を1分ずつ焼き、ブイヨンを加えてふたをして5分焼き、ふたを取って水気をとばす。

第八課

1. 天津市は華北平原の北東部に位置し、東は渤海に臨み、北は燕山山脈をバックにしいる。北は首都北京と隣接し、東部、西部、南部は河北省の唐山、承徳、廊坊、滄州地区とそれぞれ境を接している。海岸線の長さは約133キロで、面積は1万1305平方キロである。

2. 天津は海河の下流に位置し、海河の両岸に展開する都市で、域内には海河、子牙新河、独流減河、永定新河、潮白新河および薊運河などが流れ、海に流れ込んでいる。市中心部は海岸からは50キロ、首都の北京からは120キロも離れており、海から北京に通じる要衝であり、昔から首都の門戸、国都の周りの重鎮であった。天津はまた華北、東北、西北という三北地区を連ねる交通の中枢でもある。天津はまた中国北部の10数省・直轄市の海に通じる交通ルートであり、中国北部で最大の人工の港——天津港があり、30余本の海上ルートが300余りの世界各国、各地域の港へ通じ、太平洋の対岸からヨーロッパとアジア内陸部に通じる主なルートであり、ユーラシア・ランドブリッジの主な海への出口でもある。地理的位置、戦略的地位に恵まれた非常に重要な都市である。

3. 天津は中緯度のユーラシア大陸の東海岸に位置し、太平洋に面し、季節的環流による影響が著しく、冬はモンゴルからの寒い高気圧にさらされ、北寄りの風が多く、夏は西太平洋の副熱帯高気圧の影響を受け、南寄りの風が多い。天津の気候は暖温帯半湿潤の大陸季節風気候に属し、次のように顕著な陸地から海への過渡的特徴があり、つまり春、夏、秋、冬の四季がはっきりしており、季節の長さが違うこと、降雨が少なく、雨量がアンバランスであること、季節風が強く吹き、日照が十分であること、海に近いが、大陸的性格が強い。年間平均気温は12.3℃、7月は最も暑く、月間平均気温が26℃に達することもあり、1月は最も寒く、月間平均気温はマイナス4℃で、年間平均降水量は550～680ミリ、夏の降水量は年間降水量のおよそ80%を占める。

4. 天津には歴史遺跡が多く、出土文物も豊かで、40ヵ所の国家クラスと市クラスの重点文化財がある。そのうち、隋の時代にできた大きな木造のお寺——独楽寺には1000年余りの歴史がある。薊県の黄崖関長城は全長が41キロで、多種多様な造形の異なるのろし台が1000余りもある。「北京東部第1の山」と称されている薊県盤山は、雄大な地勢の山で、山々が重なり合い、建築物と自然の山水とが一体となっている。そのほか、天后宮、文廟、大悲院、モスク、天尊閣、天成寺、大沽口砲台、望海楼教堂、広東会館および青年時代の周恩来氏の天津における革命活動記念館などがある。

5. 天津の建築物は古い建築物と現代建築物が共存するという特色を持っており、「万国建

築博物館」とも呼ばれている。開港が早かった上、かつては 9 カ国の租借地があったため、風格がそれぞれ異なった洋風の建築物がその特色であり、19 世紀末から 20 世紀の初めにかけての東洋および欧米諸国のさまざまな建築物が 1000 棟余りも残っている。

6. 天津には現在、大学が 20 校もあり、230 の専門学科が設置され、在校学生数は 7 万人余りで、在校大学院生数は 5800 人余り、そのうち、博士コースの大学院生は 1500 人。現在、普通中等学校が 732 校もあり、在校生徒数は 50 万人余りである。中等職業技術教育もここ数年来突破的な発展を見せており、中等専門学校が 64 校、職業中等学校が 140 校、技術工業学校が 120 校もあり、在校生徒数は 8 万人余り。成人教育も独自の体系が形成されており、成人向けの大学が 532 校もあり、在校生徒数は 5 万人余りである。自然科学研究機構が 150. 各分野の科学者、技術者が 30 万人余りもおり、そのうち、いちじるしい成果をあげ、内外でその名を知られる専門家と学者も少なくない。

7. 天津の経済成長が始まったのは、一九九二年の鄧小平の南巡講話以後である。九四年三月、当時の張立昌市長（現在党中央政治局委員）は、「三五八十」と呼ばれる経済発展の目標を掲げた。それは、大胆な外資の導入や大中の国有企業の改造、平屋建て住宅の移転と建てかえなどによって、GDP の二倍増を短期間に達成するという意欲的計画だった。

長い停滞で溜まったエネルギーを一挙に吐き出すように、天津の経済成長が始まった。二〇〇二年末、天津の GDP は二千五十一億元に達した。一九九三年の GDP は五百三十六億元だったから、十年間でほぼ四倍増を達成したことになる。この十年間の経済成長は、全国平均を大きく上回った。

都市住民の一人当たりの可処分所得は、一九九三年の二千七百六十九元から十年後には一万元になった。農民の一人当たりの年間純収入も、千五百九十三元から五千三百十五元に増えた。

導入された外資は、累計で七十三億ドル以上。これを利用して千二百二十の国有企業の技術改造プロジェクトが実施された。かつては一面の塩田だったところに天津経済技術開発区（TEDA）が造られ、モーとローラーやコカコーラ、大塚製薬など世界の有名大企業が続々と投資を始めた。

トヨタは二〇〇〇年から天津に進出し、中国の一汽（第一自動車）と合弁で乗用車「VIOS」（威馳）を売り出した。従業員約二千人は現地採用で、平均年齢は二十一歳。さらにトヨタは開発区に、総面積百五十五万平方メートルの第二工場の建設を始め、二〇〇五年から「CROWN」（皇冠）を生産する。

8. 松下、本田、ヤマハ、キヤノン、三洋電機、富士通テン、アルプス、三菱マテリアル、日商岩井、京セラ、田辺製薬〜。日本を代表する製造業者名を書き連ねれば、そのほとんどは天津経済技術開発区の日系進出企業リストと重なってしまう。

今年一月現在で同開発区に進出する日系企業数は三二四社。投資総額は二一・三七億米ドルで、これは開発区全体の投資総額の九・九％。米国、中国香港地区、韓国に次いでいる。主に自動車産業と電子・通信産業に集中しており、たとえばトヨタ自動車とその関連の完成車組み立ておよび部品メーカーだけで四〇社を数える。

日系企業群の重みをより決定づけたのは、二〇〇〇年以降順次具体化しているトヨタ自動

車の本格進出計画である。

　トヨタグループとしては、先にダイハツ工業が「シャレード（夏利）」生産で一九八六年以来技術供与をしていた天津汽車集団との関係があった。しかし、トヨタは、天津汽車が中国第一汽車集団の傘下に入ったのを機に、天津汽車夏利との合弁である天津豊田で小型車生産に入るほか、一汽と「クラウン（皇冠）」の合弁生産も決めた。つまり、トヨタはこの天津に二ヶ所の乗用車生産拠点を有することになった。

　9. 直轄市である天津市は一九八四年、中央政府により、他の一三都市とともに沿海開放都市として選定された。さらに同年一二月、国務院の認可を受け設立されたのが天津経済技術開発区である。なお、この際一緒に選ばれたのは大連、秦皇島、煙台、青島、連雲港、南通、上海、寧波、温州、福州、広州、湛江、北海の各市。選定後すでに二〇年が経過したが、天津の発展ぶりは他の開発区をはるかに引き離し、「常にナンバーワンの地位を維持し続けている」

　九四年以来、開発区は年平均二六％前後という驚異的な成長を記録している。その間、同時に工業総生産は八倍、域内総生産（GDP）は九倍、輸出額は一一倍ともなった。

　開発区への進出企業数は三資企業（外資系）は現在三六七九社に達した。そのうち合弁は一五一四社、合作（協力）八八社、全額出資が二〇七七社の内役となる。さらに投資総額は二一三・八億米ドル、うち外資が一八三・七億ドル、登記済み資本ベースで一一四・六億ドルに上る。

第九課

　1. 初春の候、ますますご盛栄のこととお喜び申し上げます。平素は格別のご愛顧を賜り、厚く御礼申し上げます。

　さて、弊社ではこのたび天津市に支店を開設することになりました。かねてから天津市への進出計画を練っていたものですが、ようやく実現の運びにいたりまして、この５月１０日より営業を開始することに相成りました。これもひとえに、皆様方のご支援とご厚情による賜物と、心から深く感謝している次第でございます。

　今後は天津支店を通しても直接ご注文品をお届けすることができますので、なにとぞ従来にも増してのご用命、ご利用のほどをお願い申し上げます。

　なお、支店長には本社営業部の張藤を就任いたさせましたので、よろしくご指導お引き立てのほどをお願い申し上げます。

　2. さて、このたびは、弊社新製品「〇〇」の販売キャンペーンにおき、多大なご協力をいただき、誠にありがとうございました。

　おかげをもちまして、天津を中心とする華北エリアの販売戦略は、万全の態勢となり、事実、販売実績が急激な伸びをみせています。これはひとえに、貴社の綿密な販売戦略計画が実現されたためであり、心から感謝いたしております。

　今後とも、よろしくご協力のほどお願い申し上げます。

　なお、品質、サービス等の問題点がございましたら、直接私あてか天津支店の販売促進部にお申し付けください。

　まずは、御礼まで。

3. 誠に恐縮ですが、過日特別のご好意をもってご融通いただきました借金の件でございますが、お約束の日限が過ぎておりますのに、ご返済が延引いたしました。まことに申し訳なく存じます。

お約束を果たすべく、全力を尽くしておるのでございますが、先月不測の手形事故にあったため、心ならずも不義理を重ねておりました次第でございます。多大なご迷惑をおかけいたしまして、深くお詫び申し上げます。事故手形につきましては、ようやく解決の見通しがつきましたが、今月の28日までにご猶予をいただけませんでしょうか。ご厚誼に甘えるようで心苦しいのでございますが、まげてお聞き届けくださるようお願い申し上げます。

まずは、お詫びかたがた再度お願いまで。

4. 前略　去る10月15日付でご請求申し上げました「エアコン」の代金の件、その後再三にわたって督促を申し上げておりますが、いまだに入金がございません。

ご連絡のたびに善処するとのご返事はいただいておりますが、いまだご入金いただけない以上、ご誠意のほどを疑わしく存じます。

つきましては、今12月末日必着でご入金くださいますようお願い申し上げます。万が一、確実な対応を示していただけない場合が、遺憾ながら法的手続きをとらざるをえませんので、その旨ご承知ください。

善処のほど、切にお待ちしております。

5. さて、10月27日付でご注文申し上げましたカラーテレビの件ですが、納期の31日を過ぎてもまだ到着せず、困却しております。

お伝え申し上げましたように、弊社にはすでに在庫がなく、お客様にも大変ご迷惑をかけている次第です。

時節柄、今後の売上げも延びると予想されますし、お客様からの予約問合せも届いております。

万一在庫不足などのため、出荷がなお遅延するようでしたら、確実な納期を急ぎご連絡くださいますよう、お願申し上げます。

まずは、取り急ぎ商品未着のご照会まで。

6. さて、3月10日付貴信により弊社製品のご注文をいただきまして、誠にありがとうございました。

つきましては、貴店よりのご注文書に、納期の「5月10日」を「4月10日」と条件変更をされておりますが、見積書の際にはご了承されておりましたのに、ここに至って突然のお申し出には甚だ困惑いたしております。エアコンは時期物で、2月に入ってから、各方面からの受注に追われていまして、現状ではとうていご希望の納期にはお納めすることができないと思っております。

せっかくのご注文ですが、ご希望の納期に沿いかねますので、ご辞退申し上げるよりほかございません。誠に申し訳ございません。

ご注文書を返送いたしますので、なにとぞご検討のうえ、改めてご注文をお願い申し上げます。

まずは、お詫びかたがたご返事まで。

第十課

1．（上の労働契約書の続き）

第六条　契約解除及び契約解除禁止に関する規定

1．次の状況のいずれかに符合した場合、甲は本契約を解除し、乙を解雇することができる。
　①試用期間内、乙が採用条件に符合しないと判断した場合。
　②乙は、病気や業務に起因しない怪我のため、規定の医療期間が満了した後も、元の仕事
　　に従事することができない、しかも、他の仕事に転換することもできない場合。
　③乙が労働規律に違反し、決められた業務を遂行しなく、公司の規定制度に基づき、解雇
　　しなければならない場合。
　④甲の生産及び経営環境の変化により、人員が過剰となった場合。

2．次の状況のいずれかに符合した場合、乙は本契約を解除することができる。
　①国家の関係部門の確認を経て、甲の労働安全、衛生条件が悪く、乙の身体の健康に厳重
　　な危害を与えると認められた場合。
　②甲は、本契約に従わなく、乙に労働報酬を支払わない場合。
　③甲は、本契約を履行せず、または、国の関係法律、法規に違反して、乙の合法的な権益
　　を侵害した場合。
　④甲は、期限とおりに保険機関に乙の養老保険金を納付しない場合。
　⑤乙は、本人の特別な都合で、辞職する必要がある、かつ甲の同意を得た場合。

3．次の状況のいずれかに符合した場合、甲は本契約を解除し、乙を解雇してはならない。
　①乙は、病気や負傷のため、規定の医療期間内にある場合。
　②乙は、業務に起因した負傷又は職業病のため、治療、療養期間内にある場合と治療が
　　終了した後、労働鑑定委員会において一部又は全部の労働能力が喪失したと認定され
　　た場合。
　③計画的出産を実施する女性従業員が、妊娠、出産、授乳期間にある場合。
　④契約期間未満、しかも本状の第一項の規定に符合しない場合。

4．甲乙が契約期間内に、契約を解除したい場合、一ヶ月前までに書面にて相手に通知して
　初めて解除手続きを行うことができる。書面にて辞職届を提出して、一ヶ月未満で出勤
　しない者は、本人の一ヶ月分の基本賃金に相当する経済的な損失を弁償しなければなら
　ない。但し、規律を反した者を解雇する場合を除く。

5．乙は、甲の出資で研修や国内外における育成訓練を受けたり、外国への視察や実習をし
　たりする場合、甲、乙双方は協議して、新たに契約延長の協議を締結する。乙は契約期
　間内において辞職を提出するまたは勝手に離職する場合、甲の経済的な損失を弁償しな
　ければならない（契約年限に比例して弁償する）。経済的損失は、育成訓練費、往復旅費、
　宿泊費などを含む。

6．乙は、甲の出資で住宅の分配を受けた場合、新たに契約延長の協議を締結しなければな
　らない。乙は、契約期間内において辞職を提出するまたは勝手に離職する場合、甲の経
　済的な損失を弁償する責任を負わなければならない（契約年限に比例して弁償する）。

7. 次の場合、甲乙双方は協議の上、契約変更ができる。

　　①本契約を締結したときの法律、規則、政策が変った場合。

　　②不可抗力により、どうしても本契約を実行することができない場合。

　　③甲、乙双方ともに本契約のある条項を改訂する必要があると判断する場合。

　　ただし、労働契約を変更する場合、天津市労働局の認可を必要とする。

8. 契約が終わり、あるいは契約を解除するとき、甲は乙に規定によって　補償金を支払わなければならない。

第七条　契約違反の責任

　1. 甲、乙双方のいずれかの一方が本契約に違反して、相手側に経済的な損失を与えた場合、その契約違反の責任を負わなければならない。

　2. 甲、乙双方が契約違反で、経済的な損失をもたらした場合、その情況に応じて、弁償しなければならない。

第八条　労働争議

　　契約実行時、意見の不一致があった場合、まず、会社の労働組合は、甲乙双方と協議し、解決する。協議による調停が成立しない場合、争議の一方または双方が天津市労働争議仲裁委員会に仲裁の申し出を行う。仲裁に不服する側は、仲裁採決書を受け取る日から１５日以内に、甲の所在地域の人民法院に訴訟を起こすことができる。

第九条　その他

　1. 本契約を１式２部を作成し、甲、乙双方は各１部ずつを持ち、甲、乙双方が捺印した後効力を生ずる。２部の契約書は同等な法律効力を有する。

　2. 本契約約款は国家の法律、法規及び政策に抵触する場合、国家の法律と政策を基準とする。

　3. （商品売買の契約書）

契約書条項

　売買双方は下記の条項にもとづいて、本契約の締結に同意する。

第一条　支払方法：買い方は本契約書に定められた船積月の始まる 15 日前に、売り方の同意した銀行を通じて、取消し不能、譲渡可能、分割可能の一覧払い信用状を開設するものとし、その代金受取有効期限は船積期間後 15 日間とし、中国において満期となる。もし船舶の事情により売り方が期日通り船積出港できない場合、買い方はその信用状を自動的に更に 15 日間効力延長することに同意する。信用状に記載された船積貨物の数量と金額は 5％の増減が認められる。また、分割輸送及び貨物の積み替えも認められるものとする。

第二条　包装と荷印：いずれも売り方が通常行う輸出包装と輸出表記により荷印を刷り込む。

第三条　船積条件：（1）売り方は輸出貨物の船積終了後 48 時間内に、契約番号、品名、数量、送り状金額及び船名を電報にて買い方へ通知する。（2）売り方は毎回船積準備する数量の 5％に相当する量を増減する権利を有する。その差額は契約価格により清算する。（3）輸送船は売り方が手配する。もし買い方が本契約の規程通り信用状を開設しなかった場合、売り方は船積を拒絶するか、あるいはそれ相応に船積期限

を延期することができる。このために生じた一切の費用と損失はすべて買い方が負担する。

第四条　保険条件：FOB と C&F 価格は買い方の保険とする。CIF 価格は売り方が中国人員保険公司の約款（ストのリスクを含まない）にもとづいて送り状送金額の 110%に当たる総合リスク及びウォーリスク保険に付す。

第五条　商品検査：A. 中国商品検験局から発行した品質検査と重量鑑定証明書をもって荷渡しの根拠とする。但し買い方は貨物が仕向け港に到着した後、再検査を行う権利を有する。この場合、再検査の費用は買い方が負担する。B. 中国商品検験局の証明書を付さない（契約書第九条規定による）。

第六条　書類：売り方は支払銀行へ下記書類を提出しなければならない。送り状正本一通、副本二通、清潔な船荷証券正本三通、副本四通、保険証券正本一通、副本二通、輸出商品品質検査証明書及び重量鑑定証明書正本各一通、副本二通。

第七条　買い方が、本契約が規定する期間内に信用状を開設しなかったため、本契約が履行不能となった時は、売り方は契約を解除する権利を有し、売り方がこれにより蒙った損失は、買い方が賠償責任を負うものとする。これに反し、売り方が契約通り貨物を引き渡すことができなかった時は、不可抗力の場合を除き、買い方の損失を賠償するものとする。

第八条　不可抗力：不可抗力の事故により期日通り荷渡しできない場合は、売り方は荷渡しの延期もしくは一部の荷渡し延期をするか、あるいは本契約全部を解除することができる。但し、売り方は買い方に対して、中国国際貿易促進委員会の発行した事故発生の事情を証明する文書を手渡さなければならない。

第九条　クレームおよび賠償請求：貨物が仕向け港に到着した後、もし買い方が貨物の品質、重量あるいは数量に対して異議ある場合は、日本の商品検査機関の発行する検査報告書（検査費用は買い方負担）により、船が日本の港湾に到着後 90 日以内に売り方に提出することができる。ただし、自然災害により発生した、または船主あるいは保険会社側の責任範囲内の損失は、売り方に賠償を要求しないこととする。

第十条　商事仲裁：この契約を履行することから発生する、又はこの契約に関連するすべての紛争は、まず契約当事者双方が友好的な協議により解決しなければならない。協議により解決することができないときは、通常の裁判所に提訴することなく、仲裁に付託しなければならない。

仲裁は被申立人の所在国において行う。

その国が中国であるときは、仲裁は中国国際貿易促進委員会対外貿易仲裁委員会が当該委員会の仲裁規則に従い行う。

その国が日本であるときは、仲裁は国際商事仲裁協会が当該協会の仲裁規則に従い行う。

仲裁判決は最終的なものであり、契約当事者双方がこれを履行しなければならない。

本契約書は正本二通を作り、双方各一通を所持する。中日両国の文字は同等の効力を有する。

第十一課

1.

天津経済技術開発区におけるベンチャー（創業）投資奨励関する暫定施行規定

第一条 本規定は、天津経済技術開発区（以下「開発区」という）内において経営を登録し、開発区管理委員会の認定を経たベンチャー（創業）投資機構に適用される。これには、ベンチャー（創業）投資基金、ベンチャー（創業）投資会社及び関連する管理会社が含まれる。

第二条 本規定において「ベンチャー（創業）投資」とは、科学技術型又は高成長型の創業企業に対し出資持分投資をし、又は当該企業のため投資管理及びコンサルティングサービスを提供し、かつ、被投資企業が発展、成熟した後に、主に出資持分の譲渡を通じ収益を取得する投資行為をいう。

第三条 この規定において言及する各種税収に関する優遇については、いずれも開発区の「泰達科学技術発展基金」が当該優遇限度額の開発区留保部分に相当する財政援助を与える。国及び天津市に適用される優遇政策は、本規定におけるベンチャー（創業）投資機構にも適用され、一律にまず国及び天津市の優遇政策を実行する。実行後に本規定と比較して不足する部分につき更にこの規定を補って実行する。

第四条 開発区は、国内外の各種投資主体が開発区においてベンチャー（創業）投資機構を設立し、ベンチャー投資業務を展開することを奨励する。

第五条 開発区は、開発区内におけるベンチャー（創業）投資機構の発展を促し、奨励するために、支配可能な財政収入の1%を毎年割り当て、予算支出中に「泰達科学技術ベンチャー基金」を設立する。

第六条 ベンチャー（創業）投資機構の設立については、株式有限会社、有限責任会社又は有限パートナーとして登記登録することができる。その他の組織形式のベンチャー（創業）投資機構は、その関係規定に従う。

第七条 ベンチャー（創業）投資機構において、有限責任を負う出資人の共同出資の合計は、1,000万人民元を下回ってはならない。ベンチャー（創業）投資管理会社の登録資本の最低限度額は、100万人民元である。
中外合資、及び外商独資のベンチャー投資機構の登録資本は、国の関係規定を遵守し、これに従う。

第八条 ベンチャー（創業）投資機構は、M&A、出資持分の買戻し、証券市場上場その他の方式を通じ、そのベンチャー投資を回収することができる。

第九条 ベンチャー（創業）投資機構は、次の各項に掲げる業務に従事しなければならない。
（1） ハイテク産業その他の高成長型企業に投資する。
（2） その他の投資性会社の創業資本の経営管理を受託する。
（3） 投資コンサルティング。
（4） 法律及び法規の許可するその他の業務

第十条 開発区において設立されたベンチャー（創業）投資機構が開発区の認定するハイテク企業に対して行った投資について、その出資持分配当により納付する企業所得税の開発区留保部分に対しては、「泰達科学技術発展基金」が5年間50パーセントの財政援助を与える。

第十一条 開発区内において設立されたベンチャー（創業）投資機構のハイテク企業及びプロジェクトに対する投資額がその総投資額の 70 パーセントを上回る場合には、ハイテク企業を奨励する開発区の優遇政策を受けることができる。

第十二条 ベンチャー（創業）投資会社は、資本金全額を運用し投資することができる。

第十三条 本規定は、天津市開発区管理委員会が説明責任を負う。

第十四条 本規定は、公布の日より施行する。

2.

外資誘致の優遇政策

1. 合資、合作企業の設立の場合

ａ．中国側の協力者がプロジェクト提案書を起草し、そして合弁双方の法律証明書と資産信用証明書を主管部門に提出する。

ｂ．合弁双方がフィージビリティスタディ報告を作成し、主管部門に報告する。

ｃ．合弁双方が契約や会社の定款に署名し、取締役会の候補者名簿および委任書を提示し、審査・認可のため主管部門に報告する。

ｄ．契約、規則に関する認可回答書を持参して、主管部門から認可証明書を受け取る。

ｅ．上述の認可書類を持参して所在地の商工業管理局で登録手続きをとり、営業許可証を受け取る。

2. 全額外資企業の設立の場合

ａ．外国投資者の法律証明書と資産信用証明書を提示し、投資申請書と会社の定款を作成し、所属の主管部門に申請する。

ｂ．主管部門の認可書類を持参して、企業設立予定所在地の管理部門で立地選定、用地およびその他の外部関連条件に関する手続きを取る。

ｃ．申請書と会社定款に対する認可回答書類および建設管理部門の証明書類を持参して、主管部門から認可証明書を受け取る。

ｄ．認可証明書などの書類を持参して、所在地の商工業管理局で登録手続きを取り、営業許可証を受け取る。

政策・規定

3. 投資を奨励する分野

ａ．インフラ施設建設

ｂ．土地開発および不動産経営

ｃ．旧企業の再編改造

ｄ．石油化学工業、海洋化学工業

ｅ．冶金工業

ｆ．機械工業

ｇ．新興電子工業

ｈ．農業および関連加工業

ｉ．観光資源の開発

4. 投資に対する優遇政策

ａ．浜海開発区における生産的外国投資企業の所得税は、15％の税率によって徴収する。

経営期間が 10 年以上の場合、利益を上げ始めた年度から 1 年目と 2 年目は所得税を免除し、3 年目から 5 年目までは所得税を半減して徴収する。

　b．空港、港、鉄道、道路、発電所などのエネルギー、交通事業に従事する外国投資企業に対しては、利益を上げ始めた年度から、1 年目から 5 年目までは所得税を免除し、5 年目から 10 年目までは所得税を半減して徴収する。

　c．外国業者が浜海開発区で外資銀行およびその他の金融機関を設立することを奨励するとともに、国内の金融部門が域内で銀行、財務会社およびその他の金融サービス機構を設立することを奨励する。

　d．浜海開発区内で大規模な土地開発を行う外国投資者は、地価、エネルギー供給などの面で特別の優遇を享受することができる。

　e．浜海開発区内で中国系企業を設立する場合、域内の開発と開放に大いに役立つものであれば、関連部門の認可を経て、事情を考慮して特恵を与えることができる。

　5.その他の税収優遇政策

　域内の外国投資企業に対しては、優遇政策の規定にもとづいて企業所得税を徴収するほか、先進技術型企業の場合、減免期限が満了した後の 3 年間は所得税を 10％に減税して徴収し、製品輸出向けの企業の場合はその年の輸出額が生産総額の 70％以上に達した企業に対しては、企業所得税を 10％に減税して徴収する。その他に付加価値税、消費税、営業税、都市家屋不動産税、車輌船舶使用許可証税、個人所得税などの面でも新たな優遇政策を実行することになっている。

　6.税関登録案内

a.外国投資企業が提出する書類

Ⅰ．営業許可証のコピー

Ⅱ．天津市人民政府の認可証明書のコピー

Ⅲ．企業の定款、契約（全額外資企業の場合は不要）のコピー

Ⅳ．土地・家屋購入あるいは家屋賃借契約および支払手形のコピーとオリジナル

Ⅴ．企業法人代表の身分証のコピー

Ⅵ．銀行口座開設証明書類の原本

Ⅶ．資本監査報告書の原本 1 式

b．中国系企業が提出する書類

Ⅰ．営業許可証のコピー

Ⅱ．企業の定款、契約（全額外資企業の場合は不要）のコピー

Ⅲ．土地・家屋購入あるいは家屋賃借契約および支払手形のコピーとオリジナル

Ⅳ．企業法人代表の身分証のコピー

Ⅴ．銀行口座開設証明書類の原本

Ⅵ．資本監査報告書の原本 1 式

主要参考文献

1. 《新日汉词典》 大连外国语学院《新日汉词典》编写组编 辽宁人民出版社 版 1979 年 10 月第 1 版

2. 《新编日语外来语词典》 史群编 商务印书馆 1984 年 3 月第 1 版

3. 《日本语句型词典》 グループ・ジャマシイ编著 徐一平（代表） 陶振孝 巴玺维 陈娟 腾军 翻译 外语教学与研究出版社 2002 年 12 月第 1 版

4. 《现代日本语副词用法辞典》 飞田良文 浅田秀子著 李奇术等译 外语教学与研究出版社 东京堂出版 2002 年 2 月第 1 版

5. 《现代日语形容词用法词典》 飞田良文 浅田秀子著 金中译 外语教学与研究出版社 2002 年 10 月第 1 版

6. 《汉日词典》 吉林大学汉日词典编辑部 吉林人民出版社出版 1982 年第 1 版

7. 『広辞苑』 新村 出编 岩波书店 1998 年 11 月第 5 版

8. 『基本外来語辞典』 石綿敏雄 編 東京堂出版 1990 年 9 月初版

9. 『中日大辞典』 愛知大学中日大辞典編纂処編 中日大辞典刊行会発行 1980 年 5 月 六刷発行

10. 《简明日汉翻译教程》 罗兴典 主编 上海译文出版社 1985 年 9 月第 1 版

11. 《日汉翻译教程》周明主编 上海外语教育出版社 1984 年 8 月第 1 版

12. 《现代日语翻译技巧》曹云章、靳怀建编著 海洋出版社 1983 年 10 月第 1 版

13. 《日语翻译方法》 谢秀忱编著 中国铁道出版社 1983 年 8 月第 1 版

14. 《实用汉日经济翻译教程》陈岩编著 北京大学出版社 1996 年 6 月第 1 版

15. 《日译中教室》陶振孝编著 外语教学与研究出版社 1998 年 12 月第 1 版

16. 《日汉翻译技巧》朱蒲清编著 武汉大学出版社 1998 年 3 月第 1 版

17. 《日汉互译教程》 高宁编著 南开大学出版社 1995 年 4 月第 1 版

18. 《新编日译汉教程》 陈岩编著 大连理工大学出版社 1990 年 9 月第 1 版

19. 《国际商务日语写作》刘肖云编著 南开大学出版社 2005 年 1 月第 1 版

20. 《国际商务日语翻译》王健宜 魏建平 编著 南开大学出版社 2005 年 1 月第 1 版

21. 《雪国》叶渭渠译 北京燕山出版社 2001 年 1 月第 1 版

22. 《挪威的森林》林少华译 上海泽文出版社 2001 年 2 月第 1 版